DER WALDGÄNGER

PASSAGEN SCHWARZE REIHE

Aron Ronald Bodenheimer
Der Waldgänger

Wenn die Melancholie dichtet

Herausgegeben von
Peter Engelmann

Passagen Schwarze Reihe

Deutsche Erstausgabe
Die dem Text zugrundegelegte Fassung von Adalbert Stifters
Erzählung „Der Waldgänger" richtet sich nach dem
Erstdruck.
Federzeichnungen von Gerhard Hölscher

CIP-Titelaufnahme der deutschen Bibliothek

Bodenheimer, Aron Ronald:
Der Waldgänger : Wenn die Melancholie dichtet / Aron
Ronald Bodenheimer. – Dt. Erstausg. –
Wien : Passagen-Verl., 1993
   (Passagen Schwarze Reihe)
   ISBN 3-85165-026-3

ISBN 3-85165-026-3
© 1993 by Passagen Verlag Ges. m. b. H., Wien
Graphisches Konzept: Ecke Bonk, 1989
Satz: SRZ, Korneuburg
Druck: Manz, Wien

Inhalt

Der Waldgänger: Wenn die Melancholie dichtet.

Wenn die Melancholie dichtet, so dichtet sie langweilig. Sie dichtet nicht über die Langeweile, noch dichtet sie geläufigerweise von der Melancholie: Das tut sie eher selten. Sondern sie dichtet langweilig, das ist: melancholisch.

Wer dies zur Seite legt, worin von der Langeweile die Rede ist, dürfte gut beraten sein. Das Langweilige wirkt ansteckend, mehr als Masern oder Aids. Was diese und ähnliche Affektionen anbetrifft, sie sind, soviel man weiß, dem Papier gegenüber resistent. Langeweile dagegen, als Trägerin der Melancholie, geht sogar beim Lesen auf diejenigen über, die sich ihr aussetzen. Und sie ist eine bedrängende Regung: diese Befallnis, welche die Zeit nicht zu Ende will kommen lassen – oder, richtiger: Es dazu nicht darf kommen lassen, daß sie endet. Weil dahinter der Tod lauert.

Nun hat es freilich ein Merkwürdiges auf sich mit der Langeweile und mit der Exposition an diese: Die Musikgeschichte überliefert den Bericht von einem Grafen Kayserling; von den durchwachten Nächten, richtiger gesagt, und von dem Mittel, welches der offenbar aufgeklärte Zeitgenosse des Preußenkönigs Friedrich II. ersonnen hat, um ohne zu große Beunruhigung den Klang oder Mißklang der Dunkelheit

durchzustehen oder -zuliegen. Das ist jetzt 250 Jahre
her seitdem, Dormicum® und Normison® waren ihm
noch nicht greifbar. Von daher dürfte es kommen,
daß der gräfliche Patient, statt seine Sinne und
Triebe zu betäuben, es vorhatte, diese gelassen wach-
zuhalten – gelassen und deshalb sich selbst überlassen. Daß die Sinne und Triebe dann, wachend oder
auch schlafend, selbst für ihre Ruhe besorgt seien,
um diese Absicht zu befriedigen, ließ er sich von
einem tüchtigen Pianisten eine dafür geeignete Musik vorspielen, dreißig Variationen über ein Thema.
Langweilig, diese Abwandlungen, die der Thomas-
kantor für den Musiker, der Goldberg hieß, verfaßt
hat. So lang wie die Weile der Nacht, die es braucht,
um sein Wachsein hinüber ins hellhörige Dunkel zu
nehmen; so lang, bis es alle Bedeutung und Besorg-
nis verliert, ob man wacht oder schläft. Meist geht
man dann hinüber in den Schlummer; sollte man
wachbleiben – aber man merkt es nicht mehr – so
ruht man in sich. Die Langeweile wird als solche erlebt. Daß sie dies bewirken, spricht zum Lob für
Bachs Goldberg-Variationen, welche die Langeweile
nicht vertreiben, sondern sie annehmen lassen. Anders als auf Rennbahnen und in Spielsalons, die Auf-
regung verheißen, *excitement*, *action*, und ihre Verheißung erfüllen. Anders als die vorbereiteten Abenteuer, die sich unmerkbar zur Monotonie verdichten.
Langeweile: Da reisen die Leute oft weit, um die
Länge der Weile zu suchen, und sie zahlen eine
Menge Geld dafür, damit sie der Langeweile als Ste-
reotypie des immer selben, und bitte nichts anderem,
begegnen und doch entfliehen: Alles muß voraus berechnet und genau geplant sein. Auf Kreuzfahrten

vielleicht, und der Prospekt verspricht die grenzen-
lose Ausdehnung der See, Tage hindurch kein Fleck-
chen Land, nur Wasser und Himmel. Kalkuliertes
Abenteuer, das den Eros knistern läßt im gleichmäßi-
gen Schaukeln des Schiffes. Dazu das Amusement:
Sieben Mahlzeiten, und während man nicht ißt, berichtet man, was man gegessen hat und rätselt, was
man essen wird. Das letzte Essen heißt dann Cap-
tain's Dinner und wird bei Kerzenlicht zelebriert. Die
Spannung ist unerträglich: Welche Pracht des Namens oder Geldes auserwählt sein wird, ihren Träger
mit dem Schiffsführer speisen zu lassen, wer dagegen
sich mit dem Funker oder dem Arzt begnügen muß.
Dies nach einer Stunde Whisky Party, die Eiswürfel
klirren gegen das Glas, und die Konversation darf
den Klirrklang nicht stören. Dazu Deckspiele, dazu
die Bild-Zeitung, belanglos ob von heute oder eine
Woche alt. Sensationen, aber sie sollen uns nichts angehen, und immer dieselbe Art Sensationen, man
will sich nicht stören lassen. Tags darauf da capo. –
Und wenn die Passagiere gelandet sind, womöglich
unter Palmen, warten dort, in der Südsee, schon
Würstel und Bier auf sie, angeboten von schönen
dunkelbraunen Mädchen, damit die kühnen Rei-
senden sich ganz zufrieden fühlen. Und sich stär-
ken können, wie's ihnen lieb ist, ehe sie sich in den
Sand werfen, um im sicheren Rhythmus erst den
Bauch, dann den Rücken der Sonne anzuvertrauen.
Und wieder die Bild-Zeitung, die wird nie langweilig.

So geht das weiter, und wenn man zuhause ankommt, bleibt es dasselbe – alles, diese Monotonie
auf der Flucht vor der Langeweile. Aber das gilt

nicht als langweilig. Stifter dagegen wird langweilig genannt.

Und es sei gesagt: Stifter *ist* langweilig. Er führt hinein in die Weite, die sich aus der langen Weile öffnet. Wie das geht und was es birgt, das will ich zu zeigen versuchen: Was nämlich geschieht, wenn eine ausgreifende Erzählung hindurch nichts Unerwartetes, gewiß schon nie etwas Unerwartbares ein- oder aufschießt. Wenn alles aus sich selber wächst, langsam, bedächtig; aber notwendig. Wie es zugeht, daß es sich entwickelt, heraus wächst aus Hüllen, die Oberflächen waren. – Wer dieses Wachstum geschehen läßt, der muß die Weile lang währen lassen. Dem erweisen sich Situationen als Evolutionen, zeigt der Zustand sich als Wachstumsphase. Alles vollzieht sich dann aus notwendiger Konsequenz, aus Ahnungen, die sich verwirklichen, aber nicht aus Katastrophen.

Sondern aus Verdichtungen. Und darin unterscheidet sich Stifters Schreiben von dem, was den Autoren des Bürgerlichen Realismus, Stifters Zeitgenossen, nach den Worten von F. Th. Vischer (1851) als „Naturnachahmung" wesentliche Absicht und zugleich höchstes Ziel gewesen ist.

Verdichtung trägt sich in der Weile zu. Sie erzeugt Bedrängnis. Das Deutsche, ärmlich in seiner Aussagekraft, was diesen Begriff angeht, läßt jeden Hinweis auf das Drängen vermissen, welches das Erleben von Langeweile der Melancholie als Eindickung, Verschwärzung der grünen Galle gleichstellt. Das Französische dagegen, wenn es von *ennui*, das Englische, indem es von *annoyance* wie auch wenn es von *boredom* spricht, eindringlich auch das Hebräische

14

mit seinem Namen *schi'amum* für Langeweile, schließlich das Holländische (*verveling*, Verfehlung): All diese Sprachen tragen nicht nur das Zeit-Erleben mit hinein in die Wesensbezeichnung der Langeweile, sondern auch jene bedrängend bedrängte Befindlichkeit, welche Stifter ahnen läßt – in seinen Texten wie durch seinen Lebenslauf und dessen abrupten Ausgang.

Daß daraus, aus solchen Ahnungen, die sich in Begebnisse wandeln, nachhaltigere und oft grausamere Wirkungen zustandekommen, und man weiß nicht, wie es zugeht und woher die Notwendigkeit sich ergibt, daß es so geschehen muß, darin liegt eines von den Geheimnissen in Stifters Schilderung, in seiner vertrackt genau berechnenden Weise des Beschreibens durch kleinmeisterliches Abmalen, woraus der Calculus zur Wirkung einer Schicksalsgewalt unmerklich hingesetzt wird. „. . . da keine Schwalben mehr da waren, und der leichte, dunkle Winkel der Wildgänse am blassen Himmel zog, . . .“: Altväterisch hört es sich an, als zeige der Finger des Biedermeierkünstlers auf eine freigewählte Szene, dort oben irgendeine, es könnte eine andre sein, in seiner Herbst-Allegorie. Aber dieser Fetzen von einer Naturdarstellung birgt ein Stück Schicksal, und der dunkle Winkel am schon blassen Himmel weist auf dessen Unbarmherzigkeit, genauer kann man sie kaum schildern, und weil die Beschreibung so bedächtig ist, läßt sie am Kontrast die innewohnende Notwendigkeit noch unerbitterlicher zum Ausdruck kommen.

Das hört sich liebevoll an, das mit der Schwalbe und der Wildgans – und da liegt es drin: Es zeigt, wie aus dem, was schön, edel, gut – und wie sonst noch – daherkommt, die Grausamkeit wächst. Aus der Liebe eher als aus dem offenbaren Haß, und häufiger, auch nachhaltiger aus der Wahrheit als aus deklarierter Lüge. Und bedrängender aus den notwendigen Evolutionen, die voraus laufen, als ob vorbestimmt, denn aus den unvorhersehbaren Katastrophen. Nicht Krieg, nicht Pest bringt Unglück, sondern die prästabilierte Harmonie, die unerträglich ist.

Wie das zugeht, davon berichtet Stifter. So erzählt er seine Geschichte von dem Waldgänger: als Fabel von der Einsamkeit, die aus der Liebe heraus wächst, als deren tragendes Element. Langweilig wird das berichtet, wenn man mit einem Roman oder Film vergleicht, worin das Böse sich erklärt und demgemäß handelt: katastrophal. – Aber die Katastrophe hat es an sich, sie bricht aus, sie tobt, sie zerstört, sie vergeht; was bleibt, das vernarbt, dann ist sie vorüber. Die Evolution dagegen, die aus der Stille wächst und durch diese weiter wirkt und sich jeden Ausbruch verbittet und keine Gefühle duldet, wächst sich aus in Zustände, welche an- und weiterdauern, unbekümmert um Leben oder Tod derer, die sie in sich getragen haben. Immer weiter.

So erzählt Melancholie; so teilnahmslos und ungerührt. Stetig fortschreitend und bedächtig erzählt sie. Bisweilen zögert sie. Sie läßt sich nicht gehn sondern hält inne, wenn sie den Bericht über etwas Entscheidendes einleitet. Hat sie dann dieses Entscheidende vorgebracht, genau und knapp, gewiß und unwiderruflich, immer schmucklos, dann nimmt sie sich alsbald zurück. Und dann kann sie auch das Schweigen

– das Verschweigen – in Worte bringen, und es kann etwas wie dieses im Text zu lesen stehn: „Sie schweigen jetzt über diesen Gegenstand."

Man schweigt nicht, man schweigt *über* ... Und was dies zu besagen hat, dieses Schweigen über ..., das Verschweigen, das wird an der nämlichen Stelle alsbald erläutert: „Er nahm einen seiner Steine her und legte ihn wieder hin. Er schob mehrere vor und schob sie wieder zurück."

Ja, das ist langweilig, dieses Verschweigen: dieses Tun und Gegen-Tun, dieses Hernehmen und Wiederhinlegen, das Vorschieben und das Wiederzurückschieben. Dies Beschreiben ist langweiliges und also melancholisches Schreiben. Ich habe aber nirgendwo eine genauere, habe freilich noch nie eine schlimmere Beschreibung der sprachlosen Bedrängtheit gefunden als im Hinweis auf dieses Spiel mit den Steinen auf dem Tisch des Steinsammlers. – Damit nicht genug, es geht weiter in der Kontinuität unserer Geschichte: „Sie gingen an den Blumen dahin, sie gingen neben dem sanften Glanze des Glashauses dahin ..."

Sie gingen dahin, sie gingen am *Glan*ze des *Glas*hauses Gla ... Gla ... dahin: Es ist die Meisterschaft des langweiligen, des gezügelten, zögernden, innehaltenden, des sich zurücknehmenden Schreibens. Und damit immer noch nicht genug, im direkten Anschluß an diesen Bericht erfährt man:

... neben dem sanften Glanze des Glashauses dahin, neben dem Springbrunnen, den Georg durch den Wasserdruck, der hoch oben in dem zurückgehenden Walde in den inneren Lockerheiten des Berges nieder lastete, zu Stande hatte bringen lassen, sie gingen an dem Kohle vorüber, der da stand und dessen blauliche, kräftige, strotzende Blätter an Coronas Kleid streiften, sie gingen an den Pflaumenbäumen, ... vorüber ...

Sie gingen vorüber: dieses Zögern, das Verweilen bis zur Pedanterie, über diese hinaus. Zuvor, ehe sie dahin- und vorüber gingen, ist in der Erzählung die Rede gewesen von einer dramatischen Szene – besonnene Rede übrigens von gezügelter Dramatik – und dann fällt dem Schreiber nichts ein, nichts anderes oder Besseres, oder Spannenderes, als eine Vorlesung zu halten über die hydraulischen Probleme, die sich bei der Anlegung eines Springbrunnens einstellen, und über die Lösung dieser Probleme.

Dieses ist das Geheimnis im melancholischen Zögern, beim Innehalten: daß es durch das Mittel seines Beschreibens, seines Sichäußerns insgesamt am Orte verweilt, daß es unvermittelt störrisch stockt, daß es stillesteht und so seinen Leser davon katapultiert und ihn weit hinweg befördert, fern dem Ort, an dem er bis eben noch kraftvoll ausgeschritten ist. Jetzt aber, da das Drama an seine Höhe gelangt ist, hält der Text inne, er bockt, und den, der sich ihm anvertraut hat, schleudert er von sich; in eine genau berechnete Richtung allerdings; dahin, wo der Weg geht, aber sich selber voraus.

Was den Springbrunnen betrifft, und das Gemüse, und die Pflaumenbäume, und das Geländer („das er erst hatte machen lassen"), und die Apfelbäume („die im Frühlinge aus Frankreich gekommen waren"), und zuletzt den Neubruch (zuletzt kommt der Bruch – der neue Bruch! – von dem es weiter heißt: „auf welchem gerade die Taglöhner arbeiteten, daß er gereinigt, von Steinen befreit und hergerichtet werde, um im künftigen Jahre dem Garten einverleibt zu werden, damit derselbe sich wieder ein wenig größer und reicher entfalte"), was dies alles angeht, das da so umständlich genau, behäbig und fast beschaulich dargestellt wird, so hat sie durchwegs ihren genauen Ort und ihre sichere Bestimmung: diese ins Einzelne gehende Aufzählung von dem allem, woran die beiden jetzt vorübergehn: Er, der hier nicht mehr mit Namen genannt sondern als der Baumeister bezeichnet wird (er ist schon nicht mehr Gatte, und auf diesem Spaziergang versucht er sich darin zurechtzufinden, daß es so ist) hat diesen Garten ganz neu angelegt, so erfährt man. Den Garten, durch den die beiden jetzt schweigend gehn. Mit in der Mitte einer Fontäne. Es ist schwierig gewesen, dies alles so zu gestalten, wie es sich jetzt darbietet. Aber der Baumeister hat es geleistet, angetrieben und vielfach inspiriert von dem Gedanken an die weitere Zukunft in Gemeinsamkeit mit Corona, seiner Gattin. Dieser Gedanke hat ihm sein Wissen und Geschick vermehrt. Aber das steht hier nicht aufgeschrieben, das muß nicht hier stehn. Alles hat der Baumeister gebaut, um seine Corona zu erfreun. Und im kommenden Jahre soll der Garten sich wieder größer und reicher entfalten. Im kommenden Jahr . . .

Dies aber ist nicht zufällig und nicht zur Dehnung der Geschichte hierher gesetzt. Es ist auch nicht irgendwo gleichsam nebenbei hingeschrieben. Vermerkt wird es, nachdem ihm, dem Meister, seine Frau auseinandergesetzt hat – Corona, seine Krone, sein Kranz durch dreizehn Jahre – daß sie ihn verläßt, und bald – „unmotiviert" kommt das für ihn, auch für manche Leser – und weshalb sie ihn verlassen muß. Dazu spritzt der Brunnen. Er spritzt drauf-

los. Er spritzt vor sich hin. Sinnloseres und Groteske-
res, fast ist zu sagen: etwas Hohnvolleres läßt sich
schwer ausdenken als dies, gewiß schon nicht sagen –
jetzt sagen, da es gesagt wird. Bereits springt der
Brunnen für niemanden mehr. Während die beiden
ihm noch entlang gehn, gibt es ihn schon für keinen,
der an seinem Wasserspiel, in der Kühle seines
Strahls spaziert, abends allein oder im Paar. Dazu
der Kohl: Läßt seine blaulich kräftigen Blätter strot-
zen, jetzt; der dicke, runde Kohl weiß mehr: Er wird
nicht gepflückt werden, von niemandem mehr,
schießen wird er, dann verfaulen. Und so vermag er
der Hausfrau, auch wenn sie nicht mehr auf ihn ach-
tet, zu wissen geben, was er denkt – der Kohlkopf; in
Zeichensprache, vom Dichter wahrgenommen, für
uns übersetzt: Der Kohl streift mit den Blättern ihr
Kleid. Er kratzt sie und sagt: He du; wortlos, ge-
räuschlos, aber feucht und deutlich: Geh du, Corona,
ich bleibe da. – Das ist, wie so ein Gemüs zur Rede
findet. So kann ein Stück Kohl genau sagen, was unter solchen Bedingungen Menschen in sprachloser
Verzweiflung und aus Scham vor dem Wort verschweigen. – Und die Bäume. Und der Neubruch:
Nächstes Jahr, so war es bestimmt, soll er dem Garten einverleibt werden – nächstes Jahr wuchert in
diesem Garten überall das Unkraut.

Und sie geht daran vorbei, Corona, jetzt eben, und
geht weg von alledem.

Wir wissen noch nichts von der Handlung bis hierher. Aber wer auch gar nichts mitbekommen hat,
spürt an der Genauigkeit der eben zitierten Mittei-
lungen, selbst wenn sie nur Steine betreffen, einen
Springbrunnen, Kohlköpfe und dergleichen: So, wie

es bisher zugegangen ist, jahrelang, so konnte es nicht weitergehn: Coronas Entschluß ist keine Grille, sie ahnte lang, jetzt weiß sie: Immer dasselbe, und der Brunnen springt, der Garten vergrößert sich, einmal muß es zu Ende gehn – und es muß *jetzt* zu Ende gehn, mit dem Tod der Ehe statt im schleichenden Tod durch die Gewohnheit. Daß es dann *nicht* zu Ende gehen kann: darin schafft weiter das Drama, und es wuchert fort mit seiner antiken Gewalt.

So liest sich pedantisches, melancholisches Schreiben. Die zitierte Passage liefert ein Textstück aus der Erzählung, die hier vorgestellt wird: *Der Waldgänger* von 1846, verfaßt von dem einundvierzigjährigen Stifter. Von dem Mann auf der Höhe seiner Kreativität.

Aber das ist noch nicht das Ganze, was die betörende, betäubende Langweiligkeit von Stifters Schreiben ausmacht, dieses weitgreifende Schildern von Zuständen, wenn Gemütsverfassungen gemeint sind und deren Darstellung verschwiegen wird. Dieses unbeirrt geruhsame Beschreiben von Äußerem, damit das inwendig sich Zutragende nicht benannt werden muß.

Ich habe aber vor, den Leser und die Leserin noch weiter zu beanspruchen – zu langweilen – ehe wir uns mit ihr, mit ihm gemeinsam zu Stifters Bericht vorwagen. – Es sei den Lesern auch der Hinweis auf einige von den andern Eigenheiten der langweiligen Art zu schreiben nicht vorenthalten:

Adalbert Stifter nimmt es genau mit dem Einhalten, mit dem Ansichhalten, dem Retourholen der Zeit, der Unwilligkeit, diese freizugeben, ihrem eigenen Uhrwerk gemäß. Immer wenn man meint, die Geschichte habe begonnen, zeigt sich, das war eine Voraus-, eine Umfassungsgeschichte, und die Rede ist nicht von dem, von dem hier die Rede eigentlich sein sollte, sondern es ist die Rede von dem Vater dessen, der hier Georg, der Waldgänger genannt wird, oder von der Mutter seiner Frau, und nicht von dieser. Und voraus und dazwischen und am Ende verliert die Zeit sich. Nie weiß man, wann das Jetzt anzusetzen ist. Jetzt ist: immer, jetzt ist: nie. Die Erzählung hebt an mit: „Es sind jetzt viele, viele Jahre . . .", aber auf das, was vor vielen, vielen Jahren gewesen ist – und es ist dem „Verfasser dieser Zeilen", Adalbert Stifter ist es widerfahren – wird dann nie mehr Bezug genommen, die ganze Geschichte hindurch nicht, bis an deren Ende nicht; sondern es geht um das Reich seiner Erinnerungen. Dort, in diesem Reich, taucht „tief zurück . . . ein alter Mann" auf, „der etwas fremdländisch redete". Das ist der Mann, den die Leute, auf seine Gewohnheit verweisend, den Waldgänger nennen. Wie er gekommen war, so versinkt er – im Wald oder im Reiche der Erinnerungen – und kommt an ganz anderer Stelle als ein ganz anderer hervor. Und doch ist er derselbe. Am Ende der Geschichte dann verschwindet er im Wald: „Wir wissen nicht, wo der alte Waldgänger jetzt ist. Er mag noch irgend wo leben, er mag gestorben sein."

Das ist nicht wichtig, auch nicht aufregend, ob der Alte noch lebt. Den Tod hat er hinter sich gebracht, indem er ihn vorwegnahm – wir werden diese merkwürdige Kraft, das Vorausleben des Todes, Schicksal der Melancholie und auch deren Absicht, ihre Wir-

kung, die lange Geschichte hindurch verfolgen. –
Der Mann, von dem die Erzählung handelt, hat eine
unendliche Zeit gelebt. Aber nur in der mittleren
Phase dieses Lebens – zweimal dreizehn Jahre hindurch, wir werden es genau wissen – bestand er die
Prüfungen, folgte er den Forderungen und erfreute
sich auch der Darbietungen dessen, was einem Berufsmann, Bürger, als dem Genossen seiner Zeit, was
dem Gatten, schließlich dem Vater aufgetragen ist. –
Sonst: Die Melancholie kennt keine Zeitgrenzen. Sie
dehnt die Weile in die Länge. Einen gefälligeren Boten als Georg, den alten Waldgänger, kann sie sich
nicht wählen: einen, der, wie dieser, ziel- und zeitlos
lebt und nirgendwo zuhause ist.

Die Schwermut oder Melancholie hat es an sich, sie
vermeidet jedes Ziel. Sie schiebt es sich voraus, weil
sie sein Erreichthaben als den Tod erkannt hat.
Nicht ist der Melancholie der Tod als das Endgültige
beängstigend wie den anderen Lebensformen und
deren Trägern, ihr bedeutet vielmehr das Endgültige den Tod. Deshalb vermeidet sie das Ankommen
des Endgültigen. Sie schiebt es heraus. Sie läßt die
Dinge, mit Vorzug ihre Werke, unvollendet. Weil sie
weiß: Sollten sie je fertig werden, so bleibt der, der
sie geschaffen, dann, vollendet, freigegeben hat, unendlich verlassen zurück.

Um dem zuvor zu kommen, holt sie für sich den
Tod ins Leben herein. Und nicht nur in ihr Leben,
sondern erkältend in sich selbst. Den Tod in seiner
Endlosigkeit, um von sich die Vorstellung der End-
lichkeit fernzuhalten.

Auch dies ist nicht alles, was zum Leben – und
Schreiben – zu zählen ist, wie die Melancholie es übt.

Es ist nur das einfacher zu Benennende. Das Schwierige soll sich seiner Erwähnung nicht verweigern, dieses weitere Stück Melancholie:

Zunächst ist es, ebenso grob und kurz wie genau benannt, das Vonsichweisen des Generativen, des Weitergebenden, des natürlich sich Fortpflanzenden; aber auch des Sichhingebenden; all dessen, was mit Vereinigung und mit dem Pfand zu denken ist, das aus der engen Kopulation wächst und bleibt: daher – und folgerichtig – des Mütterlichen im Weiblichen. Diese Eigentümlichkeit hängt der Schwermut an, ganz ohne Ansehung dessen, ob sie sich im Mann oder in der Frau festsetzt.

Daß sie diese Regung verbirgt und doch immer von herausfordernden Andeutungen her verlauten läßt, dies macht vorzüglich den lasziven Reiz der Melancholie. Auch daß sie, die sich im provokanten Element des Kreativen, und nur in diesem, ansiedelt, es aber fürchtet, zugleich sich von dem Kreatürlichen in seiner ganzen Elementarität ansprechen zu lassen. Und sie darf es nicht eingestehen – auch sich selber nicht. Dieses Verschweigen: Das heißt Melancholie.

Weshalb die Melancholie ihren Ausweg vom Sexuellen ins Exkrementelle sucht. Das Ausgedrückte, Herausgedrückte in dessen weitestem Sinn, aber auch in seinem nahesten. Und das zeigt sich in seiner Beziehung zum Fäkalen und dem Ort seiner Herkunft, dem Analen. Dem Düsteren. *Inter faeces et urinas*: Dem dies Bedrängnis verursacht hat, daß wir alle zwischen Wasser und Erde gezeugt werden und zeugen, daß wir aus dieser Perspektive das Licht der Welt erblicken und immer dorthin streben, zurück in diese Höhle dazwischen, der mußte ein Melancholiker sein.[1] Zwischen Stuhlgang und Harn: Das ist der richtige Ort – wo der belebende Wasserstrahl und der auf Ausstoßung wartende Erdanteil, das Stück, aus dem wir gemacht sind und zu dem wir kehren, einen kleinen Platz freilassen. – Dafür muß der Melancholiker, und so auch Stifter, sich das Erdhafte in sich und seinen Gestalten, das Chthonische, immer gegenwärtig halten. Um in ihm nicht unterzugehn, hat er alles sauber geklärt zu wissen, hat er sich und andere dessen zu versichern, daß alles um ihn stets reinlich, man kann sagen: steril gefegt ist. Steril in dem zweifachen, sich nachdoppelnden Sinn des Wortes: reinlich bis zur Unfruchtbarkeit. Es dürfte wenig abtragen, wollten wir ihn versichern, wir Stifter-Leser, daß wir keineswegs so peinlich darauf aus sind, alles vom Verfasser immer so blank gescheuert vorzufinden; und daß des öftern ein wenig Schmutz, oder auch etwas mehr davon, das Erleben von Heimischkeit ebenso zu befördern vermöchte, wie etwa eine Schar weißer Wölkchen die Bläue des Himmels nur strahlender macht. Der Schreiber läßt ahnen, wie bekannt und untergründig zugänglich ihm diese Seite des Lebens ist: wenn er etwa liebevoll den Dreck auf Händen und Füßen des Hegerbuben beschreibt, oder wenn er (im *Granit*) die Erinnerungen hochkommen läßt, als ihm selbst, dem kleinen Knaben Adalbert in Oberplan, vom Pechbrenner beide Füße mit Teer bestrichen wurden (es wird noch kurz darauf einzugehen sein).

Seitdem muß er es rein haben, es rein sehen und sagen. Und dafür, um zur Reinheit, Reinlichkeit zu gelangen, bieten zwei Mittel sich an. Stifter gebraucht sie beide, und er gebraucht sie reichlich:

Man kann die Reinlichkeit und den Akt des Reinigens eingehend und gründlich schildern; diese Methode findet sich oft bei Stifter, und sie findet sich jedesmal dann, wenn wir spüren, daß Triebregungen gründeln. Namentlich die Sexualität, bisweilen auch die Aggressivität. – Das andere Mittel, welches sich bewährt, wenn der Dreck erträglich, ja attraktiv geschildert werden soll, bietet sich damit an, daß man diesen nämlichen Dreck so genau ansieht, und so lange, und daß man ihn so stark vergrößert, bis er die Faszination seiner Vielfalt sehn läßt. Wirklich: Dreck unter dem Mikroskop hat aufgehört, Dreck, oder jedenfalls abstoßend, zu sein. Er zeigt dann seinen Reichtum an Kreatürlichkeit im durchscheinenden Licht.

Diese Methode des Fertigwerdens mit dem Kreatürlichen ist für Stifter die bevorzugte. Dort kann er beschreiben, kann ganz genau sein, und sehr liebevoll in seinen Ausführungen.

Schilderungen jener Art sind aber ihrerseits Andeutungen. Sie stehn statt Reflexionen. Was diese anbetrifft, es kommen solche Überlegungen bei Stifter nur zu Anfang wie auch am Ende seiner Darstellungen vor, wenn er uns noch nicht begegnet, oder dann, wenn er gleichsam mit uns schon fertig ist, wenn er abgeschlossen hat, wie um uns bei sich zu behalten oder zum Abgang noch eben bei uns, seinen Lesern, einzukehren, nachdem er eine ausgreifende Erzählung hindurch uns allzu sehr brüskiert hat. Aber nicht immer, um eine Gemeinsamkeit der Auffassungen zu garantieren, sondern oft um Widerspruch zu erzeugen. Um sich ganz zu Ende nochmals mit der gegenteiligen Auffassung anzufreunden.

Manchmal will es den Anschein machen: um uns nicht als Zustimmende zu entlassen; um nach Art des Melancholikers zu reden, wenn dieser, der die Milch weiß sieht wie wir alle, sie aber schwarz sagen muß – und unter der Tür noch.

Dieses Herumwerfen der Richtung noch im letzten Augenblick – die Geschichte, die wir hier zu beschreiben haben, liefert ein bemerkenswertes Beispiel für den Vorgang – das Anders-Sagen, eh man sich verabschiedet, ist eine von den schwierigen und sehr aufstörenden Eigenarten der Melancholie, dieses: Ich komme mit dir, aber es ist zu spät – und es erweist dieses Vorgehen sich als beabsichtigt und genau berechnet, um uns solcherweise nie aus ihrem Halo zu entlassen. Damit es weiter wirkt, dieses Schwere und Beschwerende.

Und dies geschieht dem Leser von Stifter: Es wirkt in ihm weiter, hinüber in alle nachfolgende Lektüre, und macht diese schwer bedrängend, und in faszinierender Weise. Als läge der Schatten der Melancholie, als läge Stifters Schatten bleibend darüber.

In ihn soll jetzt herabgeleuchtet werden. Es lohnt sich. Aber es wird langweilig. Sie sind gewarnt. Ich werde mich auch, Stiftern gleich, im Text wiederholen. Ich werde, wenn ein Geschehnis zu erinnern ansteht, dasselbe Geschehnis nochmal beschreiben. Es wird sich ein Thema zu verschiedenen Malen angeführt finden; jedesmal um ein weniges anders, wenn neue Hinweise fällig, neue Einsichten möglich sind, oder wenn Widersprüche aufkommen, die dann nicht weggeräumt werden, sondern auf den Widerspruch weisen sollen, den die Melancholie bestehn läßt. Den sie nicht bewältigt.

Ich werde also bisweilen vom Formalen her auf Stifter weisen; nicht um ihn zu imitieren, aber doch um seine Kunst dadurch zu erläutern. –

Die Rede ist hier von Stifter. Er ist nicht der einzige Melancholiker unter den Dichtern. Gewiß, es begegnen uns melancholische Dichter in großer Zahl auf dem Gang durch das Gärtchen einer Tragischen Literaturgeschichte[2]: solche, die dem soeben dargestellten Prinzip der Melancholie folgend schreiben. Es dichten unter anderen melancholisch: Droste-Hülshoff, Proust, bisweilen Kafka, zumeist Celan, auch Ingeborg Bachmann. Der unbestrittene Meister – und das ist noch nicht einmal zu seinem Lobe gesagt, er bleibt nämlich der Einzige, jedenfalls unter den Schriftstellern deutscher Schreibart, der nie aus dieser Rolle fällt (auch nicht in seinen humorvollen Erzählungen) – ist Adalbert Stifter. Er ist *der* melancholische Dichter; er ist aber nicht der Dichter der Melancholie.[3]

Den Dichter macht, daß er melancholisch schreibt, noch nicht zum Dichter *der* Melancholie. Als ein solcher ließe sich gerne Thomas Mann ansprechen. Aber ihm fehlt durchaus die Scham des Blicks wie die Verschwiegenheit. Und wem diese beiden Gaben abgehn, dem verweigert die Melancholie ihre stille Stimme. Thomas Mann ist ein plauderfreudiger Voyeur – das soll mitnichten ein Tadel, es will nur ein Hinweis darauf sein, daß Thomas Mann, Meister der Ironie, die Melancholie nicht unter den Griffel bekommen hat, und weshalb nicht. Jedoch Stifter. Und er ist nicht ermüdend, wie es Thomas Mann durch seine Belehrungen oft wird, aber wir beharren darauf: Stifter ist langweilig. Womit ebenfalls kein abwertendes Attribut in die Beschreibung getragen wird. Ich will zeigen, wie wesentlich es wird, wenn man sich bereit zeigt, der langen Weile zuzuhören, wie faszinierend es werden kann, wie zeitentrückt allseits gültig.

Der Bau der Erzählung vom Waldgänger zeigt allein schon die Kunst an, den Lauf der Zeit in alle Richtungen zu dehnen – nach vorn, nach zurück, und auch die Gegenwart findet sich einbezogen; sie vor allem durch Verweilen geweitet, als wolle sie nie aufhören. – Da beschreibt der Verfasser des langen Zustände, Landschaften, darein hineingestellt Leute, und es braucht reichlich Zeit, bis man bemerkt, daß der Bericht sich keineswegs so weit entfernt, wie man zunächst gemeint hatte, von alldem aufhält, was er in seiner Schicksalsgeschichte mitzuteilen vorhat. Wenn man meint, endlich beginnt er, ist er schon tief drin. Aber er reportiert nicht, er kommentiert wenig, sondern malt, bisweilen skizziert er. Und wie er es fertigbringt, das Unheimliche ins Heimliche hereinzuholen: Man merkt's nicht, aber es ist diese Bedrängnis aus der Langeweile allgegenwärtig. „Es ist ein lieblicher Gedanke, wenn man das irdische Gut dazu hat, seine Sachen auf einen Platz nieder zu legen, und zu sagen: ‚Hier wirst du leben und sterben – das gehört dein!'"

Ja, lieblich – aber das kann, im Ernst, so nicht sein. Und man weiß, es darf nicht bleiben. Hier wirst du leben, hier sterben: erschreckende Gewißheit! – Wenn ein Wissender weiß, von hier kommt er lebend nicht mehr weg, dann erscheint ihm sterben höchst gewünscht – sterben, und sogleich.

Soviel – so wenig, es könnte ohne weiteres, sollte vielleicht auch, erheblich mehr sein – zu den Reflexionen und Aussagen bei Stifter, und wie sie gemacht werden. Dem folge ein kleiner Hinweis auf die Gefäße und Rahmen, in denen der Verfasser seine Erzählungen präsentiert. Von diesen ist zu sagen, daß sie mit bemerkenswerter und höchst besonderer Eigenwilligkeit gestaltet sind. Stifter verschiebt die Zeiten und die Bühnen der Handlung. Am Ende wissen wir Leser nicht, wo stehn wir denn nun „wirklich", will sagen: Wo treffen wir den Autor präsent. – Bild im Bild – Bild um Bild: So kommt die Erzählung hervor. Und nicht: Bild im Rahmen. Wie Stifter berichtet, das tut er anders, als es uns sonst geläufig ist, wenn wir Rahmenhandlungen oder eingerahmte Handlungen vorgelegt bekommen, welche aus der eigentlichen Handlung ausgeschieden erscheinen, damit – um die Spannung erträglich werden zu lassen – deutlich sei: Hier wird, vom Spiel eingerahmt oder auch aus diesem herausgerahmt, etwas angefügt, Spiel *im* Spiel oder dann Spiel *ums* Spiel. Abgesondert somit. Aber wir wissen, wo unser Proscenium ist, worin uns der Dichter haben will. – Spiel im Spiel: Wenn Hamlet eine Gruppe Schmierenkomödianten anstellt, um die Mordgeschichte ablaufen zu lassen, und die Schmiere agiert das Thema dem Mörderpaar vor, so wissen wir, wie das wahrzunehmen ist und was für Bretter den Ort wiedergeben, von dem aus der Dichter Verständigung mit seinem Publikum anstrebt. – Dasselbe in der epischen Literatur: bei den Rahmenerzählungen, die wie eine Klammer die Summe der Einzelgeschichten umfassen. Von daher bekommt *Tausendundeine Nacht* just aus der dramatischen Rahmenhandlung, bekommen die ausladend sinnlichen Erfindungen der schönen Scheherazad, die um ihr Leben Nacht für Nacht – tausend Nächte und noch eine Nacht dazu – den Herrscher bezaubert, von den Bedingungen her, unter denen sie entstehen, ihren besonders aufregenden Reiz. Ebenso der *Decameron*: Unten tötet die Pest, in Florenz, von wo die zehn herkommen, und täglich kann es sein, daß sie oben anlangt, in Fiesole, irgendwann wird sie da sein. Aber bis sie von ihr erreicht und geschlagen sind, erzählen die jungen Leute einander ihre Geschichten. Das Leben, ekstatisch erlebt vor der Drohung des Todes: Das ist die Manie, dafür lebt sie, um sich vor die Melancholie zu stellen. Und dazu weiß sie, am Ende kehrt die Melancholie wieder ein – so gewiß, wie die Pest nach Fiesole finden wird.

Auch in der Zeitgenossenschaft von Stifter wird dieses nämliche Kunstmittel fleißig und sachkundig gebraucht. Treffsicher in der *Schwarzen Spinne* von Jeremias Gotthelf; und mit genauer Handwerkskenntnis von Conrad Ferdinand Meyer, wenn er die Tragödie von der *Hochzeit des Mönchs* nicht selber berichtet, sondern sie dem exilierten Dante in den Mund legt, der sie seinerseits weiterberichtet und jedesmal, wenn die Erregung unerträglich werden könnte, seinen Hörern, den Lesern, sich, Dante, selber in Erinnerung ruft. Das hilft gegen ein Übermaß an Empathie und Atemlosigkeit: dieses Ein- und Umrahmen einer Leidens-, einer Schicksalsgeschichte.

So Conrad Ferdinand Meyer. Wie anders verfährt Stifter, wenn es um die Wahl der Handlungsebenen und -berichte geht. Da weiß man nicht, wo das Wachen, wann das Träumen anhebt. – Der Erzähler des *Waldgängers* beginnt mit dem Hinweis, daß es „viele, viele Jahre" her sei, wovon er zu berichten vorhat. Also lang zurück. Aber wie manches „lang zurück" gibt es doch! – Bei der erwähnten Novelle von Conrad Ferdinand Meyer bedeutet es Jahrhunderte, die in der Ferne, dem Grabstein des unglücklichen Paares gleich, verwittert sind. Stifter dagegen meint die Zeit, da „der Verfasser dieser Zeilen, der jetzt ein Mann ist, auf einem jener Scheidepunkte stand ... Er war damals ein Jüngling mit stürmendem Herzen und voll fliegender Hoffnungen". – Jetzt sei offen gelassen, was länger her ist und wer weiter zurück schaut.

Das ist die erste Ebene, auf der die Erzählung sich vorstellt. Von dieser Plattform aus wird alles ins Persönliche gewendet; es wird zur Sache des Erzählers, zu dessen Landschaft, zu seiner Lebenszeit: damals, als er an jenem Scheidepunkte stand – an dem Ort, auf welchem Zeitlauf und Landschaft in eins zusammenfallen. – Aber das darf man nur ahnen, was das alles sagt, so ein Wort, welches „Scheidepunkt" heißt. Über den Rest sei geschwiegen.

Jetzt ist der Verfasser ein Mann. Diese Benennung läßt nicht auf die Summe an Jahren schließen, die einer hinter sich gebracht hat. Mann, vielmehr, ist, so sagt Stifter, einer, dem „sind die Wünsche in das Geleise des Möglichen zurückgekehrt". *Dies* ist ein Mann, nicht einer mit so und so vielen Sommern hinter sich, sondern jener, der seine Wünsche im Bereich des Möglichen wahrt; und darin unterscheidet er sich von dem Jüngling mit seinem fliegenden Herzen. Auch von dem Greise – wie der Waldgänger einer ist – der das Erwünschen, auch des Möglichen, hinter sich gelassen hat. – Genauer und andeutungsreicher zugleich kann man es nicht sagen.

Aber das ist längst vorüber, von Zeit und Ort des Erzählers entfernt. So weit weg und unerreichbar, wie die Jugend und deren Landschaft. Dort bleibe es auch, in jener Ferne; brächte er's näher, „der Verfasser dieser Zeilen" müßte fürchten, daß die Gestalten und Erscheinungen „in seinen Händen zergingen und er nur Schattenlinien bewahrte". Weshalb der Wanderer es „heilig und geheim in seinem tiefen Inneren behalten" will.

Um diese so bestehend zu erhalten, Erinnerungen als Schattenlinien, läßt er *seine* Geschichte ausmünden in *eine* Geschichte: ein Bild hinüber in ein anderes Bild. Und diese zweite Geschichte liegt nochmals weiter entfernt zurück, eigentlich unmeßbar weit weg: „Tief zurück im Reiche der Erinnerungen steht ein alter Mann, den der Verfasser einst gekannt hat."

So bekommt jedes Bild seinen Ort und auch seine Bedeutung erst von seinem Gegenbild her, mit dem es sich durchmischt. Wie weit doch das alles zurück weist! Weiter, weil den Maßstäben der Vorstellung eher entsprechend, als Zeitalter und Galaxien: Der Verfasser steht jetzt in seinen reifen Jahren; als er ein Jüngling war, hat er einen alten Mann gekannt. Und man ahnt, man weiß noch nicht – lang wird man's nicht wissen – was da erzählt werden soll, das handelt von dem Schicksal dieses Alten, wie er noch nicht ein Alter gewesen ist.

Dies alles präsentiert sich getaucht in die Zeitlosigkeit der Schwermut mit ihrer bleiern, saturnisch erstarrten Landschaft, ihrer Lebenslandschaft – man zögert, eine derart metapherntrachtige Bezeichnung hier hinzusetzen. Stifter würde sie kaum gebrauchen. Dennoch, was sonst könnte das darstellen, wenn nicht Lebenslandschaft, dieses Bild, und wenn es noch so spröde, so zurückgezogen in den Schutz der Altväterlichkeit und Pedanterie hingesetzt ist:

Über dem ganzen Mühlkreise, der mit den vielen vereinzelten Streifen seiner Wäldchen und den vielen dazwischen liegenden Feldern, die bereits gepflügt waren, und deren Scholle durch das lange schöne Wetter fahl geworden, bis in die tiefere Färbung der böhmischen Höhen zurück geht, stand schon eine dunkelgraue Wolkendecke, deren einzelne Teile auf ihrer Überwölbung die Farbe des Bleies hatten, auf der Unterwölbung aber ein zarteres Blau zeigten, und auf die mannigfaltigen zerstreuten Wäldchen bereits ihr Düster herab warfen . . .

Bitte stellen Sie sich das vor: Es ist nicht Anker, nicht Waldmüller, oder Hans Thoma. Noch ist es Böcklin. Caspar David Friedrich? Eher nähert es sich an Schmidt-Rottluff an oder an Munch – falls Vergleiche vorstellbar und zulässig sind; ich zweifle, ob sie es sind und nenne gleichwohl Namen, um darauf zu deuten, daß man die hier wiedergegebenen, sorgfältig beschreibenden Schilderungen nicht mit der Brille eines Betrachters von biedermeierlicher oder romantischer Bildniskunst ansehen sollte.[4] Hier dräut es bleiern über zartblau, und das viele schöne Wetter macht die Scholle nicht trocken, sondern fahl. Man wolle hören auf das, was es zu lesen gibt, es ist das Düster, welches seinen Schatten wirft auf die mannigfaltig zerstreuten Wäldchen des Mühlkreises. Weil nämlich davon die Welt fahl wird, daß sie zu lange Zeit schön gewesen ist. Das ist das Wissen der Melancholie.

Und das steht alles nur aufgeschrieben, um in die Welt eines alten Mannes einzuführen, den es, man weiß nicht weshalb, er sprach fremdländisch, ausgerechnet nach hier verschlagen hat, in Stifters „wunderschönes Land ob der Enns", nahe dem weißbetupften „Scheibchen der Stadt Linz, geschnitten von dem schimmernden Strome der Donau, der im zartgewebten Dufte des Landes gegen Osten ging".

Niemand hat sich hier dafür interessiert, was den Fremdling auf eine Zeit an diesen Ort geführt hat, man fragt auch nicht. Aber man ahnt, hier kennt niemand ihn und seine Geschichte, und von diesem Ort, wo die Leute nie „etwas anderes lesen . . . als ihr Gebetbuch", kann er jederzeit weggehen. Wenn er weg ist, bleibt von ihm keine Spur, nichts bleibt dann von ihm. Ein paar Schuhe . . . Auch danach, wohin er weiterstrebt und was er sucht, wird dann niemand fragen. Jetzt ist er da, dann geht er weiter, geht fort, zurück in die dunkle Ausdehnung des Waldes, nicht an einen besonderen Fleck zurück, wo vielleicht jemand auf ihn wartet. Auf diesen Mann, den Alten, und beiläufig erfahren wir, man nennt ihn Georg, wartet niemand nirgendwo. Der Wald hat ihn freigegeben, der dunkle, düstere, weglose, in dem nur er seine Pfade findet, die Bäume kennt, die Moose und die Flechten sammelt, der Wald wird ihn aufnehmen – dieser Wald, der sich mit jedem Wald mengt, der deutsche mit dem böhmischen. Der anonyme Wald, und deshalb heißt der Mann Waldgänger.[5] Die Geschichte heißt so, und die Kapitel heißen: *Waldwasser*, *Waldweg*, *Waldrand*.

Aber jetzt ist er vor uns gestellt, nicht klar heraus, sondern behutsam, innehaltend, zurückholend,

-nehmend, und nie wird etwas über den seltsamen Mann mitgeteilt, über sein Wesen, seine Gewißheiten, seine Sendung oder Botschaft. Nicht mal über seine Erscheinung, wenn man von andeutenden Worten über seine Kleidung und Sprache absieht. Es bleibt mehr in sich geborgen als verborgen, geheimnisvoll, ohne daß es unheimlich wäre, dies alles an dem Bild des lichten Greises aus dem dunklen Wald, von dem man nicht mit Gewißheit sagen könnte, ob man ihn erkennen würde, wenn er einem jetzt über die Moose zwischen den Bäumen entgegen käme. – Wer will, kann jetzt bemerken, es sei hier ein Archetypus dargestellt. Man kann das sagen. Aber bei Stifter sind nur Archetypen dargestellt; seine Figuren weisen allesamt über sich hinaus – alles, was aus seiner Feder kommt, und das sind nicht nur Menschen, deutet weiter, über sich hinweg. Mit dem Archetypus kann man es deshalb durchaus halten, wie man will. Man kann's auch sein lassen.

Über Georgs Wesen wird nichts vermerkt, namentlich nichts darüber, wie er denkt oder fühlt, und was. Das Wesensgemäße bleibt dem Ahnen überlassen. Wir sehn uns verwiesen auf die äußeren Bedingungen, manche werden sagen: auf Äußerlichkeiten. Bis sie merken, daß es dies Äußere ist, woraus das Erleben seine Bestimmung erfährt. Man sollte behutsam und langsam, auch wiederholt lesen, man sollte zudem die Blätter gewissermaßen anschauen, die Worte betrachten, damit man merkt, wie vieles in dem Genauen an der Beschreibung über den Mann ausgesagt ist – mehr ist ausgesagt als durch alles, was sich als Vertiefen begriffen wissen will. Hier wird nicht vertieft. Weder wird um Motive gerätselt, noch

werden Konflikte zusammengezogen oder aufge-
schlossen. Bilder stellen Gegebenes dar. Den Rest
sollt ihr ahnen. Den zerredet man nicht.

Der Alte, erfahren wir, lebt für sich, eingeschlossen, dem Heiligen Hieronymus ähnlich, und immer
wieder, kaum herausgetreten, findet er in die Abgeschiedenheit seiner Klause zurück. – Was er dort tut?
Wollt ihr wohl schweigen, ihr vorwitzigen Frager,
das geht euch nichts an; es ist auch nicht wesentlich!
– Begnügt euch mit dem Hinweis – und auch der
war nur dadurch zu erhaschen, daß irgend jemandes
Neugierde ihm offenbar durch das einzige kleine
Fenster seiner winzigen Kammer mit einem indiskre-
ten Blick einiges Wissen über ihn hat erstehlen wollen. Und so „kamen die Leute ihm darauf, daß er
Moose aus dem Walde nach Hause trage, sie recht
schön ausbreite und betrachte" – das habt ihr für
euren Wunderfitz: Der Alte trägt aus dem Walde
Moose nach Haus, dort breitet er sie recht schön aus
und betrachtet sie. Nun weiß man es. Nun kennt
man sein Geheimnis.

Stattdessen kann man eine akkurate Beschreibung
des Ortes bekommen, den Georg zu seiner Einsiede-
lei gewählt hat: Er wohnt beim Simmibauern – aber
das steht nicht so da, es ist zu lesen: „Er wohnte, wie
wir sagten, in der Kammer bei dem Simmibauer, das
heißt, der Simmibauer war kein Bauer, wie etwa
der Name sagte – sein Vater oder Ur-Ur-Vater
mochte einer gewesen sein –, sondern er war ein
Holzhauer . . ."
Wie die Leute sich doch aufhalten über solche Stiftersche Pedanterie, über das, sagt man, Haftenblei-
ben an Nebensächlichkeiten, an Kleindetails (Dd, wie

es in der Sprache der Rorschachkundigen heißt).
Und man will nicht zugeben – merken *muß* man's
doch! – daß dieses Mittel des Verschweigens dasteht, um aus Hinweisen auf den Umgang des alten
Mannes Andeutungen von seiner Lebenshaltung
und Wesensart zu vermitteln. – Dasselbe bezweckt,
und bewirkt, oder kann dem, der es zuläßt, bewirken, eine Passage wie diese: „Die Kammer, in der
der alte Mann wohnte, hatte nur ein Fenster, wo
der Tisch war, hinten stand ein Bett, über das ein
weißes Tuch gedeckt war, dann stand die Truhe
und ein Stuhl, und der Boden wurde zu Zeiten mit
Wasser und Sand gerieben." Was ich nicht zu begreifen vermag: daß man Satzgefüge wie dieses als
geheimnisvoll traumverhaftet deutet, wenn sie bei
Kafka stehn – und hier, wo so genau und anschei-
nend unreflektiert die Leere der kahlen, kargen
Kammer vorgestellt wird, um die Vertracktheit der
Realität, um die Hintergründigkeit des Banalen
durch rhythmisches Pauken hörbar zu machen, redet man von Phantasielosigkeit. O gewiß: Stifter
läßt nicht *seine* Phantasie sprießen, gewiß nicht –
ich bin ihm dankbar dafür, daß er an mich gedacht
hat, an seinen Leser, und *meine* Phantasie ansticht,
bis sie fliegt und weiterfliegt dem Erleben des
Traumes gleich, wenn das Buch längst zugeklappt
ist. Und in den Flug katapultiert finde ich mich
nicht aus einer erdrückend gewaltigen Raumsta-
tion, auch nicht in die Kälte des Alls hinaus, sondern durch ein Fensterchen, das einzige, aus der
engen Kammer beim Simmibauern zwischen einem
Stuhl und einer Truhe und einem Tisch und
einem durch weißes reinliches Laken zugedeckten

Bett, und der Boden wurde zu Zeiten mit Wasser und Sand gerieben.

Von dort, aus diesem Zimmerchen, finde ich mich hinausgeworfen: hinein in den Raum meiner Vorstellungen.

Von diesem Raum aus und in diesen zurück geht der Weg um einen einsamen, reinlichen Greis, der draußen auf der Erde nach Tierchen und Pflänzchen, namentlich den unscheinbarsten unter ihnen, den Raupen und Moosen, das sind auch die geheimnisvollsten, sucht. Alles ist reinlich: um den Wanderer, dem bis dahin, und man ahnt, seit langem einsamen Gänger durch den Wald, seinen Rest von Erdgeruch zu nehmen, auch diesen Anteil an persönlich Auszeichnendem oder Abhebendem. So macht ihn nur die stille Weisheit besonders – aber von sowas würde der Text sich hüten, ein Wort zu sagen. Nur sie zeichnet ihn, der gerne auf einer Holzbank saß und dem Rinnen des Wassers zusah (heute würde man sagen: und meditierte, es wäre dasselbe) und sonst nichts tat, gegenüber den Leuten um ihn aus. –

Diesem seltsamen, durch das Mittel der Beschreibungen von ihm nur noch geheimnisvoller werdenden Fremden, man sagt auch Simmigeorg – weil er bei dem Simmibauer lebt . . . – kommt nun ein Erlebnis von wesentlichem Inhalt. Man wolle allerdings nicht gespannt sein, Erlebnisse in diesem Raum sind nicht umwerfend, sie sind ausnahmslos unscheinbar. Je unscheinbarer und verschwiegener, um so wesentlicher. So auch dieses. Es ist aber eine Offenbarung: Eine Erscheinung ist es für den Simmigeorg, wie er den Sohn der Hegersleute, siebenjährig, zum ersten

Mal zu sehn bekommt. Das Kind sitzt „neben dem Zaune, wo ein ganz dünnes Wasserfädlein herein rann, ... und störte mit einem Holze die schwarze Wiesenerde, über welche das glasklare Wässerlein floß, auf, daß es getrübt wurde ..."

Schon wie der Kleine eingeführt wird, halb im Wasser, halb auf der festen Erde: „Er hatte bei seinem Geschäfte nicht bloß die Hand sondern auch den Ärmel des Hemdes von der so leicht färbenden schwarzen Walderde beschmutzt. Mit den Füßen mußte er schon früher in dem Wasser herum gearbeitet haben; denn sie waren nicht nur naß, sondern auch, wie die nicht gar weit herab reichenden Beinkleider von derselben Erde, wie die Hände beschmutzt" – wie der Kleine in die Welt des alten Mannes und in unsre Geschichte gebracht wird, das ist, als käme er eben aus dem Bache geboren herzu, dieser allerliebste Murillo-Dreckspatz! Und bald ist zu merken, da hat etwas sich ereignet, worauf der Lebensweg des Waldgängers längst ausgerichtet war: diesem Kind zu begegnen, dem unscheinbaren einzigen Knaben eines armen Waldhegers und seiner winzigkleinen Frau, fernweg in der Waldlichtung.

Dieses Kind lebt gänzlich allein mit seinen Eingebungen, und lebt offenbar nur für diese. Es ist noch Analphabet, und Simmi würde wohl, wie viele von den Leuten dort hinten, einer bleiben und würde dann nichts missen. Dieser Knabe aber, der noch nie eine Schiefertafel, geschweige Papier und Feder zu sehn bekommen hat, wird von dem Waldgänger, da dieser in Begleitung seines Vaters, des Hegers, auf ihn zu tritt, angetroffen, wie er einen Text entworfen hat, einen dichterischen, seinen eigenen Text in seiner eigenen Sprache. Nicht aus Buchstaben und nicht auf Papier, dieses Kind, das ja gar nicht weiß – noch nicht weiß – woran es Mangel leidet, falls es Mangel leidet, wenn es seine Gedankenregungen nicht durch Schreiben formulieren und festhalten kann.

Und dennoch macht der Knabe ein Gedicht und legt dessen Text nieder; ein zauberhaftes Gedicht; er ist also ein Dichter. Und so sieht das Gedicht aus: „Neben ihm im Grase lagen mehrere aus Tannenholz gespaltene schneeweiße kurze kleine Scheitchen, wie man sie gerne zur Feuerung auf der Leuchte verwendet, wenn man auf ihr kocht . . ., und waren nach einer gewissen Ordnung in dem kurzen dunklen Grase, das auf der Walderde wuchs, gelegt." Ein gedichteter Text, vor-laokoonisch[6], geschaffen in jenem Doppelbereich von Dichtung und Malerei, in dem Raum, woselbst auch Stifter sich aufgehalten hat. Der Knabe baut Hohenfurt, er dichtet Hohenfurt; und dazu meint der Vater des Simmi:

„Ihr müßt wissen, daß ich nicht umsonst fragte", sagte der Vater zu seinem alten Begleiter; „denn der Bube baut lauter Hohenfurt. Wenn er Steine in eine Zeile legt, so ist es Hohenfurt; wenn er die Holzstücke in eine viereckige oder fünfeckige Gestalt zusammen bringt, so ist es Hohenfurt, wenn er unten am Zaune sitzt, und der Hirt von den Kienberghäusern in der Nähe ist, sagt er: Vater, da geht eine Ziege nach Hohenfurt, da schwimmt ein Holz nach Hohenfurt."

Erst versucht sich des Vaters Begleiter, er ist schließlich ein Gelehrter, an einer Deutung, einer psychoanalytischen Interpretation gleichsam dieses Dichtens: „,Vielleicht hat ihm Hohenfurt so gefallen, daß er es sich immer merkte', sagte der Waldgänger." Aber der gesunde Menschenverstand des Hegers obsiegt über solche Vermutungen oder Vorschläge: „‚Er ist ja noch gar nicht dort gewesen', antwortete der Heger."

Jetzt bricht der ahnungsvolle Gedanke des Weltkundigen hervor, der weiß, was es mit dem Sichverlieren im Wortzauber auf sich hat, wenn es über Begabte kommt, denen die Möglichkeiten des geläufigen Sichäußerns versagt geblieben sind. Zauber eines Klangbildes, wie dieses eins ist: Abtei Hohenfurt – a, e, i, o, u – dazu die Vorstellung von einem so großen aber dichtverschlossenen geheimnisvollen Bau mit heiligen Männern darin: Hohenfurt. – Nun, an dieser Stelle kann nicht übergangen werden, daß da alte verzaubernde Ahnungen und Assoziationen hereingewirkt wurden und mitsamt ihren tiefen, unheimlichen Anteilen zurückgehen auf die Zeit, da der Stifter Bertl selber noch der kleine Knabe war, verträumt und arm allein im Dorf und in wenigem fern den Bedingungen des Hegersöhnchens aufwachsend. Dort baut das Kind aus Oberplan sich Hohenfurt, es heißt ihm Schwarzbach:

Die Fenster der Stube hatten sehr breite Fensterbretter, und auf dem Brette dieses Fensters saß ich sehr oft und fühlte den Sonnenschein, und daher mag das Leuchtende der Erinnerung rühren. Auf diesem Fensterbrette war es auch allein, wenn ich zu lesen anhob ... Auf diesem Fensterbrette sah ich auch, was draußen vorging, und ich sagte sehr oft: „Da geht ein Mann nach Schwarzbach, da geht ein Weib nach Schwarzbach, da fährt ein Mann nach Schwarzbach, da geht ein Hund nach Schwarzbach, da geht eine Gans nach Schwarzbach". Auf diesem Fensterbrette legte ich auch Kienspäne ihrer Länge nach aneinander hin, verband sie wohl auch durch Querspäne und sagte: „Ich mache Schwarzbach!"[7]

Er hat sein Erlebnis mit Schwarzbach gehabt – oder mit Hohenfurt. Der alte Mann hat, mit seinem Beschreiber zusammen, richtig vermutet, auch wenn, oder weil, die kleinen Knaben den Ort ihrer Vorstellung nur als magisch-mystische Wortformel kennen.

Aus diesen Tagträumen ein gestaltetes Seelengebilde zu machen (und, wer weiß, damit der Schwermut vorzubeugen), hat nicht im Sinne des Zeitalters gelegen, welches eben daran war, sich, mit dem wenig älteren Wilhelm Meister zusammen, die Pädagogische Provinz zu erschließen – und Stifter, der Schulmann, war ein kundiger Führer durch diese Provinz.

Eine weitere Notiz in der soeben zitierten Kindheitserinnerung von Stifter sagt: „Ich nahm ein Buch, machte es auf, hielt es vor mich hin und las: ‚Burgen, Nagelein, böhmisch Haidel'. Diese Worte las ich jedes Mal, ich weiß es, ob zuweilen noch andere dabei waren, dessen erinnere ich mich nicht mehr."[8] – Und wie der Waldgänger wieder beim Hegerhäuschen vorbeikommt, „und beide, er und der Heger, auf das Versprechen vergessen hatten, den Buben einmal nach Hohenfurt zu führen, saß derselbe auf der bemalten Kleidertruhe seiner Mutter, hatte ihr Gebetbuch in den Händen, und las daraus: Burgen, Nagelein, buntes Heidlein – und andere abenteuerliche Worte, die ihm in seiner Einbildungskraft beikamen."

Der Dichter hört etwas daraus, er läßt es den Alten mithören: was da aus den Phantastereien des einsamen Einzelkindes am Bachrand, auf dem Truhenrand, herauskommt. „Jedes spielende Kind benimmt sich wie ein Dichter, indem es sich seine eigene Welt erschafft oder, richtiger gesagt, die Dinge seiner Welt in eine neue, ihm gefällige Ordnung versetzt."[9] Der dies erkannt hat, hat noch ein weiteres gewußt: „Man darf sagen, der Glückliche phantasiert nie, nur der Unbefriedigte."[10]

Nun, der Alte hört wohl, welche Gewalt da aus dem Erleben brodelt, aus Hohenfurt; aus dem Hineinlesen in einen Text, das immer reicher und dichter ist, vieldeutiger als das Herauslesen aus diesem. Was soll er tun mit dem Knaben: mit ihm spazieren gehn? – Das würde sich bald erschöpfen.

Ihn, den Kleinen, aus dessen Phantasiewelt herüberholen in seine Welt: Dies kommt dem alten Mann als das Sinnvollste auf. Daß er sich es ein Leben lang gewünscht hat, etwas derart an einem Knaben zu erleben, braucht niemand zu wissen.

„Ich werde euren Knaben lesen und schreiben lehren".

„Wird es ihm nützen?" fragte der Heger.

„Da er auch daneben etwas anderes tut", antwortete der Waldgänger (und hier sind wir Leser versucht anzufügen: etwas wirklich Vernünftiges – und eine vernünftigere Tätigkeit als Lesen und Schreiben), „so wird es ihm nicht schaden. Das Rechnen aber, welches ich ihn auch lehren werde, wird ihm gewiß nützen, denn er braucht es sehr oft."

„Meinetwegen, so könnt Ihr es tun", sagte der Heger.

„Es wird gut sein", redete die Hegerin darein, „ich gebe ihm mein Gebetbuch, wenn ich sterbe, und er kann alle Gebete daraus lesen, welche darinnen sind."

Übrigens: Wenn das nicht Humor ist, vermengt mit der Selbstironie des Schulmeisters, dann fällt es wohl schwer zu sagen, was denn Humor sein soll. Es redet hier der schwerblütige Humor des Schwermütigen.

Jetzt beginnt das Stück Bildungsroman am „Waldgänger". Die Berichte, die nun kommen, sind allerliebst: wie der folgsame und lernfreudige Schüler, angespornt durch die Aura seines Lehrers, den er erst Vetter nannte, danach Vater nennt, sich an dessen Hand eine neue, die gemeinsame Welt erarbeitet, und er tut es für nichts, als, wie sein Lehrer ihm zugesteht, „ein wunderliches Streben" zu befriedigen, welches in dem menschlichen Geschlechte ist: „– zuerst der Drang, sich zu entwickeln, dann Kinder zu haben, dann zu genießen, dann zu wissen, all die kleinen Dinge zu erforschen, Gott zu erkennen ... Der schönste Gebrauch aber, den du vom Schreiben machen kannst, ist der, wenn du einmal weit von hier bist, und in den Ländern draußen herum gehst, daß du deiner Mutter schreibest, wie es dir geht."

Ein Kind lernt schreiben: nicht zuvorderst um Gott zu erkennen, um Wissen zu wahren und zu mehren, gewiß schon nicht, um im Werke das eigene Dasein erst zu bestätigen, danach es über den Tod hinweg überdauern zu machen. Sondern damit es der Mutter schreiben kann, ihr sagen, wie es lebt – wie weit weg es auch ist. Denn dies ist es ja, das Lesen und Schreiben, welches ihn von der Mutter entfernt. Ob die ferne Frau daheim den Brief ihres Sohnes dann lesen kann, ob sie ihn lediglich auf ihrem Leib mit sich trägt, diese Botschaft, dieses Stück Papier, das ihr Kind für sie mit Bogen und Linienzügen gefüllt hat, das macht keinen belangvollen Unterschied: Wer schreiben kann, entfernt sich, er muß weg, dem Drang sich zu entwickeln folgend. Was ihm bleibt und ihn an den Ort seines Auszuges bleibend bindet, ist „der schönste Gebrauch, den du vom Schreiben machen kannst ..."

Wie dies den alten Lehrer schmerzen muß, sie den Kleinen zu lehren, diese Erfahrung, die ihm mit so viel Weh – und Einsicht – verbunden ist! Aber davon weiß noch niemand etwas, nicht der kleine Simmi, auch nicht der Leser – noch lange nicht.

Freilich: So fern von daheim gerät nur, wer sich eingelassen hat, sein Wissen zu erwerben. Und wer begonnen hat, muß danach immer mehr wissen. Für den gibt es von nun an kein Einhalten mehr, hat er erst angefangen. So sagt es der alte Lehrer.

Und dafür wird mancher Preis gefordert, für dieses Wissen. So geht darüber dem Knaben die ganze zauberhafte Welt von Hohenfurt verloren, nachdem sein Lehrer ihn zum Fest der Auferstehung dahin mitgenommen hat. Wie wunderreich dem Kinde das alles auch erscheinen muß: das große Lichtermeer, das von vielen Kerzen in der Kirche angezündet war, die Fahnen, die von dem Lichte angeleuchtet werden und farbig und schimmernd zu dem Feste in der Kirche herumstehen, dann die Stimmen der Priester und der Gesang des Volkes, der Schall der Trompeten und Pauken – das Wunder ist erloschen: „Sonderbar war es, daß der Bube jetzt, seit er wirklich in dem Kloster unten gewesen war, kein Hohenfurt mehr baute, und auch keine Dinge mehr nach Hohenfurt wandern ließ; . . ."

Jetzt wächst, einher mit dem auferweckten Drängen danach, die Fertigkeit des Wissens. Die zauberhafte Welt schwindet dahin. Und darin liegt nicht das Entscheidende, ein viel mächtiger wirkender Drang meldet sich bei denen, die sich die Kenntnis der Welt erwerben und, sie ahnen es vielleicht nur und wissen es nicht, von dieser Welt in ihrer Weite angesogen werden.

Nur wer solchem Drang nie erlegen ist, kann zuhaus bleiben, in der Engnis der überlieferten Welt, fern von Erkenntnis, die, hat sie sich einmal angemeldet, fort und fort nach immer mehr Erkenntnis verlangt, einer Sucht vergleichbar, sollte sie nicht eine Sucht wirklich sein.

Erkenntnis kommt aus der Einsamkeit und führt in die Einsamkeit, das ist ein bekanntes, ungern anerkanntes Gesetz. Und sie macht schuldig. In dieses Gesetz wird der Hegersohn eingeführt, und er könnte doch so unschuldig in den Tag hinein leben, wie die Generation über ihm und deren Vorfahren alle. Aber jetzt führt ihn der einsame Wanderer in die Satzungen des Lebens ein.

Dies wird nicht mit Worten gelehrt, daß das Erkennen aus der Heimat heraus treibt, es wird ins Bild gebracht. Bilder wollen gelesen werden wie Zeichen und Ziffern. Sätze erwarten betrachtet zu sein, wenn sie von Stifters Hand vorliegen. Und gezeigt wird es an einer Situation, welche genau – nicht minder genau, als Zeichen und Ziffern es könnten – *e privatione* darstellt, wie es sich lebt, wenn man jeglicher Erkenntnis auch schon vom Ansatz her ausweicht. Jede Erkenntnis ist immer die Erkenntnis des Todes, von dieser aufgestachelt der Drang über den Tod hinaus zu leben, gewesen.

Das Bild, welches die Unschuld des Unberührtseins von Erkenntnis abmalt, findet sich eingefügt in die Stelle der Erzählung, die der Vereinzelung und Vereinsamung des kleinen Träumers vom Hegerhof vorangeht: Da führt der Weg dieses seltsame Paar, den Alten und den Kleinen, „in einer großen Krümmung von der Teufelsmauer weg" durch das Tal, durch den Wald, bis endlich an den verlorensten Winkel der Gegend. Genau dort, wo es verlorener nicht mehr sein kann – weg sogar von der Mauer des Teufels – steht, vereinzelt, wie hinweggesondert, das Häuschen des Abdeckers, was in dieser Region, wie überall, ein geringgeschätzter Berufsstand ist: Kadaver einsammeln und verscharren, damit niemand sich daran verseucht.

Ehrenwert oder nicht, jemand muß es tun, und auch diese Verrichtung wird, wir erfahren es, dynastisch weitergegeben. – Jetzt eben, sie haben ihr Gespräch über Wert und Bedeutung des Schreibens kaum beendet, treten die beiden Freunde in die Lichtung ein und treffen vor dem Abdeckerhäuschen auf den uralten Adam, wie der sich auf seinem Bänkchen von der Sonne anscheinen läßt. „Gott grüße Euch, Adam, das ist ein schöner, warmer Tag heute."

Der Waldgänger weiß, wie man es anstellt, leutselig zu sein. Er tut es, ohne daß man ihm die Absicht anmerkt. Und so schreitet das unverbindliche Gespräch, das die Höhergestellten mit den einfachen Leuten führen, fort, die Herrschaft – und wie sehr auch der Waldgänger seine Zugehörigkeit zu solcher nicht eingestehen mag, er kann sie nicht ablegen – die Herrschaft bringt es fertig, diejenigen auszufragen, die untendran stehn, ohne etwas über sich selbst preiszugeben. Wie alt der Adam denn sei; er glaubt, es werden siebenundneunzig sein, „wenn ich mich nicht verzählt habe . . ." – Und wenn er sich schon sollte verzählt haben, was macht es aus, ob man richtig oder falsch zählt, da hinten in der Abdeckerhütte,

wo ein Jahr ins andere geht, und heute ist ein warmer Tag, morgen ist ein kühler Tag, übermorgen
wie vorgestern, in zehn Jahren ist er einhundertund-
sieben. Wenn er sich nicht verzählt. – Man muß wohl
auch solch ein Simpel sein, damit man siebenundneunzig wird. Wer sich die Dinge angelegen sein
läßt, kann nicht so viel Zeit überdauern: siebenundneunzig Jahre, und ein Jahr ist wie das andere, des
Vaters Jahr wie das des Sohnes . . .

Ewigkeit – Vergänglichkeit: Neben dem uralten
Adam sitzt dessen Sohn, auch der schon dreiundsiebenzig. Dort hinten holt eben der Enkel sein Pferd
aus dem Stall, „und jetzt sind schon wieder drei Kinder da“ – vier Generationen nicht nach- sondern ne-
beneinander auf so engem Raum. Alle sind gleich,
und nichts ändert sich – was sollte sich ändern? –

Mit der pädagogischen Attitüde und Absicht, die
er nie gänzlich los wird, erkundigt der Waldgänger
sich, ob denn niemals Kinder oder Enkel fortgegangen seien – hinweg von diesem engen Platz, und
wenn nicht für ganz in die Welt hinaus, so doch auf
eine Weile nicht nach hierher zurückgekehrt;
schließlich ist das die Zeit gewesen, in der vollbe-
packte Segler und auch schon die ersten Dampfer
Emigranten, namentlich aus dieser ärmlichen Region, aus den habsburgischen Untertanenländern,
ins ferne Amerika der Hoffnungen getragen haben.
Und zwei junge Männer aus dem Lebenskreis des
Waldgängers . . . man sollte den Ausgang einer Erzählung nicht zur Unzeit verraten; man muß aber
darauf hinweisen, daß bei Stifter alles sorgfältig angelegt ist und sich als durchkomponiert ausweist.
Und daß der Alte aus Wissen und Wehmut fragt, ob

da niemand den Vater verlassen habe, nicht aus Neugier.

Nein, alle sind dageblieben. Fortgegangen: Das ist doch unvorstellbar in der Abdeckerei; nun ja, in die Kirche, oder um eine Tierleiche auszunehmen. Aber sowas zählt nicht.

Man bleibt zuhause, bei den Seinen, die Kinder bei den Eltern und bei denen, von denen sie sich geliebt und ohne begleitenden Kommentar angenommen wissen.

Was sich liebhat, trennt sich nicht: Hier wird das Grund- und Generalthema des *Waldgängers* erstmals angesprochen: daß es so sein soll – ach wär es so! – und der Kleine macht es sich zur Gewißheit: „Vater, ich gehe nicht von Euch, so lange ich lebe." Diese Liebeserklärung eines kleinen Jungen an seinen neuen Vater hat sich ihre richtige Szenerie ausgesucht: „Einmal im Spätherbste, als sie an einem gegen die Waldrinne hinein gehenden Abhange saßen, da die Sonne schon müder schien", geschieht es, nachdem sie einen Sommer lang zusammen waren, nur füreinander, die zwei allein, wo „kein Ding dastand, als die lichtbeglühten Stämme, zwischen denen ein stummer Falter flatterte" – wie ist das doch wieder gesagt, um die Intensität der Beziehung zu nennen: kein Ding als diese Stämme, vom Licht durchglüht, man weiß nicht von welchem Licht. Und kein Laut außer die beiden in ihrer konzentrierten Stille. Und es gibt doch nichts Stummeres als das Flattern des Falters – ein Stein ist nicht stumm, stumm aber flattert pelzig der Falter.

Jetzt ist es fällig, was aus den Monaten der Unterweisung wächst: was aus alldem wird, was von dem

50

alten Lehrer auf den Knaben übergegangen, in diesen eingelegt ist: die Weitergabe verbindenden Wissens, die Erkenntnis seit je, daß das Zuhauseverweilen, das ständige Beieinanderbleiben den Bornierten, den Unwissenden und Zufriedenen überlassen bleibt. Einzig diesen, die in der angenehmen Beruhigung leben, daß ihr gutes Gewissen auf ihren Feld-, Wald- und Holzwegen, die alle immer nur in die eigene Hütte zurückführen, sonst nirgendwohin, daheim ist. Ihre Wege sind keine Wanderpfade. Kein fremdes Gelichter verirrt sich zu ihnen und stört ihr Heimatgefühl. Der Waldgänger aber redet fremdländisch . . .

Und er sagt in dieser fremden Sprache: Verweilen, das ist gut für den alten Abdecker Adam, für ihn und die Seinen, „bei dem sie nur blieben, weil sie draußen gleichsam verachtet, und lieber daheim bei den Ihrigen sind, und tun, was die Familie seit Jahren her getan hat." Nämlich: immer unbedacht dasselbe. Und unbezweifelt. Ohne es zu vergleichen. Nur was das Bewährte war – das für sie selbst Sicherste.

Wir aber – und nun meldet sich nicht nur die Gewißheit des Wissenden, der Wissenden aller Zeiten, es meldet sich auch der Hochmut des Waldgängers zu Wort, und aus ihm spricht zugleich dessen fortwallende Tragik – wir, die wir uns Wissen um Wissens willen erwerben und nie genug bekommen können von diesem wunderlichem Streben, wir sehen die Natur nicht nur als das Bewahrende, das Gute und Sichernde. Wir lauschen der Natur ihre Geheimnisse ab, dafür straft sie uns. – Das weiß der Waldgänger, das sagt Stifter, und überrascht nehmen wir, ganz nebenbei, dennoch hörbar, wahr, wie der Zeitgenosse Darwins, der Zeit- und nicht ferne Raumgenosse Mendels redet. Die Natur: Wenn wir sie uns aneignen, treibt sie uns weiter, weg von allem, sobald etwas uns gewohnt und lieb werden will. Was gewohnt ist, weigert sich, uns lieb zu bleiben, hör gut zu, mein Knabe, auch wenn du's jetzt nicht verstehst – noch nicht. „‚Nein‘, bekannte der Kleine, ‚ich verstehe es nicht.‘"

Er weiß noch nicht, daß er längst schon befallen ist von dem „Trieb, dich auszubreiten". Wäre er's nicht, er würde nicht fragen, wozu er denn lernt – und weshalb ihn dieses Lernen erst freudig, dann süchtig macht. Der Hegersohn ahnt nur, bald wird er wissen, welch grausame Wahrheit – grausam wie alle Wahrheit – sich in dem Wort birgt, das der Alte beiläufig an ihn richtet, eh er schweigt: „Die Liebe geht nur nach vorwärts, nicht zurück".

In gewohnter, oft getadelter Stiftermanier, mit schulmeisterlicher Attitüde führt der Genosse Wilhelm Meisters (Georg dürfte mit diesem eines Alters sein) Beispiele aus der Natur vor. Es sollen diese auf die zeitlose, ja überzeitliche Gültigkeit seiner Auffassungen weisen.

Immer vorwärts, nie zurück: So treibt die Liebe. Dies weiß die Melancholie. Ein Zurückschauen darf es nicht geben. Die Sünde der Melancholie ist, sie wendet ihren Blick nach rückwärts. Im Eisenbahnzug setzt sie sich so, daß die Landschaft hinter ihr sich verkleinert. Sie muß das Entschwinden im Blick behalten, so nämlich wähnt sie die Zeit im Griff. Wähnt sie. Hebt sie aber ihren Blick oder schließt ihr Auge, so strömt gleich alles Entschwundene bedrängend auf sie zu. –

Vorwärts, nicht zurück: Das war der Kernsatz aus der Geschichte vom Waldgänger, dieser Satz, daß die Liebe vorwärts will, hinweg vom geliebten Wesen. Wie sehr der Satz aus Einsicht wächst – aus einer Einsicht, die nicht Resignation ist – das weiß bisher, bis an diese Stelle der Erzählung, nur der Alte. Er hat es durchgestanden, aber hüten wird er sich, seine bekümmernde persönliche Erfahrung als Beleg für Erkenntnis anzuführen! – Er hält sich an die allweise Natur.

Weil die Liebe nur nach vorwärts zielt, weil alles ihn hinweg geholt hat, auf den Weg in die Einsamkeit, fort von dem, was ihn festhielt: deshalb geht der alte Mann jetzt mit einem kleinen Knaben durch den Wald. Es ist aber nicht sein Sohn (wie der alte Adam annimmt), er gehört dem oberen Raimundheger, aber dieses Kind ist ihm jetzt anvertraut. Hat er denn Kinder? – Lassen wir's offen. Inzwischen gilt der Hinweis des Alten, Vater genannt, an den von ihm gehegten Simmi: „Du liebst ja auch deine Mutter nicht so, wie du von ihr geliebt wirst". Deine Mutter, am liebsten hätt' sie dich in ihrem Schoß zurückbehalten, dich nie hergegeben – vor lauter Mutterliebe. „Im Leid der Trennung gebierst du"[11]; und danach will die Mutter dich an ihrer Brust behalten, für immer: Madonna, am Ende Pietà.

Jedoch, du mußt weg. Mußt vorwärts gehen: Die Schuld des Wissenden ist dessen Auszeichnung. Nichts darf dich zurückhalten, du mehrst deine Auszeichnung, die dich absondert, mit deiner Schuld zugleich.

Aber die Liebe, von der es doch heißt, daß sie Schuld aufhält, vielleicht aufhebt! die Liebe? – „Seit

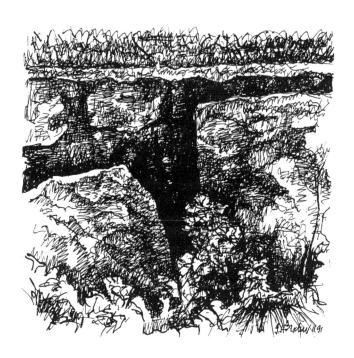

alter Zeit ist die Liebe zueinander den Menschen eingepflanzt: Sie stellt die ursprüngliche Natur wieder
her und versucht aus zweien eins zu machen und die
menschliche Natur zu heilen" – auf wie lang gelingt
es? „Ewig sucht jeder sein Gegenstück"[12], und nach
kurzem müssen sie wieder voneinander lassen. Es
zieht die Liebenden zueinander, es reißt sie voneinander, damit sie sich sehnen. Die Eltern nach den
Kindern, die Gatten diesen nach jenem, und wenn
sie verschmelzen, drängen sie in die Ferne, und
wenn sie sich trennen, klafft ihnen die Wunde.

Ob man am Ende das Die Liebe nennen soll, was
aneinander drängt, oder das, was auseinander reißt:
darauf sucht die Geschichte vom Waldgänger eine
Antwort. Darauf sucht alle Dichtung, seit es Dichtung
gibt, und bis heute, eine Antwort. Niemand wird erwarten, daß Stifter sie findet; der Dichter rätselt an
ihr durch die ganze Fabel, die von nichts anderem
handelt, und wenn er bei seiner Schlußbetrachtung
angelangt ist, nimmt er alles, was man für Einsicht
halten mochte, wieder zurück. Dann will er einem
Göttlichen den Wahrspruch anheim stellen. Als hätte
dieses je irgendeins von seinen Geschöpfen darüber
belehrt, wie es in sein eigenstes Geheimnis schaut:
dieses Göttliche – Die Liebe.

Die lichte Gestalt des alten Waldgängers bewahrt
ihre Erfahrung mit der Liebe für sich. Er geht auf
das Vorhaben des Kleinen, seinen Wunschvater nie
zu verlassen, damit ein, daß er in Exempeln spricht –
von den Erd- und anderen süßen Beeren: Die
Früchte fallen herab, die Triebe fliehen davon – aber
die bittere Einsicht, auf der die Beispiele von Natur-
vorgängen gewachsen sind, behält er uns vor; wir

werden sie gewinnen müssen, Szene für Szene, es wird uns davor nichts bewahren: Nein, die Liebe hält nichts zurück, niemand hält sie zurück. Und keine Liebe, weder die Eltern- noch die Kindes-, auch die Gattenliebe nicht. Wer aufbegehrt, warte zu, bis zum allerletzten Satz der Erzählung gedulde er sich, dann diskutieren wir weiter.

Erkenntnis treibt hinweg. In die Wanderschaft nötigt sie. In den Wald, aus dem Wald; und wieder zurück. Sie versagt sich jede Bleibe. Und wenn man meint, endlich ist man angekommen, und „er war jetzt bereits alternd . . . er beschloß daher, sich von den Aufträgen, die noch immer kamen, zurück zu ziehen, und seine Kräfte, die schon öfter zu ermatten begannen, zu schonen", so wird man aufs Neue weggeschickt, weiter.

Dieser österreichische Dörfler, das Muttersöhnchen eines Leinwebers aus Oberplan in Südböhmen ist nicht ein schwüler Heimatdichter, der Heimatdichter Adalbert Stifter ist ein Wanderdichter, er ist ein Sehnsuchtsdichter: der Dichter von der Sehnsucht nach „etwas, das uns allen in die Kindheit scheint und das noch nie war"[13]. Und nirgendwo ist. Außer wir haben es verloren. Und für Stifter ein Ziel lebenslanger Sehnsucht.

Der Rest bleibt der unwissenden Unschuld der Abdeckersleute überlassen, bei denen übrigens – bitte dies zu berücksichtigen, es ist weder zufällig noch unwesentlich – die Frauen, diese Trägerinnen der Heimat, niemals Profil annehmen. Bei Abdeckers werden Frauen schon gar nicht erwähnt, geschweige mit Namen genannt. Die Mutter Heimat hat noch immer alle Frauen verschlungen. Was die Nachbarn des Abdeckers, die näheren, die ferneren angeht, ihre Frauen sind für Stifter, wie namentlich auch die Mutter von Georgs Schüler, diesem begabten, zukunftverheißenden Kind, prononciert einfältige, durch und durch beschränkte Wesen. Diese Simmi-Bäuerin trägt mit sich statt eines Namens die Bezeichnung: „das kleine Weibchen". Eine andere kennt sie nicht. Dem Generativen nämlich hält – immer – die Schwermut sich fern, allezeit jegliche Schwermut, und, wie seltsam es zunächst sich anhört, des Mannes wie der Frau. Mit dem Generativen kommt die Melancholie niemals klar. Sie engt die Frau ein, namentlich wenn sie Mutter ist; aber auch dann, wenn sie sinnlich fordernd wird. Allein, dies darf die Schwermut nicht sagen, sie darf es nicht zugestehn, niemandem: daß sie das Generative aussondert – daß dies das Wesen der Melancholie ist. Sie verschweigt – sich selbst und auch uns – dieses Geheimnis der Melancholie, welches zugleich deren Wesen ist.

Um sich abzusichern gegen das Verlorengehn in der Leere und um sich nicht zu verraten, schließt die Melancholie sich in sich selber ab. Die Frau bei sich. Melancholia ist noch immer eine Frau gewesen (was nichts mit der Frage zu tun hat, aber gewiß gar nichts, ob die Depression eher Frauen trifft, oder ob diese Vermutung sich dem Nachweis entzieht).

In die Melancholie weist die Erzählung vom Waldgänger, aus der Melancholie kommt sie, weil sie die gesicherte, auch sichernde Welt durcheinander rüttelt, die da hinten im Tal der Enns von Tradition gehütet und durch den Klerus gesegnet lebt: die Welt, welche ein Haus der Männer kennt, das diese Welt trägt und gewiß ist, es beschützt sie auch und gibt ihr Kraft. Und das Haus der Frauen, das sich nur nach innen öffnet und seine Weisheit, das ist die Kenntnis der Lebensgeheimnisse, nicht nach draußen trägt. Deshalb erschließt sich sein Reichtum auch nicht den Männern – keinem von ihnen, und hießen sie Georg. Und hießen sie Adalbert Stifter. –

Ein Wesen, ein einziges in dieser Erzählung, ist durch beide Welten geschritten. Das ist jene Frau, die als tragende, nämlich die Handlung am entscheidendsten bestimmende und überhaupt profilierteste Gestalt der ganzen Erzählung zu gelten hat. Profilierter als ihr Gatte, der Held und Träger der Geschichte. Er ist nur aktiv, sie ist initiativ: Corona.

Diese Frau mit dem dreifachen Namen läßt ihre Einsicht und das Pfand ihrer Begabung zu ihrem Drama werden. Ihre Kinderlosigkeit nötigt – und prädestiniert – sie dazu, den Sperren des Frauenhauses zu entrinnen, respektive nie durch dessen Gatter in sein Inneres einzutreten. Corona ahnt, diese -losigkeit ist nicht nur ein Mangel. Sonst hätte sie den Mangel auch als Makel erlebt – als *ihren* Makel, wie noch die Frauen des Alten Testaments. Aber sie spürt mehr. Nur sagt sie nicht alles.

Heute, einhundertfünfzig Jahre später, eher noch mehr, würde es ihr leichter gemacht, den Weg ins Männerhaus zu finden, da sie doch nicht Mutter ist. Niemand wolle sich einreden, daß damit ihre Begabung wie ihre Not weggewischt wäre. Heute so wenig wie damals. Ginge sie da hinüber zu den Männern, sie ganz und gar, sie gäbe damit die Spannung auf, den Druck, den Drang, den Brand, den Schmerz, für den man auch den vieldeutsamen, den viel zu heiligen und viel zu profanen Namen Liebe viel zu oft und bedenkenlos gebraucht.

Corona, und wie sie sonst noch heißt, bewahrt sich und dem Gatten die Kraft der Liebe bis ans Ende des Lebens – bis an die Enden von beider Leben – dadurch, daß sie die Bindung zerreißt. Willkürlich zerreißt, wie manche glauben. Und danach nirgendwo mehr hingehört, vielmehr die offene Wunde weiter trägt – die Bindung zerrissen läßt. Und ihr Herz damit. Und sie beide zerrissen bleiben läßt bis zum Tod. In der Reißwunde brennt es – bis zum Tod. Es könnte sein – und nochmals wird Plato zitiert, der es den Aristophanes behaupten läßt – daß nur in der Wunde die Liebe beständig brennen kann. Und nur durch das Mittel der Verwundung.

Die brennende Liebe treibt vorwärts: Durch die Hitze ihres Brandes, hinweg durch Wälder und Welten, aus einem Baumeister, wenn er zweimal Ruhe ersehnt und den Ort einer Bleibe, macht sie zweimal – jedesmal, wenn er für sich und die Seinen ein Haus zu errichten gedenkt, worin er wohnen, leben, sterben könnte – den ruhe-, den heimat-, den geschichts- und namenlosen Waldgänger.

Bis hierher wissen wir ein weniges von der Schwermut als Begleiterin der Rastlosen – von dem, was zwei Liebende fort und weiter treibt, damit sie sich ihre Liebe bewahren. Wir werden mehr wissen müssen. – So früh schon, kaum hat er zu träumen aufgehört, kennt der Knabe Simmi die Gesetze der Liebe: daß Liebe Trennung heißt, nicht Bindung, das ist ihm gesagt worden, dieses Geheimnis: Trennung, daraus Sehnsucht, bewahrt die Liebe, sonst nichts nach Dafürhalten des alten Lehrers, nach dessen Er-

fahrung. Nach Stifters Gewißheit. Solcher Art sind
nämlich die Glaubenssätze dieses altväterisch behäbigen Biedermeiermannes. Heimat, dies weiß er, gibt
es nur aus der Ferne, Heimat wächst im Heimweh,
Simmi wird es bald erfahren, wir mit ihm, auch wenn
die Erzählung sich dann in dieses Thema hinüber
schweigt.

Dies alles erläutert der Alte auf dem Rückweg in
den Hof des oberen Raimundhegers. „Es ist sehr selten, sehr selten, daß ältere Söhne noch bei ihren Vätern bleiben." Sie verblöden daran. „Nach diesem
Gespräche waren sie stille und gingen abwärts . . ."

Meistens ist man stille, wenn Einsichten wachsen,
und sie wachsen im stillen Flug des Pfeiles, den der
Bogen des Gesprächs dem Raume anvertraut hat. –
Sie schwiegen über diesen Gegenstand. Sie aber gingen abwärts – schweigen wir mit den beiden stille
über diesem Bild. Zu sagen gibt es für sie jetzt nichts
mehr. Der Alte weiß, der Knabe ahnt, daß aus der
Erkenntnis der Tod wächst. Er sagt es aber nicht, der
Waldwanderer. Auch dies nicht: daß man in der Abdeckerei den Tod nicht kennt; schon deshalb nicht,
weil man den Tod täglich als Kadaver in Händen
hat. Daß dort ewig gelebt wird, siebenundneunzig
Jahre oder so – wenn es eine Ewigkeit lang dauert,
solch ein Leben, kommt's nicht genau auf die Zeit an.
Wenn es sich dann ergibt, daß der Urgroßvater,
Adam heißt er auch noch, als wär' er zum Urgroßvater geboren, doch eines Morgens kalt und starr im
Bett liegt, und die Sonne wärmt nicht mehr seine
dürren Glieder, die sich langsam zunehmend ausge-
kühlt haben, so legt sein Sohn, der dreiundsiebzig-
jährige, oder wie alt er dann ist, sich darein, in dieses

Bett, niemand merkt etwas, und nichts geschieht. Nie geschieht etwas dort oben, wo man arm, unwissend und schuldlos lebt. Ewig.

Hier dagegen:

Der Pate Simon, von welchem Simmi seinen Namen hat, ein Holzflößer, und das ist einer, der kommt weit herum, wenn er auf seiner Ware den Fluß hinab steuert, rät den Eltern, sie möchten doch, „da der Knabe schon so groß sei und auch so unterrichtet", diesen aus dem Hause geben, irgendwohin, „wo er das lerne, was einmal zu seinem Lebensunterhalte dienen könnte".

Wie dann der Abschied des einzigen Kindes sich vorbereitet, dann gestaltet, wie er beschrieben wird, das kommt in seiner Einfachheit und Genauigkeit, in der fast unerträglich leidenschaftslosen Nüchternheit des Berichtens als ein Meisterwerk hervor, wie es außer Stifter kaum einer durchzugestalten vermag.

An einem kalten Novembertag geschieht es, der Boden ist hart gefroren. November muß es sein, steif und kalt. Der Simmi könnte doch auch im Spätfrühling weg gehn, das wär zum Reisen gewiß angenehmer, auch sinnvoller, wenn man doch alle Wege zu Fuß macht. Diente nicht die Nennung des Datums dazu, die Stimmung – nein, nicht sie zu beschreiben, sondern deren Beschreibung zu ersetzen. Darin liegt Stifters Kunst, und in ihrer peinlichen Akkuratesse hat sie ihresgleichen nicht; in ihrer unbeirrten Konsequenz, die den Rand des Grausamen streift.

Nun denn, an einem Novembertage war es, daß der Vater – gesagt hat er nichts; was soll er schon sagen? – Vorgekehrt: Der alte Heger wüßte nicht, was man da vorzukehren hat, und wie man's anstellen müßte, daß man es weitergibt. Auch nicht, was man tut, was man sagt, wenn man sich verabschiedet. Der Heger ist nie von hier weggekommen, kaum je nach Hohenfurt in die Abtei. So tut er denn, was ihm gegeben ist; was seinen Vorstellungen entspricht: Er schneidet einen Haselnußstab von dem Gehege. An diesem nimmt der Knabe ein Stück Heimat in die Fremde mit, als seinen Wanderstab, auch um Hunde abzuwehren. Und wenn der Sohn in die Fremde geht: Er hat den väterlichen Stab bei sich – der ist *das* Zeichen des fernen Erzeugers. Und gibt Gewißheit, dort wird seiner gedacht. Symbolon hieß einmal solch ein Erinnerungsstück, welches in der Ferne den Ort seiner Herkunft vertrat, ja ihn herzu brachte in Stunden der Einsamkeit. Es soll freilich auch schon vorgekommen sein, daß solche mitgenommenen Haselstöcke fernweg von ihrem Busch unvermittelt Blätter getrieben, ja Wurzel geschlagen haben.

Das Seine getan, führt der Vater den Jungen, der sich schon nicht mehr heimisch fühlt – man hatte ihn „in dicke, warme, ihm fremde Kleider gehüllt", und es heißt auch noch: „die ihnen sehr schön erschienen waren" – fort. Der Vater bringt den Sohn genau nach dort, wo die Fremde beginnt, das ist: eben so weit, bis man den heimischen Weiler nicht mehr sieht, nicht weiter. Dann läßt er ihn allein.

Der Knabe sagt nichts. Der Vater sagt nichts. Niemand sagt etwas. Die Mutter, die Hegerin, von ihr wird ebenfalls nichts mitgeteilt, keine Andeutung gegeben, die auf eine Äußerung oder nur auf den Ansatz von Stimmung schließen ließe: Eltern beim Abschied des einzigen Kindes. Alles bleibt gefroren, novemberhaft steif. Alles. Deshalb November.

Nur einem sind Mittel gegeben, sich zu äußern in dieser Situation von Abschied, der über der Landschaft lastet, man weiß, es war der Abschied fürs Leben. Niemand hat es gesagt. Dies Einzige, was da reden kann und nicht verstummt, ist nicht ein Mensch, auch nicht ein tierisches Wesen, sondern: der Kamin, oder richtiger „der dünne Rauchfaden", der über der Hütte hängt. Wenn das Kind nicht mehr drinnen ist, nimmt der Rauch sich zurück, bis man ihn kaum mehr sieht. Die Wärme ist weg – behüte, jemand würde es so ausdrücken: so direkt und parabolisch. Jedoch, von dem Rauch darf es heißen, er „stieg gleichsam betrübt zu dem grauen Novemberhimmel hinauf, als sich die Hegerin zu Mittag eine Suppe kochte" – er darf, der Rauch darf. Einzig er.

Und jetzt wird das Langweilige, Langatmige atemlos: Die Hegerin kochte die Suppe, „die sie immer, wenn ihr Mann nicht zu Hause war, statt gesetzmäßig zu kochen, schnell machte, und auf dem Schemel des Küchenstübchens sitzend, wo sie sonst die glatten blonden Haare des Knaben gekämmt hatte, aß". Auf demselben Schemel. Aber nicht allein: „Den Waldgänger sah man mit seinem grauen Rocke und großen Hute zwischen den weißen entlaubten und daher durchsichtigen Birkenstämmen des Kienberghanges hinüber in das Häuschen des Simmibauer gehen." Man sah ihn da hinein gehn. Man: die unbeteiligten, unpersönlichen, vorwitzigen Zuschauer zwischen leblos entlaubten Birken. Und grau war sein Rock. Jetzt steht's aufgeschrieben. Nicht fahl wird sein Gesicht genannt, vielleicht wegen der Trennung von dem Kinde, dem einzigen Wesen auf der Welt, dem er etwas von dem Seinen, auch eine Art Hoff-

nung auf ein Weiterleben hat mitgeben können –
nun erst, da sein Ende sich nähert. Vielmehr: Der
Rock ist grau, und der Alte hat nur diesen einen
Rock. Jetzt wird der Rock grau genannt. – Was er
dort aber getan, was er gesagt hat, der Waldgänger
zu dem kleinen Weiblein, nun, da das Kind fort war?
– Stifter wird sich hüten, darüber etwas verlauten zu
lassen. Er, der nie ein Voyeur gewesen ist, noch weniger ein Schwätzer, läßt das offen. Überdies, was
werden die zwei bei der Gelegenheit schon gesprochen haben? – Die Suppe, vermutlich, mögen sie miteinander gelöffelt haben, schweigend sinnend in der
Küchenstube, die lauwarme Wassergrütze. Wenn
man es zu zweien tut statt allein, schmeckt man eine
andere Suppe.

Das ist der Abschied. Es ist der Abschied aller. Besonders des Waldgängers. Wie dieser Abschied aber
geschieht: „Acht Wochen nach diesem Ereignisse ist
auch der Waldgänger auf immer von dieser Gegend
fortgegangen . . . Er hat ein großes Buch mitgenommen, zwischen dessen Blättern viele Moose eingepackt waren."

Welche Genauigkeit in der Zeitfolge! Welch kunst-
lose Einfachheit des Sagens! – Alles, was bisher zu
vernehmen war, das *geschah*. Jetzt *ist es geschehen*. Fertig, auf immer: Perfekt. Der Alte ist fort. Er ging
nicht fort, er *ist fortgegangen*, aus der Zeit; ein großes
Buch *hat er mitgenommen*. Sonst ist weder von Koffern
noch von Erinnerungen die Rede. Dieses Buch ist
das einzige Andenken geblieben aus der kurzen Zeit
seines Verweilens im Ennstale: ein Buch voller
Moose. Am Ende hat die Natur ihr Buch geschrieben, und das Wissen von ihr: Daß dieser Alte ein Ge-

64

lehrter ist, oder war, einer der seit den Tagen seiner Kindheit unzählige Bücher durchstudiert hat, einer auch, der an den Wert des geschriebenen, gelesenen Wortes glaubt, das haben wir bereits erfahren. Wäre es nicht so, er hätte nicht den Hegerknaben so geduldig unterwiesen. Jetzt aber, da er in den Wald verschwindet – in ihn zurück, aus dem er kommt – jetzt nimmt er das Moos-Buch mit. Sonst nichts.

Wie das Tal ausgesehn hat, in dem der Waldgänger auf eine Weile als Gast gewohnt hat und einem kleinen Knaben Vater gewesen ist, das hat der Verfasser Stifter im Beginn dieser Erzählung eingehend beschrieben; mit Stifterscher Ausführlichkeit und Genauigkeit. Seitenlang. – Wofür wohl? – Nicht lediglich, um aus der Landschaft die Stimmung still zu Wort kommen zu lassen, aus der heraus die Geschichte sich entwickelt (wie man meinen möchte). Sondern: . . . Es soll nicht vorgegriffen werden; wohl aber festgehalten und dem Gedächtnis gegenwärtig gemacht, daß noch zweimal in dieser Erzählung von Landschaften die Rede sein wird, die fast auswechselbar die Stimmung im Tal der Enns wiederfinden lassen.

Daß der Waldgänger von hier fort dann aus unserer Gegenwärtigkeit entschwindet, und damit aus der Zeit, aus dem Leben – eben das weiß niemand, wo es geschieht und wann – das zeigt, genau gesagt, das Happy End der Erzählung an. Ein vorweggenommenes, andauerndes Happy End.

Jetzt ist der Alte fort. – Die Meisterschaft der Erfindung äußert sich in der Genauigkeit einher mit Kargheit; im Geiz (Geiz ist ein Korrelat der Melancholie). Stifter, dieser Meistergeizhals, spendet hier nichts an die Stimmung, außer dem Wechsel vom Imperfekt ins Perfekt. Er wird dieses nämliche Kunstmittel, mit dem man nie geizig genug umgehen kann, später noch einmal benutzen; aus der nämlichen Absicht: um in dem Geschehen eine Wendung einzuleiten – und mit der genau entsprechenden dramatischen Wirkung.

Aus dem Wald ist er gekommen; aus dem Wald, den er so genau gekannt hat. In den Wald ist er gegangen: der Waldgänger. Sein Buch hat er mitgenommen, seine Stiefel hat er dagelassen. „Die Schuhe wurden nach und nach von dem Simmibauer zerrissen." Zerrissen hat man nicht die Erinnerung, sondern die Schuhe, jenes Instrument, das den Waldgänger macht und zeichnet. Hier ist nicht von Symbolen oder Symbolhandlungen die Rede, sondern von Gegenständen – „Zeug", würde Heidegger sagen – Schuhen nämlich; und von Taten: von dem Zerreißen dieser Beschützer auf den Gängen des Alten mit seinem Schüler. Auch hat der Weggang des Alten niemandem die Seele eingerissen. – Sonst war nichts von dem Alten zu sehen, und Andenken pflegt man nicht dort hinten, niemand sperrt sich gegen die Gesetze der Vergänglichkeit, das ist: gegen die Gnade des Vergessens. Ohne auf sich aufmerksam zu machen, ohne namentlich ein Verweilen zu fordern, steht da die genaue Allegorie des Vergessens: Die Schuhe bleiben in der Kammer des Waldgängers stehn. Für die Fortsetzung seiner Wanderschaft dient ihm ein Paar schwere Juchtenstiefel. Die hinterbliebenen Schuhe hätte man auf einmal fortwerfen können. Sie verschwinden aber nach und nach – so zerreißt die Erinnerung, bis die

Kammer entleert ist, von den Spuren ihres Bewohners gelöst.

Man hatte noch gewerweißt in den Häusern da hinten, was es wohl gewesen sein mochte, das den Waldgänger so bald nach dem Abschied des Knaben Simon von dort hinweg getrieben hat: „Der Simmibauer sagte, er scheine sich so sehr um den Knaben des Raimundhegers gehärmt zu haben – ‚aber ich glaube es nicht‘, setzte er hinzu, ‚denn was kann denn ein Mann, der noch dazu in so hohen Jahren ist, mit einem solchen Knaben zu reden haben?‘"

Denn was kann denn ... Weinen ist verpönt hinten im Ennstal. Stottern ist richtig: Nicht was er sagt, macht Stifter besonders, aber wie er sagt. Ihm sind Stilmittel verfügbar, die in der Zeit seitdem keiner hat brauchen können. Vielleicht spürt jemand sie in nochmals einhundertfünfzig Jahren auf – jemand, der Stifter zu lesen gelernt hat.

Was er zu reden hatte mit dem Knaben – daß die Liebe nur nach vorwärts geht und nie zurück; daß die Kinder ihre Eltern verlassen und ihnen vielleicht mal einen Brief nach Hause schreiben; daß es gegen die Vergänglichkeit kein Mittel gibt, noch eines gegen die Einsamkeit (man ist dort nie einsam) – dazu konnten die sich kaum Gedanken machen. Sie haben ja auch nicht, so wenig wie wir Leser bis hierher, wissen können, daß dieses das einzige bedrängende Thema war, das den alten Mann beschäftigt hat, seit er ein junger Mann war: die Dauer, das Vergehen. Und ob es, gegen alle Naturgesetzlichkeit, vielleicht doch zu bewältigen sei: durch die Liebe, wie kurz auch, oder durch das Wissen.

Jetzt aber hat er die Antwort gefunden: mit dem Weggang des Kindes: Man kommt ihm bei durch die Einsamkeit in der Melancholie. Man kommt ihm bei durch ständiges Wandern in der Dunkelheit der Zeit, bis man in dieser aufgeht. Aber weder mit Wissen noch durch Nachkommenschaft. Noch durch eine Heimat. Noch durch die Liebe.

„Der neue Trieb strebt immer von dem alten weg in die Höhe, nie zurück; der alte bleibt hinten, wächst nicht mehr und verdorrt. Und wenn auch die Zweige bei einigen zurück zu gehen scheinen und nach abwärts streben, so ist es nur, daß sie die Erde berühren, um einen neuen Stamm zu gründen, der den Platz verlassend sogleich wie ein Pfeil in die Höhe schießt."

Jaja, die Butterblumen.[14] – Das ist, wie die Antwort sich anhört: nie zurück, auch: wie ein Pfeil in die Höhe schießt. Die Antwort auf die Vorstellung des Knaben, er werde den Lehrer nie verlassen, den er Vater nennt. Und es war dies in einer Zeit, „da die Blätter abfielen, da die Kohlmeise sich sammelte, um fort zu ziehen, da keine Schwalben mehr da waren", und dann, zum Höhepunkt dieses gesammelten Bildes vom allgemeinen Aufbruch, dramatisch in einen Szenenfetzen gefaßt, auf einen Moment des Hinsehens gesagt, „der leichte, dunkle Winkel der Wildgänse am blassen Himmel zog . . ." – Wenn der *Win*kel der *Wi*ldgänse – Stiftersche stoßende Stabreime – leicht, dunkel, die Bahn seiner Wanderung in den blassen Himmel zieht, sollten die Menschen diesem – nach Georgs Auffassung – Gesetz der Natur nicht ausweichen. Und wer nicht selber geht, wie der Waldgänger, den schickt man. Und dies geschieht mit dem Kinde Simmi. Man kann nicht sagen, wer es ist, der ihn schickt. Es ist die Bestimmung seiner Begabung, die es veranlaßt, Georg nennt sie Natur; also die Natur der beiden, Georgs gleichwie Simmis. Und eine Schar Wildgänse im leichten dunklen Winkel weist den Weg: weit hinaus aus dem Gesichtskreis. Und auf immer.

Der alte Lehrer hat hier etwas gesucht. Oder genau: Sein Suchen hat ihn nach hier geführt (an einen Ort, der dem Knaben Stifter nicht fern und nicht unbekannt ist). Gesucht hat er: eine Gewißheit. Und hat sie gefunden. Uns ist noch nicht bekannt, welcher Art sie ist, und auf lang wird die Erzählung uns hinhalten. Sie wird aber, quer durch alle Chronologie, stetig zunehmend ihre Verdichtung anzeigen, die aber noch auf eine ganze lange Weile rätselhaft bleibt. Rätselhaft auch dann noch, wenn gesagt ist, was hier, mit dem letzten Abschied nach manchen vorausgegangenen Abschieden, den Ausklang eines langen, dichten Lebens bezeichnet. Eines glücklichen Lebens? eines unglücklichen? – Darauf kann man nicht antworten, und man sollte so nicht fragen. Aber wir spüren es: Auf sein Ende hin wurde es zu etwas wie einem harmonischen Abschied. Einem Abschied als Bestätigung; und einem Abschied unter den einfachen, liebenswerten Bedingungen, wie sie ihm von den Leuten dieses Tals angeboten, vorgelebt wurden, ohne daß der Waldgänger mit seinem fremden Akzent, in seinem seltsamen Aufzug, mit seinen merkwürdigen Gewohnheiten sich je zu den ihren zu zählen vermochte oder es versucht hätte. Und schließlich: dem Abschied eines verzauberten, zukunftverheißenden Kindes, von dem man vermuten darf, daß es die Lehren und Weisungen, vielleicht sogar das Beispiel seines väterlichen Mentors mit- und weiterträgt. Allerdings ohne diesen mit Namen zu erinnern und sein Gedächtnis den Nachkommenden zu erhalten. Der Waldgänger wird ein Namenloser bleiben.

Auf diesen Gängen der beiden durch den stummen Wald hat etwas sich erfüllt, was allemal seine Geltung behält, und allerorten. Aber über dies: ob das, was da angelegt wurde, sich auch wirklich entwickeln wird, vielleicht in einem Neuen erfüllen, darüber schweigt die Erzählung sich aus, sie deutet nur an, daß es weitergehen könnte. Daß dieses als einziges auf Zukunft weisende Kind seine Zukunft – und damit *alle* Zukunft – bei sich verbirgt und sie unsrer Geschichte vorenthält, dies belegt die Dunkelheit der Zukunft, aller Zukunft; es macht den Glauben an sie, und die Hoffnung, die diesen Glauben stützt, zur Illusion.

Und mit dieser Illusion endet – chronologisch – die Geschichte: hier, im Ausgang ihres ersten Kapitels, eh die Linse des Beobachters sich auf Rückblende ausrichtet.

Hier, jetzt, in dieser aus Trauer und Hoffnung gezeugten Situation des Abschieds kann man die Leute zurücklassen.

Die Kunst des Autors bringt es fertig, dieses erste Kapitel, welches das zeitlich letzte ist, am weitesten in die Vergangenheit zu setzen. Wie einen Traum, zeitlos.

Dabei geht es jetzt, im zweiten Kapitel, um, wie der Verfasser es nennt, ein ganzes Menschenalter zurück. Es ist ein Menschenleben: fünfundsechzig

Jahre genau, wie später vermerkt wird. Fünfmal die ominöse Primzahl dreizehn, um die einiges in dieser Erzählung sich windet. Jetzt führt sie uns in die graueste Vergangenheit, nachdem schon das erste Kapitel seine Handlung weit über den Scheidepunkt hinweg versetzt hatte („Es sind jetzt viele, viele Jahre, und der Verfasser war damals ein Jüngling"; „tief zurück im Reiche der Erinnerungen" fand damals der junge Stifter jenen geheimnisvollen Fremdling). Der Verfasser hat sich weit hinweg von dem Ort seines Ursprungs begeben. Allein das Heimweh, nicht das Beheimatetsein, kann so schreiben. Ein Heimweh, das nie gestillt wird.

Jetzt wird die Entfernung ... man kann nicht sagen, sie werde noch größer. Nur mit dem Bandmaß ist der Ort der Handlung im zweiten Kapitel ferner, im übrigen wird hier gezeigt, was zu zeigen ist: Schicksale spielen allerorten jederzeit – und überall unter vergleichbaren Bedingungen. Was den Raum anbetrifft, so läuft, was weiter zu berichten ansteht, nicht zwischen Moldau und Donau ab, sondern fern, irgendwo im deutschen Norden, in der Weite der Ebene, Wochen weg vom Ausgangspunkt der Erzählung unter sehr anderen Bedingungen – und es ist dennoch dasselbe, was dort zu finden ist. Darin äußert sich eine der bewegenden Einsichten der Geschichte vom Waldgänger, und nicht nur ihrer: daß das Wesentliche wiederkehrt. Daß es dasselbe bleibt. „Zwar um den Geburtsort jenes älteren Knaben lagen nicht so sehr Wälder und Berge herum . . ." Wo es *zwar* heißt, läßt *aber* nicht lang auf sich warten. Hier kommt es wie folgt daher: „. . . allein es war auch nicht gar viel anders."

Inwiefern es gleich ist, und wo anders: wie dies
Verschiedene im Gleichen herausgearbeitet wird,
wie sie es vorlegt: In der einfachen Beschreibung
dieser Thematik äußert sich einmal mehr Stifters
Meisterschaft verschwiegenen – und verschweigen-
den – Sagens, wie es, scheint mir, wenige sonst zustande gebracht haben, ehestens Kafka und Proust
an zentralen Stellen ihrer Werke (nicht Max Picard,
obgleich er viel vom Schweigen redet; nicht Heidegger im Kreis seiner schweigsamen Nachbarn vom
Schwarzwald[15]). Die Landschaft, woselbst Simmi, der
Hegerbub, aufwächst, und die Region, welche sechs-
einhalb Dekaden zuvor den kleinen Georg gezeugt
hat, die beiden erscheinen dem Auge des Malers Stifter zunächst so verschieden, als sie in dem weiten Be-
reiche der deutschen Länder nur sein können. Aber
Stifters Malerblick sieht mehr. Er sieht die Landschaft als menschliche Schöpfung, und wie eine solche bildet er sie ab. Im Lande ob der Enns waren die
Leute so eingeschränkt, oder auch, gröber gesagt, so
beschränkt und fromm, und, muß man beifügen, so
arm, „daß sie beinahe nichts anderes kannten, als die
Stämme der Bäume, die um sie herumstanden, und
das vorbeirinnende Wasser" (solcher Leute Kinder
hatte der Schulmeister Stifter zu unterweisen – solcher Leute Kind hat der Waldgänger unterwiesen –
solcher Leute Kind ist Bertl Stifter eines gewesen).
    Allein, es war, wie gesagt und von demselben Ma-
lerauge gesehen, auch nicht gar viel anders; obgleich
die neue – ältere – Szene im nördlichen Deutschland
spielt (Stifter ist nie dort gewesen). An einer Stelle
also, wo man weit übers Land schauen kann und weder Baumstämme noch Gebirge noch rinnende Was-

ser den Blick beengen müßten. Wo vielmehr der Horizont fern ist:

„Um das Dorf lagen nicht ... Wälder und Berge, sondern es war vielmehr eine Ebene herum, auf welcher gerade gar kein Wald war ...."

Und jetzt folgt die Schilderung der Gegend durch die Optik des Spätimpressionisten. Wer es vorhat, ein Werk zu kommentieren, tut gut daran, er läßt zunächst einen Hinweis auf den Inhalt der Darstellung zur Seite und hält sich fürs erste an die gestalterischen Elemente. Der Inhalt spricht danach durch sich selber. *Wie* der Stoff gestaltet ist, nicht was er gestaltet, dies soll uns einen Moment hier angehn. So wie man auch sinnvoll handelt, einem hölzernen Bildwerk zuerst mit den Fingern, bei geschlossenen Augen, zu begegnen: über die Maserung des Blocks zu fahren und wahrzunehmen, wie mit den Linien umgegangen wurde, welche von der Natur des Baumwuchses bedingt sind, und zu fühlen, wie der Künstler diese Linien mit den Wölbungen und Vertiefungen in Einklang bringt, die er seiner Figur mitgegeben hat. Was ein bedeutendes Werk ist, läßt zwischen den beiden gestaltenden Elementen der Erzählung: Form und Stoff, respektive Form und Inhalt, Übereinstimmung oder jedenfalls Korrespondenz spüren.

Im selben Sinne sei hier vorgegangen. Und festgestellt, daß der Stil hier, im Eingang des zweiten Kapitels und tief hinein in dieses, merklich kühler ist, distanzierter. Es ist eben nicht der Verfasser Stifter, nicht dessen Landschaft, wovon hier die Rede ist. Sondern ein fernes kühles Land mit kühlen Leuten drauf. Und Stifter bringt die Kühle und Distanziertheit durch ein ganz einfaches Mittel in den Text: durch Häufung von Adverbien und Konjunktionen: Allein ... nicht gar viel anders. Oder: Zwar ... Und später: ... vielmehr eine Ebene ..., auf welcher gerade gar kein Wald war. – Das Nebensächlichste sagt das Genaueste.

Und da, um das Land, aus dem Leute wachsen, in seiner Eigenart herzubringen, ohne daß er sich auf Gefühle einlassen müßte, wählt Stifter ein besonderes, höchst eigenwilliges, ihm sehr geläufiges Stilmittel. Im Beginn dieses zweiten Kapitels heißt es (wie wir schon sagten ...): „Um das Dorf lagen nicht, wie wir sagten, Wälder und Berge, sondern es war vielmehr eine Ebene herum, auf welcher gerade gar kein Wald war ...“

... wie wir sagten ... – Was sagten wir denn? – Daß kein Wald war. Nun denn: kein Wald vor lauter Bäumen. Der Wald, den wir sagten, war nun aber nicht eine Ansammlung von Bäumen, sondern ein Hinweis auf die Leute, die in dieser Waldwelt verschlossen leben. Nämlich „so eingeschränkt“ – was heißen soll: so beschränkt –, „daß sie beinahe nichts anderes kannten, als die Stämme der Bäume, die um sie herum standen, und das vorbei rinnende Wasser“: nicht eben viel, namentlich wenn man bedenkt, daß irgendwo mitten im Walde, im Flecken Oberplan, der Knabe Stifter seine Kindheit verbracht hat; zwischen Stämmen, die um ihn herumstanden, und am vorbeirinnenden Wasser.

Wo wir jetzt hingeführt werden, da ist es weit, topfeben; dort ist, „wie wir sagten, ... gerade gar kein Wald“ – also eine ganz andere, eine Welt der Weite. Und wenn von Weite die Rede ist, so meint der Begriff doch umfassend alles, was er sagt. Mithin auch das, was man, ebenso hilflos wie prätentiös, als geistige Weite oder als Weite der Orientierung zu bezeichnen hätte . . .

. . . aber wenn man so hin sah, so standen die wenigen Bäume der Zäune und Raine so winzig draußen an dem Himmel: die Felder mit dem Weizen, der Gerste oder dem Heiden waren nach geringer Breite schon so kleine Streifen und Linien; die ungeheure Himmelsglocke war so voll von weißen und grauen, und bläulich schimmernden Wolken; ein Kirchturm, ein Amthaus oder sonst eine Wohnung, in der sich wieder Menschen befanden, war so sehr, wenn gerade eine günstige Beleuchtung darauf fiel, ein weißer leuchtender Punkt oder Strich in einem blauen Streifen draußen . . .

Wer unter den Lesern einen Personalcomputer zu eigen hat, oder einen Zählrahmen, oder zehn Finger, möge auf einen Augenblick bei dieser Passage verweilen: um auszurechnen, wie oft sich ihm hier das Wörtchen *so* einstellt (wobei, genau gehört, auch das Umstandswort *sonst*, wie auch das folgende eben*so* mitzuzählen ist); und wolle beachten, in welch verschiedenartiger Aussageform dieses Adverb hier zu stehen kommt: Wenn man so hinsah, so standen . . . so kleine Streifen und Linien . . . so sehr, wenn gerade . . . –

Was es aber zu besagen hat, dieses kurze, insgesamt achtmal vorkommende Wörtchen, das wird deutlich, wenn man sich das Vergnügen leistet, diesen Abschnitt einmal ohne den kurzen, aus gestopfter Trompete kommenden *so*-Schall anzuhören. Dann klingt er wie folgt: „. . . aber wenn man hin sah, standen die wenigen Bäume der Zäune und Raine winzig draußen an dem Himmel: die Felder . . . waren ... kleine Streifen und Linien; die ungeheure Himmelsglocke war voll von weißen und grauen, und blaulich schimmernden Wolken; ein Kirchturm ... war ... ein weißer leuchtender Punkt oder Strich ...“

Stifters Stil: Das zu Schildernde ist geschildert, auch ohne *so*. Alles steht da, was stehn muß; aber als Stimmungsbild aus dem Raschentwickler eines Amateurphotographen: Abend in der Heide, oder ähnlich. Die Iteration ist es, jenes berechnet enervierende Stereotyp des *so*, welches dem Bild seinen naturalistischen Charakter nimmt und auf die schlagend expressive Macht der Diskrepanz verweist: zwischen der leeren Weite der Region und der Engnis, mit der sie besiedelt wird; zwischen der ungeheuren Wölbung der Himmelsglocke, die hier von Horizont zu Horizont in alle Richtungen übersehbar ist, und der Kleinheit, Kleinlichkeit der Leute, die darunter ihren ärmlich kärglich kleinlichen Tag verbringen. Das *so* sagt es. *So* macht die Weite eng. Aus gewaltiger Einheit der Region macht es so eine inkohärente Summe von so winzigen Einzelteilchen. Und dies so sehr und so konsequent genau, bis alles zusammen bewirkt, „daß man in dem Pfarrdorfe eben so abgetrennt von der übrigen Welt der Menschen war, als hätte man mitten in einem großen Walde gelebt.“

Enge der Geographie oder Weite, Wald oder Heide: Beide Regionen machen gleichermaßen borniert. Was es ist, das die Leute hier wie dort zusammendrängt, im Tal der Enns zwischen dichten Bäumen gleichwie hier in der nördlichen Ebene, dieses Verbindende wirkt weit entscheidender formend als alle Bedingungen von Umwelt und Landschaft: Was

76

es nämlich ist, wodurch die Charaktere der Leute beiderorts bis beinah zur Kongruenz gleich geformt werden, das ist zweimal dasselbe. Es ist das Festsitzen am selben Ort, und es ist die Haltung, welche dieses Hockenbleiben nötig, auch möglich macht: die Engnis einer ultramontanen, provinzialistischen Gebetbuch- und Traktätchengläubigkeit, welche die ganze Welt, eingeschlossen deren Probleme, bei sich im Haus versammelt findet.

Daß in dieser sich Orientierung und Bildung der Leute im Wald oben erschöpfen, darauf hat das erste Kapitel ausreichend Hinweise und überdies noch zahlreiche Andeutungen fallen gelassen. Und daß es da, im lutherischen Norden, dasselbe ist, findet sich gleich zu Beginn des zweiten Kapitels festgehalten: „allein es war auch nicht gar viel anders." Es war ebenso eng nur auf sich selbst bezogen, auf seine winzigkleine und sehr ärmlich gelebte Welt, nicht gegenwärtig seiner Ärmlichkeit und Enge.

Erstmals ist die Erzählung vom Waldgänger, daran sei erinnert, im Jahr 1848 erschienen: als die Entscheidung daran war, gegen den Bürger der deutschen Länder (kurzfristig mit Ausnahme der Schweiz) zu fallen und diesem alle Hoffnung auf Freiheit des Denkens und Entscheidens zum Erlöschen zu bringen, und auf immer. Auf immer heißt: ganz offenbar über den Rand des Zweiten Jahrtausends hinaus. Wer sich diesem Diktat der Restauration nicht beugen mochte, wer nicht bereit gewesen ist, die Einengung auf ein Leben im beschränkten Winkel hinzunehmen, dem blieben zwei Lösungen: wandern oder auswandern. – Wandern: wie der Waldgänger es in den Jahren seiner Jugend und dann im Alter getan hat. Auswandern: wie . . . – aber es sei nicht vorgegriffen.

Was sonst blieb, war: so zu leben wie der Mann, von dem hier die Rede ist, im Anfang dieses zweiten Kapitels: „Der Vater entfernte sich niemals von dem Dorfe . . .“ In dieser Welt trachtet jedes einzelne ihrer Teile sich bei sich selbst zu bewahren, und jedes Teil ist ein Teilchen *so* weit in der Ferne, die hier beginnt, gleich neben dir, es sondert sich *so* entschieden von allem andern ab, bis am Ende die derart erzeugte und bewahrte Enge eben*so* eng ist, womöglich noch enger, als sie am Waldwasser der Enns gewesen war. Was da wohl für Menschen leben, was da wohl für Söhne aufwachsen mögen? – Es macht Sinn, hier zu erinnern, daß droben am Bach ein Knäblein geplantscht hat, das sich bis nach Hohenfurt hinüber phantasieren konnte, und noch viel weiter: mitten aus dem Kreis der Lichtung. Und hier: „Der Vater war ein Prediger in einem Dorfe . . ., auf welche Stelle er sehr lange gewartet hatte, die er jetzt bereits zehn Jahre bekleidete, und von der er sich nicht weg verlangte.“

Nicht mal zum Ausgang verlangt er sich weg. Er bleibt da, „außer wenn er nachmittags mit seinem spanischen Rohre in den Feldern spazieren ging“ – er allein, und nur „ein einziges Mal während seiner Amtsführung“ kam es vor, daß „er in einem Wägelchen fort fuhr, weil er in dem Konsistorium draußen etwas zu tun hatte. Von der Welt kam auch niemand in das Dorf herein . . .“

So lebt man in der Familie der Erzeuger jenes Knaben Georg, den wir zu begleiten haben. So leben auch die Bauern der Gemeinde, von der aber das

Kind ferngehalten wird. Einmal in zwei, drei Jahren kam es vor, daß „ein Amtsbruder mit seiner Ehehälfte, oder mit einer sittsam gekleideten Tochter erschien, und bei den Predigerleuten den Kaffee einnahm. Der Vater erwiderte niemals solche Besuche ..."

Ein Amtsbruder nicht mit Frau, sondern mit Ehehälfte, und das Kind ist eine sittsam gekleidete Tochter, sonst nichts: Hier nähert sich Stifterscher Humor an die Ironie an, wenn er sie nicht schon streift, obgleich der Verfasser sich auch jetzt an die sachliche, nüchterne Beschreibung hält. Gezwungen wird der Zwang geschildert. Und Sittsamkeit ist Zwang, der jede Ingeniosität, jeden eigenständigen Gedanken erstickt. Nichts wird weiter dazu gesagt, aber man kann doch etwas ahnen davon, worauf dieser Bericht über eine Welt weist, die den kleinen Knaben Georg formt, der einmal ein tätiger Mann Georg sein wird, ehe er als der Waldgänger Georg durch die Enge in die Weite findet ...

Und noch ist nur von dem Prediger bisher die Rede gewesen. Nicht von Georgs Mutter. Diese: „war eine klare stille blauäugige Frau, die zwischen den Astern und Georginen herum ging, und ihren Knaben sittsam erziehen wollte. Sie kam noch weniger aus, als ihr Mann, ... sondern sie war immer in der Umfriedung ihres Hauses, waltete in demselben und schaffte Reinlichkeit."

Und schaffte Reinlichkeit! – Und dies tat sie so: „Sie ging sehr fein und langsam im Hause herum, und drang wie ein Sonnenstrahl in alle Klüfte, daß der Staub sich entferne, und jedes rein glatt und scharf sei." Rein und klar, ohne Tiefen – verheißende Tiefen, bedrängende Tiefen – ahnen zu lassen, dazu glatt und scharf: So ist die Sittsamkeit, so steril lebt sie, so beengend und so bedrängend. So eindringend in alles, und es entleerend. Es reinigend vom Staub, von den Sämlingen, die sich in dem Staube einnisten. Und dann schließt ein Satz die Darstellung der namenlosen Pfarrfrau ab, der, aus Stifterscher Kunst, so genau in seinem Beschreiben wie kühn von der Summe seiner Hinweise ist – beides gleichermaßen: „In die Welt ging sie nicht, nicht etwa, weil sie dieselbe haßte, sondern weil sie nicht ging."

Da hat, scheint es, jemand gefragt, warum denn die Frau Pfarrer nicht ging. Jetzt weiß er, warum sie nicht ging: Sie ging nicht, weil sie nicht ging. Was hier so redet, redet nicht nur höchst humorvoll und witzig in treffendster Pointe, es antwortet auch mit einem umfassend genauen Satz: Die Tautologie ist die Logik jener Welt dort, und sie gibt alle Rechtfertigung für alle Situationen. Diese Tautologie gilt für jede Form von Strenggläubigkeit, sie ist deren Kanon in allen Dimensionen, und wer sich ihrer bedient, hat recht in sämtlichen Lebenslagen und versagt sich etwelchen Versuchungen, Gefährdungen, Angriffen von innen wie außen. – Die Frau ging nicht, weil sie nicht ging: Das Nicht-Geschehnis hat alles andere so genau in sich eingeschlossen, daß jedes Geschehnis sich erübrigt. Die Frau hat nichts draußen in der weiten Welt zu finden, was sie nicht drinnen gefunden hat, in dem Haus und dem, was es umgab und welches als ein Ganzes, „dem Pfarrer sehr gefiel, weil er darin gehen konnte, und das Ding etwas Schloßähnliches hatte". Etwas ihn Abschließendes, vor der Welt Beschützendes. Da waren Blumen und zwei Mägde, denen die Hausfrau „das Beispiel des Duldens und der sanftmütigen Mäßigung" gab. Und im übrigen „ging sie in die Kirche, wo sie die am meisten von ihrem Mann Erbaute war". Alles draußen, davon sagte sie bloß: „Das weiß ich nicht."

Wir würden diese Selbsteinengung, Selbsteinschließung in einem dermaßen engen Raum heute Zwangsneurose nennen; mit allem, was es umfaßt und, so würden wir jetzt denken, erheischt. Es wäre aber unrichtig, dies mit Bezug auf damals zu tun, weil die Syndromatik, mitsamt dem, was sie herbeiführt, dann nur sich entwickelt und auch nur dann stört, wenn sie Orte kennt oder findet, an denen sie sich mit anderen, ihr unähnlichen Lebensformen berührt, dann wohl auch reibt oder an ihnen stößt. Dort oben damals, in einem kleinen einkonfessionellen Dorf Norddeutschlands, wo nur Bauern lebten, und sie waren offenbar alle gleich arm gewesen, die Zeit ist noch vor der ersten industriellen Revolution anzusetzen, war nichts und niemand, womit zusammenzustoßen. Auch war die Aus- und Abschließung von allem anderen, von Erfahrungen, Entdeckungen, von Kultur und Geist, von Kunst aller Art, von Zerstreuung, von Politik, von Problemen, von Elend und auch Glück so vollkommen, daß für das Pfarrerspaar außer dem Pfarrhause keine Welt bestand. Wie genau hat Stifter dies zu sagen gewußt: so . . . so . . . so . . ., als hätte man mitten im Walde gelebt, und „von außen kam selten etwas herein". So lebte man damals. So konnte man damals leben.

Anders wäre es wohl dem hochbegabten Sohn der Predigersleute ergangen, hätte er die Haltung der

Eltern für immer zu seiner Lebensform werden lassen. Jene haben sich so sehr eingeschränkt, und in jedem Belang, daß sie von außen besehn wohl auch für beschränkt gelten mochten. Georg jedoch, was aus ihm geworden wäre, kann man ahnen. Vielleicht hätte Schlimmeres auf ihn gewartet als eine Zwangsneurose. Wir kennen Söhne, die in solch pietistischer, sittsam beengender pastoraler Umwelt auf- und über diese hinaus gewachsen und am Ende doch an ihr zugrundegegangen sind. An Hölderlin und Nietzsche ließe sich Kierkegaard anfügen und mancher Name sonst. – Aber der junge Georg hat sich zeitig und gründlich befreit, das Schicksal seiner Eltern hat es ihm erleichtert – ganz los ist er von deren Einfluß allerdings erst im hohen Alter und im Wald gekommen. Der Unterschied zwischen dem Pastorensohn Georg und den eben namentlich erwähnten Pastorensöhnen, welche die Enge des gläubigen elterlichen Heimes in großem, kühnem Bogen durchstoßen haben, erst in die Höhe, dann in die Tiefe, und beides war eins, der Unterschied ist dieser: Nein, kein solcher der Begabung, Georg hat bedeutende, ja gewaltige Anlagen mitgebracht. Sondern ein anderer: Georg hat sich vermählt, die eben Genannten sind allein geblieben. Dies wird zu bedenken sein, und nicht zu vergessen, wenn wir uns daran machen, Georg auf ein ferneres Schicksal zu begleiten; auf die Bindung; auf die Trennung, bis wir ihm als lichtem Alten begegnen. Dann wird er ein Weiser sein, höher und tiefer aus seiner Namenlosigkeit heraus, als die Angeführten. Auch als der alte Hölderlin im Turm am Neckar. –

82

Inzwischen wächst Georg in dieser Welt auf, die ihren Reichtum innen wähnt und – in gewisser Weise – auch hat. Man darf ihn ein glückliches Kind nennen. – Die Schilderung der beiden Kinderschicksale, Simmi und Georg, die sich in manchem Wesentlichen ähneln, in anderem unterscheiden, bereitet vor auf die Beschreibung eines dritten Kinderschicksals, auch dieses bezeichnet durch Einschließung. Jene dritte Form von Verengung wird jedoch nicht darzustellen sein als ein Bild von der unwissend unschuldigen Enge im ärmlichen Leben der Hegersleute; noch ist es zu schildern als erwachsend aus der Selbsteinschließung des deutschen Pfarrhauses, über welchem ein gutmütiger, reichlich bornierter, provinziell pietistischer Herrgott auf überschaubarem Raum alle daselbst erlaubte und vorstellbare Pracht aus einem bescheidenen Füllhorn in das eingehagte Paradieslein gießt, so ganz und gar, daß nichts mehr bleibt, was es verlohnen könnte, daß man es draußen suchte: weder Glück noch Elend, auch keinen bedrohlich umstürzlerischen Menschengeist, nichts Wesentlicheres oder vorstellbar Größeres, als was Haus und Garten, was Blumen, Gattin, Sohn, Mägde, die Gemeinde, das Land, soweit man's übersieht, und die ungeheure Himmelsglocke darüber, eine reiche, vollkommene Welt mit allem darin, was der Mensch finden darf – und mehr suche er nicht – anzubieten hat. Das alles, was hier lebt, zeigt so offenbar, daß es das einzige ist, was wahr sein kann. Berichte von anderen Welten, Erdbeschreibungen etwa: Bis sie ihren weiten Weg dorthin gemacht haben, sind sie „auch nicht mehr wahr". Wahr ist, was man von dort überschaut und von dort aus sagen kann. Sonst wisse man nichts, und sonst gibt es nichts. Keine Wahrheit.

Nicht von alledem wird uns später ein Gegenstück vorzustellen sein, sondern von den Bedrängnissen der Weite, von den Einengungen der Weiten Welt. – Wenn der Prediger, Georgs Vater, von einer solchen Welt wüßte, wenn er sich vorstellen könnte, daß es so etwas gibt – würde er sie sündig nennen? – Er kann es sich nicht vorstellen: Dies ist sein Glück, seine Rettung.

Wo wir uns jetzt immer noch befinden, im Predigerhaus, fühlt man keine Enge. Man hat hier alles, was man wünschen möchte. Daß man mehr wünschen könnte – nein, es ist nicht vorstellbar. Es darf nicht sein. Und dafür sorgt der Blick der Pfarrfrau, welcher, klar still blauäugig „wie ein Sonnenstrahl in alle Klüfte dringt, daß der Staub sich entferne, und jedes rein glatt und scharf sei".

Ah, es gibt auch andere Blicke in Stifters Reich! – Abdias (aus der gleichnamigen Erzählung) blickt dunkel – düster und leidenschaftlich, er kann anderes als die Pastorenfamilie im kühlen Norden, lieben gleichwie hassen, der Wüstenjude aus der glastigen Ferne, wo Fata Morgana die Sinne betäubt.[16]

Hier wohnt nichts von Leidenschaft – weder Liebe noch Haß, „zwischen den Astern und Georginen". Nichts dergleichen entfaltet sich hier merkbar, hörbar. – Jetzt kennt man die Bedingungen, unter denen der kleine Georg aufwächst. Und am liebsten wäre er gleich einer wie sein Vater geworden, ein Prediger, „und er hätte schon jetzt nichts so gerne getan, als ein gesetzmäßiges Gewand angezogen, Re-

den gehalten, konfirmiert, die Christenlehre ausgebreitet . . .‟

Jetzt kennt man auch die Umstände, durch welche
die Welt weit wird, und man hat eine Ahnung von
den Gegebenheiten, durch die sie sich einengt. Man
weiß, es sind die Menschen und deren Ordnungen
allerorten.

Zweimal ist es eng, im Wald wie auf der Ebene.
Aber im Walde wohl doch weiter, wenn man an die
Bilder des kleinen Simmi denkt, und der Vater hört
ihnen zu. Wenn man sich erinnert, wie das Kind, von
keinen Reinlichkeitsvorschriften eingezwängt (um alles rein, glatt und scharf zu machen), vielmehr arg-
und sorglos im Wasser plantscht und in der Erde
wühlt und lauter reiche Phantasiegebilde in das Loch
hinauf baut, das die Bäume dem Himmel ums Hegerhaus offengelassen haben.

Diese Freiheit wird dem Predigerssöhnchen nicht
gewährt. Der Vater vielmehr gebraucht seine Kenntnisse utilitaristisch. Einen Kanzleiherrn will er aus
seinem Georg machen. Und wär' der Alte nicht
rechtzeitig gestorben, der Jüngere wäre mit Gewißheit einer geworden.

Wie dies alles hier hingeschrieben steht in voller,
nie gestörter Übereinstimmung von Form und Inhalt, so genau und wie selbstverständlich hingeschrieben, daß man nicht merkt, wie sehr der Stil
sich anpaßt in Benennung und Auslassung, wenn er
vom Predigerhaus redet, und der Ort, wo dieses
steht, hat keinen Namen, noch keinen, so wenig als
die Pfarrersleute benannt werden. Menschen wie
diese gibt es überall im deutschen lutherischen Norden mit der Enge seiner Weite, mit den Blumengär-

ten, die – reingehalten! – die einzige Sinnenfreude da oben bedeuten, wie sehr der Stil, wenn er dortselbst verweilt, anders gefärbt ist, als wenn er die Bukolik des Ennstales beschreibt mit dessen dicken, eng gescharten Bäumen, zwischen denen ein stummer Falter flattert.

Solch einer hätte man wohl sein mögen, so ein Falter, flatternd um die beiden Genossen, um Simmi und seinen Lehrer, während sie grübelten; eine Hummel wohl auch, und um die lichtdurchglühten Stämme brummen. – Aber hier, in der Kühle des Studierzimmers, stört der Falter. Er stört nicht nur die beiden, die da Latein und leserliche Handschrift üben, er stört auch den Stil, in dem das alles dargestellt wird. Er stört die Reinlichkeit, er stört die geplant dürre Zucht der Sprache, die hier, wenn sie ins Pfarrhaus führt, zu sagen weiß: „... der Vater gab es nicht zu, sondern das Ziel seiner Wünsche ging dahin, daß sein Sohn ein Syndikus oder Amtmann, oder sonst ein Kanzleiherr würde, der in einem großen Hause säße und seine Kinder gut versorgen könne ... der Knabe lernte und erfüllte alles, was ihm der Vater zu lernen und zu erfüllen vorlegte."

Nochmals sei festgehalten, mit durchaus Stifterscher Pedanterie: daß man's allgemein nicht merkt – und die Absicht ist gewiß die, *daß* man es nicht bemerkt – wie hier die Darstellungsart den Bericht inhaltsgleich, sachgleich mit dem zu berichtenden Stoff bekleidet, so genau, daß alles in Einheit daherkommt. Der Stoff und die Form. Wie Stifter zuvor geredet hat, so möchte man bei Hegers geredet haben. Jetzt redet er wie der Herr Pfarrer, wenn dieser eine gläubig karge Bibelübersetzung seiner ebenso kargen Auslegung vorangehen läßt, oder wenn er seinen Knaben im Ablativus absolutus unterweist.

Diesen Knaben, der mit dem Hegersimmi nicht nur die Lernbegierde gemein hat, sondern, wie dieser, die einzige, endlich verwirklichte Hoffnung seines Elternpaares bedeutet. Beide hatten sie, die Hegers- wie die Predigersleute, „das gemein, daß sie nach lange unfruchtbarer Ehe mit diesem Kindersegen erfreut wurden, bei beiden blieb das geborene Kind das einzige, und bei beiden war es von der ganzen andern Welt abgeschieden . . ." als ein wertvoller einziger Schatz, ein Augapfel, und als die Erfüllung der Ehe, ja deren Sinn, der einzige. So steht das hier, das Leitmotiv dieser Erzählung vom Waldgänger mit seinen Gewißheiten, seinen Zweifeln.

Zweimal wachsen einzige Söhne, zweimal sind es begabte Kinder, in der Welt ihrer Eltern auf, wachsen aus dieser heraus, über sie hinaus. Zweimal bekommt man zu ahnen, da entwickelt sich etwas, das ist mehr als eine einzelne entschiedene Persönlichkeit. Da wird beidemale etwas vorbereitet, was mit Sterblichkeit, mit Überleben, und mit dem Sinn des Überlebens, damit auch, ganz genau und sehr bestimmt, fern von erbaulichen Betrachtungen, mit dem Sinn des Lebens zu tun hat. Es ist offenkundig, daß Stifter bei sämtlichen unter den Leben, die er uns bis hierher ungemein intensiv und nicht ohne distanzwahrende Wärme an ihren Trägern vorgeführt hat, wenig Sinn erkennt – mit einer Ausnahme, dem wesentlichen Leben, welches im Kontrapunkt zu all diesen Leben steht. Die anderen insgesamt, mögen sie, unreflektiert und unbefragt, für sich ihren Wert mit sich tragen, diese Leben, durch ihre schiere Existenz, welche das belebt, was sie umgibt und birgt und nährt, sie leben ihren Inhalt und auch Sinn. Dafür preisen sie Gott, daß er sie birgt und nährt, und sie können sich auch als Gottes Preis sehn: Gott preist sich selbst damit, daß er sie leben läßt. – Sie ahnen freilich, ihr eigenes ärmliches Leben würde dem Sinn nicht zureichen; es brächte diesen bald zur Erschöpfung, und Gottes Preis würde verlöschen. Es muß, um dessen Sinn zu bewahren, das Leben weitergegeben werden. Leben zur Fortsetzung des Lebens, zu dessen Erhaltung, Geschlecht für Geschlecht, um einmal den Wald zu hegen, oder um die Tierleichen einzusammeln, ein andermal um der Christengemeinde Gottes Weisheit zu verkünden, und allemal ist es dasselbe: Es garantiert die Bewahrung einer Schöpfung, die unverändert fortgeführt werden soll. Unverändert: darauf kommt es an. Daß alles so bleibt, wie es ist, die Menschen und ihre Werke damit. Immer weiter hegen, abdecken, predigen. Nur so beweist die Schöpfung, daß sie gut und vollkommen ist; so vollkommen, daß jede Veränderung Verschlechterung brächte.

Leben und immer Leben weitergeben und immer gleich weiterleben: So ist es gottgefällig. Damit gottgefällig weitergelebt werden konnte, dafür haben die Hegers- wie die Predigersleute um einen Sohn gebetet, und als ihr Gebet erfüllt worden ist, war auch ihr Leben erfüllt: Der Sohn wird die Werte weitertragen.

Dann kam der Waldgänger. Und der hatte erkannt, daß dies nicht der Sinn des Lebens ist, das Sichfortpflanzen, Sichfortsetzen, sondern daß so etwas für den Anfang zureichen mag, aber dann: „In dem menschlichen Geschlechte ist nun ein wunderliches Streben – zuerst der Drang, sich zu entwickeln, dann Kinder zu haben," und hier sollte der Alte einhalten. Er fährt aber fort: „dann zu genießen, dann zu wissen, all die kleinen Dinge zu erforschen, Gott zu erkennen – allein das verstehst du jetzt noch nicht".

„Nein, ich verstehe es nicht", bekennt der kleine Junge. Zu seinem Glück versteht er's noch nicht, und seine Eltern ahnen noch nicht mal, daß es hier etwas zu verstehn gibt. Sonst hätten sie, das darf für gewiß gelten, ihren Einzigen nie dem Waldgänger anvertraut, ihn vielmehr bei Hohenfurt belassen, am Waldwasser, bis er ausgeträumt hätte. – Und Simmi selber: Wenn er verstanden haben wird, was er jetzt noch nicht verstehn kann, wird er sehr fern sein, ungleich viel weiter fort von den Seinen, als ihn der Wanderweg, der ihm bevorsteht, und bald wird er ihn gehn, führen kann. Fort in eine andere Welt, und einen Rückweg gibt es nicht, nie mehr. Es gibt am Ende nur noch den Waldgang. Dies ist, was der Waldgänger an seinen Schüler heran-, was er in dessen Welt hinein trägt. Die Liebe geht nur nach vorwärts, nicht zurück – nie: wie oft noch? –

Ob er wohl selber Kinder hat – gehabt hat – der alte Mann: Wenn man über diese Phase hinaus ist (. . . sich zu entwickeln, dann Kinder zu haben . . .), wenn man sich weiter gewagt, nämlich sich aufgemacht hat, die kleinen Dinge zu erforschen, Gott zu erkennen – die kleinen Dinge, das sind die großen Dinge: *contineri minimo divinum est,* und sie stoßen unmittelbar die Gotteserkenntnis an – dann verliert diese Frage allen Belang. Entgegen den Leuten allen, die wir bisher kennengelernt haben, weiß einer, und das ist Georg, der Waldgänger, und nur er kann es wissen, daß der Sinn des Lebens im Davonwandern liegt. Wer Gott erkannt hat – wird ihn der noch glauben, wird der erkannte Gott dem noch gnädig sein? – Stifter versagt uns die Antwort und sich die Frage.

Aus der Berührung mit der Welt im Walde um die Enns wird es nicht zum Zusammenstoß mit dem einsamen Wanderer kommen. Ehe von der Unvereinbarkeit dieser beiden Welten etwas zu ahnen sein wird, ist Simmi auf seinem Weg, der Alte auch, und was von ihm bleibt, ein paar sehr schwer mit Nägeln beschlagene Schuhe, wird „nach und nach von dem Simmibauer zerrissen, sonst war nichts von dem Alten zu sehen". Und das war so beabsichtigt. Der alte Mann ist nämlich nicht nur ein Suchender, nicht allein ein Lehrender und Bringender. Er ist auch ein Flüchtender.

So, von hinten nach vorne, die Zeiten vertauschend, die Lebensläufe umkehrend, erzählt Stifter seine Geschichte. Eben ist der alte Georg aus dem Raum verschwunden. Man weiß: auf immer. Jetzt kommt er als Knäblein wieder, und nicht als verwunschener Prinz, sondern als Söhnchen eines beschränkten – oder sich einschränkenden – Predigerpaares, welches dem einzigen Kind als einzig verfügbaren, auch als überreich genügenden Lebensinhalt all das mitgibt, was den Eltern zum Weg geworden ist, zum Sinn. Dies soll ihr Georg weitertragen: als ein großer Fürst, ein donnernder Krieger, als ein begnadeter Künstler oder ruhmreicher Gelehrter? Zumindest als glaubensverbreitender Gottesmann, vielleicht im Range eines Dekans oder Bischofs? – O nein, das scheint dem alten Prediger Angst zu machen. Was hier spricht, ist das Motiv Oedipus (oder Laios): daß der Vater seinen Sohn als Amtmann sieht, als einen Verwaltungsjuristen mit kaum Avancemöglichkeiten, dafür mit Ärmelschonern, um das Kleid beim Ellenbogenaufstützen vor Glanz zu schützen. Als einen, der in einem großen Haus sitzt und seine Kinder ordentlich versorgt – Oedipus oder zwangsbedingte Phantasielosigkeit; was zweimal dasselbe ist und dem nämlichen Zwecke dient: alle gefährlichen Regungen, alle Neigungen zum Neuen ab ovo zu ersticken. Und nicht weiter zu sehn, als der Vater blicken konnte. Und so die Welt des Vaters ungefährdet zu erhalten.

Und wirklich, der Sohn läßt, solang er zuhaus ist, weder heroische Anlagen noch beängstigende Talente ahnen, die befürchten ließen, daß er aus dem engen Kreis des Elternlebens ausbräche. – Freilich, katechetische Neigungen, oder Vorstellungen, wie er dem Vater nacheifern könnte, zeigt der Knabe. Im übrigen studiert er getreulich, was der Vater ihm aufträgt. Von Hohenfurt keine Andeutung.

Georg entwickelt sich wunschgemäß, passend in die Welt, aus der er kommt und für die er berechnet ist. In ruhiger Evolution wird hier ein Kind zum Abbild seiner Umgebung. Folglich geschieht auch nichts, was den Fluß stören, gar unterbrechen könnte, kein „plötzlich", nichts von „unvermutet"; es widerfährt ihm auch nichts. Alles wächst aus sich selber. – Deshalb darf man sagen, und vielleicht muß man es auch, daß das langweilig sei: das Leben dort und der Bericht darüber. Man kann sich einlesen in das Langweilige, hinein in den behäbigen Fluß, der den Leser mitträgt und auf das weist, woran der Strom ihn vorbeiführt. Wobei die Geschichte sich nicht zurückhält, Gesagtes nochmal zu sagen, sich selbst nachzudoppeln, wenn die Intensität der Darstellung es fordert. Der Fluß läuft mäandrisch: Das haben wir schon gesehn, erinnerst du dich, Leser? – Wir sagten es schon, jetzt sehn wir's wieder, aber mit verändertem Blickwinkel, es ist das gleiche. Ich sage es deshalb nochmal, und ich sage es auch gleich.

In sich kehrt die Erzählung auch von ihrem Inhalt her zurück: Der Bericht über den Knaben Georg hebt dort an, wo der Bericht über den Knaben Simmi sich verloren hat. Nicht vorher. Von dem kleinen Georg, träumend im Pfarrgarten, wie Simmi am Wasser sein Hohenfurt geträumt hat, wird uns nichts berichtet. Georg – eine ganze Lebenszeit, fünfundsechzig Jahre, älter – stellt sich vor als Fortsetzung von Simmi. Simmi hat zu lernen begonnen. Er hat eben angefangen, in eine neue Welt einzusteigen. Georg ist in der Welt dieser Bildung schon tief drin. Der Bericht über ihn setzt an, wie er in das Alter kommt, in dem wir uns von Simmi haben verabschieden müssen – auf immer verabschieden. Bis Georg sich in eine neue, der Elternwelt ferne Welt hinein lebt, wird noch viel Zeit vergehn und manches geschehn müssen. Jetzt hat er sich gänzlich in die Welt gefügt, die das Predigerhaus umschließt und vor dem Gartengatter endet. Und außer dieser gibt es keine Welt. Dort ist es viel enger als im Wald droben. Kein Vetter Pate hat von fernher ein unbekanntes Wissen eingebracht, vielmehr der Vater das seine, und hier ist alles vorgedacht, angelernt, vielfach abgesichert durch Alter in den Schreinen von Jahrhunderten, von geheiligter Überlieferung. Anderes gibt es nicht.

Das Schicksal der Trennung – die Liebe geht nur nach vorwärts, nicht zurück – kommt wie über den Knaben vom Ennstal auch auf Georg zu. Nur in späterem Alter, und die Fremde ist keine unvertraute, freilich auch nicht eine verheißende Weite, in die der Pfarrerssohn geschickt wird; sondern eine Fortsetzung des elterlichen Hauses; dessen verlängerter Arm, und der Vater ist wohl besorgt, daß in der fernen Stadt, auf der Hohen Schule, die ihn einstmals unterwiesen hatte, alles so weitergeht, wie es daheim begonnen hat. Neues gibt es dort nichts zu erfahren. – Noch nicht.

Und doch ist auch dieser Abschied ein ergreifender. Je mehr der Dichter seinen Leser allein läßt, und es muß der Lesende seine Stimmung selber eingeben, Stifter tippt sie nur leicht an, um so packender wird es. Und hier noch mehr als beim Weggang des Hegersohnes, weil diese Trennung *noch* karger zugeht, und weil sie auch noch karger beschrieben wird. „Man gab ihm noch, was alles die herjährigen Ersparungen des Hauses vermochten, er nahm Abschied, und ging fort." – Das zu Sagende ist gesagt. Georg nimmt Abschied und geht fort. –

Und die Eltern? – „Die Eltern blieben in der großen Stube sitzen, und sandten ihm ihren tausendjährigen Segen nach."

Unvermutet erfahren wir, daß die Stube groß ist. Vorher war davon nichts gesagt worden. Schwer auszumessen, wieviel Quadratmeter so eine Stube umfaßt hat, damit man sie groß nennt. Nämlich: Jetzt, in diesem Augenblick, da Georg Abschied genommen hat und draußen ist, weg, *jetzt* erst ist die Stube groß, sie ist groß *geworden*, viel zu groß für zwei Bewohner, die soeben, binnen Minuten beinah, zu alten Leuten geworden sind und ihm ihren Segen tausendfältig nachsenden, er hört das nicht mehr. Als das Kind noch die Stube mit ihnen geteilt hat, ist sie nicht groß gewesen. Jetzt ist sie zu groß. Und die Alten sind drinnengeblieben, nicht hinausgegangen, ihm ihren Segen nachzurufen. Sie saßen. – Sitzen, das ist altbiblisch für trauern. Abraham sitzt in seinem Zelt, da Gott ihm die persönliche Gefälligkeit der Gnade für die Sodomiten verweigert hat. Bis heute sitzt der Jude sieben Tage, um nicht dem Menschen nachfolgen zu müssen, der eben tot von ihm gegangen ist.

Sie sitzen. Nicht einen Rauchfaden lassen sie zum Abschied in den Himmel steigen. – Dann bleibt Georg weg, und nach Jahren kommt er heim. Er findet den Vater, und bei Pfarrers tut man immer dasselbe: Der Vater „putzte die Stämmchen der Rosenbäume, . . ., daß sie rein seien", . . . damit es rein sei . . . rein, unbefleckt . . . – „und die Mutter sah bei dem Fenster der Speisekammer heraus . . ., und es war eitel Freude in dem ganzen Hause."

Die Eltern sind alt, der Sohn ist reif geworden. Und da hat etwas sich vollzogen, was auf die Zukunft hin Vermutungen antönt. Etwas, das im Pfarrgarten unter Astern und reinlichen Rosen und im Blick der Mutter, der wie ein Sonnenstrahl in alle Klüfte drang, daß der Staub sich entferne und jedes rein, glatt, scharf sei, nicht hatte wachsen können: „Sein schönes Angesicht, welches rot und weiß war, und die sanften, schwärmenden Augen darinnen fielen schon manchem auf, aber . . ." – und jetzt kommt der wesentliche Hinweis, jedoch mit einer Feinheit, die sich, das ist Stifter, durch sachlichen Bericht in nüchterner Sprödigkeit, fern aller Psychologie, ebenso frei auch von jedem Anspruch auf Poesie, mitteilt: „Aber er wußte es nicht, daß er sie hatte, und lebte fort."

So wirkt die Aura, spielt der Charme der Schönheit am betörendsten, und wirkt doppelt, wenn das alles sich noch so vollkommen sachlich darstellt: Er wußte nicht, daß er schön war. Der Hinweis, auch dieser, ist altbiblisch in seiner Aussage: Sein Antlitz strahlte (heißt es von Moses), und er wußte es nicht.[17] Georg schaute aus sanften schwärmenden Augen, aber er lebte fort. Es war ihm nichts – aber auch dies steht wieder nicht geschrieben. Das Geschriebene stiftet alles Wesentliche an Aussage ins Verschweigen hinüber.

Drei Jahre sollten vorübergehn, eh der junge Mann zurückkehrt – man bedenke. Oder lasse es sein. Wie dann aber die Überraschung sich liest, da Georg vor der Zeit im Elternhaus eintrifft – ich versuche mir vorzustellen, welcher Cinéast dies mit so knappen, dabei genauen Bildern und so wenig Worten oder Mimik auf den Schirm brächte: Es ist später Herbst mit entsprechenden Farben – dem blaulichgrün betauten Dunkel der Wintersaaten im Braun, dies ist kein goldener Herbst – und die Rosenbäume werden auf den Winter geputzt, und die Mutter – was soll sie schon tun? – schaut zur Speisekammer heraus. Die Astern, letzte Blüte des ausgehenden Jahres, auch sie hangen schon ganz schlapp. Dies ist der Herbst. Niemand soll da bitte von „Herbst des Lebens" reden, davon schweigt man. Stifter wird nie kitschig.[18] Und wer es nicht an dieser schweren Schilderung oder schweren Stimmung merkt, wird's aus dem Kontrast spüren, da ein schlanker Mann mit einem schwarzsammetnen Rocke, einem schwarzsammetnen Barette und einem großen Knotenstocke – das Stock-Motiv, Symbolon der Mannhaftigkeit, kommt auch hier, aber wie anders als bei Simmi kommt es diesmal auf! – mit langen, auf die Schultern fallenden Haaren bei dem hinteren Gitter des Gartens eintritt; der junge Mann scheint sich auszukennen, obgleich er da mit dieser Erscheinung nicht mehr hineinpaßt.

Nun ja, dann ist eitel Freude, aber was kann die Pfarrerin schon tun, was sagen, wenn sie noch so eitel voll von Freude ist? – Ob er die schönen Sachen, die er anhat, erst in der letzten Zeit hat machen lassen. Ach Mami ... Jetzt redet sie doch, bei ihrem Gott, von nichts als den Kleidern. Fällt ihr denn nichts anderes ein? – Die Sache verhält sich so: Wenn sie den schönen Sachen nachfragt, die er anhat, braucht sie nicht zu sagen, wie sehr sie an ihn gedacht hat, an nichts als an ihn, alle Tage – und erst recht die Nächte, die so lang waren ohne das Kind. Sie würde sich schämen, die alte Mutter, es würde ihren Stil stören, ihr immer, noch immer, klares Auge. So fragt sie den schönen Kleidern nach.

Der Jüngling erscheint in der Blüte, die Alten sind alt. Es wird mehr angedeutet als beschrieben. Immerhin, wenn es vom Vater heißt: „Er selber schien etwas kleiner geworden zu sein", so ist es gesagt: daß er sich der Erde zuneigt. – Das ist alles in der Sache der Dinge so angelegt, und mit den Dingen der Menschen. Diese sind aus- und abgepflügt wie die

Felder, dürr und kahl wie die Rosenbäumchen, schlapp wie die Astern vom Nachtfrost.

Dem Gesetz vom Vergehn und Werden folgt genau der Besuch des Sohnes; Georg hält sich so lange zuhaus auf, „als es die Liebe seiner Eltern heischte, daß er bleibe, ohne deswegen demjenigen was für seine Zukunft nötig wäre, Abbruch tun zu wollen". Man kann gewiß sein, das ist keine lange Zeit, behüte, jemand von den Eltern wollte sagen: Du, Georg, bleib doch ein wenig länger, nur ein paar Tage, wer weiß ... und sie wissen, dieses „wer weiß ..." stünde für: Es ist das letzte Mal, daß wir zusammen sind. – Aber niemand sagt es. Man lebt die kurze Liebe, die Wehmut. Das ist in der Landschaft, es ist in der Luft, in der Erscheinung der Eltern, in deren Zurückhaltung. Und der Besuch wird gelebt als Vorbereitung des Endes. Es ist gut so und entspricht dem Gesetz der Natur, oder Stifters Verständnis desselben.

„Er nahm zum zweiten Male Abschied, sie entließen ihn mit Tränen und Segenswünschen, aber nicht mehr mit so vielen guten Lehren, wie das erste Mal, weil er bereits so groß und verständig geworden war, und die alternden Eltern sich nicht getrauten. Er ging wieder über die Ebene zu Fuße fort, wie er gekommen war, ..."

... ja, und die durch ihn belebte Pfarrwohnung war wieder so einsam wie vorher.

Das Schicksal des Hegersimmi wiederholt sich für uns. Es ist *das* Lebensschicksal. Die Liebe zieht nur nach vorwärts, nie zurück. In der Geschichte geht dieses Schicksal des jungen Georg und seiner Eltern dem Simmi-Schicksal um über sechzig Jahre voraus.

Was er zurückläßt, Georg: In dem Dorfe bleibt alles beständig gleich. Nichts geschieht, nichts wandelt sich. Aber erst jetzt, da sich die Worte des alten Georg, mit denen der Weggang seines Schützlings vorbereitet wurde, erfüllen – die Liebe geht nur nach vorwärts, nie zurück – wird die Eingefrorenheit der Zeit, wie sie dort überall herrscht, wo das Einfrieren gepflegt wird, mit genauen Worten benannt; wie sie herrscht, wo Sittsamkeit jegliches Wachstum unterdrückt. Und dann steht es so hingeschrieben: „Die Einsamkeit war alle Tage die nämliche, so wie die Sonne alle Tage die nämliche und einsame war."

Aber nicht jener einsame Planet Sonne, der in der Einsamkeit seiner Einzigkeit nach alter Weise tönt und seine vorgeschriebene Reise mit Donnergang vollendet, sondern das kleinlich-treue Gestirn, diese Sonne, „welche auf das Dach der Wohnung nieder schien und abends stets dieselbe Stelle des Kirchturmknopfes vergoldete." Tag für Tag, und Jahr um Jahr, und „der Pfarrer predigte, die Gattin hielt die Habe zusammen, die Bauern führten ihr Getreide in die Stadt, und die Felder der Ebene ... hatten das Ansehen, welches sie hundert Jahre her gehabt hatten".

Die Liebe geht vorwärts. Zurückschauen bringt Langeweile, und die Langeweile heißt Schwermut. Schwermut ist Rückschau. Dies hier ist nicht die Dumpfheit des Ennstales, es ist die Starre der ebenen Fläche. Es ist die Landschaft der pietistischen Seele – der Seelenverleugnung um Gottes Willen; oder wie diese im Blick des österreichischen Katholiken Stifter erscheint. – Aber wir hatten nicht gewußt, *wie* starr diese Starre ist, bis nicht der strahlende Jüngling mit seinen lebendigen Augen hierhin zurückgekehrt ist. Als er dann weg war, da war es erst einsam, und die Jahre gingen dahin, und die Sonne ... und die Felder ... und der Pfarrer ... und die Gattin hielt die Habe zusammen.[19]

Man könnte das alles grandioser sagen, mit dramatischerem Impetus. Einfacher kann man's nicht sagen. Auch genauer nicht.

Dann geht es zu Ende; alsbald und sehr rasch: „Als er die Nachricht bekommen hatte, daß seine Eltern, obwohl sie schon alt waren, doch für ihre Jahre noch zu früh, eines nach dem andern gestorben seien – tat er anfänglich gar nichts, er setzte alle seine Studien aus, und lebte eine Weile wie im Müßiggange fort.“

Hier findet sich ein Gedankenstrich, in diesem Zitat. Ein Stifter-Gedankenstrich vermag mehr als lange Texte anderer Autoren. Dieser hier streicht den Gedanken, den Atem gleich mit. In dieser Linie vollzieht es sich: Schon längst war Georg den Alten entwachsen, ihnen ahnungsvoll uneingestanden entschwunden; wie es allgemein dem Gesetz des Lebens entspricht, aber hier war es schwer einzugestehn. Jetzt sind sie gestorben, beerdigt. Sie müssen *ihm* noch sterben. Diesen Akt vollzieht der Gedankenstrich. Was Georg bis zur Untätigkeit lähmt, diesen eifrigen, fleißigen Schüler durch Jahre, was ihn alles aussetzen heißt und dem Müßiggang überläßt, das ist nicht die Trennung und also auch die Niedergeschlagenheit nicht. Es ist die Bestätigung dessen, daß diese Akte alle längst hinter ihm sind. Der Gedankenstrich deutet eine lange Katharsis, deren Ausgang, an. Bei seinem zweiten Abschied (Abschiede müssen sich wiederholen, um ihre Endgültigkeit zu beweisen), damals hat Georg es geahnt, die Eltern haben gewußt: Unser Kind ist fort draußen, und wir bleiben hier, was wir bewahrend tradieren wollten und soviel wir daran vermocht haben, ist nun weitergegeben. Wir sind zukunftslos.

Der Gedankenstrich steht hier für die Bestätigung des Geahnten. Für die Entwicklung auch dessen, was sich vorbereitete, seit Georg zum erstenmal das Elternhaus verlassen hat. Langsam, unbewußt, uneingestanden, er lebte fort, als wäre nichts. Aber es wurde. Solange jedoch die lieben Alten noch in ihrer Pfarrwelt lebten, täglich gleich unter ihrer Himmelsglocke, mußte all das daruntengehalten bleiben, was von der Erscheinung des schönen Jünglings her längst nach außen, bloß nicht nach innen zu gewirkt hat.

Nun sind die beiden Alten gegangen, wie sie gelebt haben, füreinander gelebt, auch für ihren Sohn, und sie sind fort von hier zur richtigen Zeit, gnadenvoll miteinander gegangen, wie Philemon und Baucis. Was danach geschieht, hat Platz in einem Gedankenstrich mit nachfolgendem halbem Satz. Darin steht alles: Georg lebte eine Weile wie im Müßiggang. Als er so saß, hat er Schwerarbeit geleistet, Trauerarbeit. Und Stifter hat gewußt, wann er die Eltern beide zugleich wegzuholen hatte, zu welchem Zeitpunkt nicht in ihrem, sondern im Leben ihres Sohnes. Wären sie geblieben, ihr Georg wäre bei Gott wirklich noch ein Amtmann geworden, mit Sitzfleisch, Ärmelschonern und vielen Kindern. Jedoch auch mit einem bedenklichen Stück Psychopathologie: Ungestraft hält man nicht auf die Dauer sein Selbst drunten, verborgen vor sich und der Welt, wenn man so voll Drang, Trieb, Begabung ist wie der einzige Sohn des Pfarrers im flachen Norden.

Stattdessen kommt jetzt der Mann zu sich, zu seinem „wahren Selbst", und es geschieht sogleich: „Dann gab er alle seine bisherigen Bestrebungen auf, und fing an, Mathematik, Naturwissenschaft, mechanische Wissenschaften und Baukunst zu betreiben." Statt der papiertrockenen Gesetzeslehre. – Naturwissenschaft, mechanische und verwandte Wissenschaften: Das war in jenen Tagen eine Sigla für Verheißungen, es versprach Einsicht aus Erkenntnis, Weisheit durch Gelehrsamkeit. Und Abenteuer, an denen die Menschheit wissend, und also besser, werden sollte. Man schrieb damals Sinngedichte über sie.

Dies ist nicht das Ganze, was in dem stürmischen Prozeß aufkommt, der sich alsbald nach der Befreiung aus der Elternwelt ankündigt. Es ist nur ein erster Hinweis: Hier geschieht Wesentliches. Hier wurde etwas aufgerissen, jetzt wird es aufgerührt. Daß es ihm, uns, unerwartet kommt, sagt der Text nicht – er weiß, weshalb nicht.

„Er ging noch einmal nach Eiserode, so hieß das Dorf, wo seine beiden Eltern begraben waren."

So hieß freilich auch das Dorf, wo er geboren, ein Kind gewesen war. Und jetzt erst, da es sich ihm absetzt, und er wird im Leben niemals mehr nach hier zurückkehren, die Heimkehr, die Einkehr wird ihn weit hinweg, nie mehr zurück nach hier führen, jetzt stellt der Ort sich mit Namen vor: um die Entfremdung einzuleiten, die ihm jetzt gegenwärtig wird: „– und da seine Eltern nun tot waren, so erschien es ihm, als sei er der einzige Mensch auf der Welt, und sonst gäbe es keinen".

Das war er freilich seit je gewesen, von seinem ersten Tag an in der Verschlossenheit des Elternhauses: der einsame Einzelgänger. Aber er wußte es nicht und lebte fort, auch noch, als er längst schon auf der Hohen Schule war. Bis die Eltern tot waren.

Dann ist er zu sich gekommen. Zu sich kam er, indem er zu den Dingen gekommen ist. So geht das zu im Prozeß der Separation, aus der eine Individuation wird. Was ihn angeht, er hatte „etwas Scheues, Abgezogenes, man könnte sagen, Wildes, bekommen" – dieser „einzige Mensch auf der Welt". Und der wird er sein Leben lang bleiben, und dies wird lebenslang sein Schicksal sein: eines scheuen, abgezogenen, man könnte sagen, wilden, Menschen. Wild? wild! – So wild, wie Georgs, des Steinkundigen, Steine sind für den, der sich ihre Geschichte von ihnen erzählen läßt: wie sie waren, als sie noch in ihrer Schmelzhitze über die Erde flossen.

Zu sich selber kommt man, indem man zu den Dingen geht, an ihnen sich reibend, und zu neuen Dingen. Die Dinge verändern sich uns, so – und nur so – können wir wissen, daß wir uns verändern. Wir werden nicht größer vor uns selbst, wenn wir wachsen, die Dinge werden kleiner.

Bisher waren nur Bücher um Georg gewesen, „und mit den Menschen war er gleichsam nur wie mit zufälligen Naturgewalten in Berührung gekommen, die nach ihren inwohnenden fremden Gesetzen wirken, nicht wie mit lebendigen Wesen, die innerlich sind, wie er, und in Liebe und Haß zugetan oder abgeneigt sein können".

102

Sie zu erfahren, und sich damit, treibt es ihn fort. Ein Sturm drängt ihn weg, nimmt ihn mit, fern von der Ebene mit den grauen Häusern und Feldern und kühl blaulichen Lichtern. Dahin, wo es die Deutschen seit je gezogen hat, jahrhundertelang, wenn sie das Drängen und Treiben an sich erfahren mußten: durch das rauhe Gebirge in den Süden. Daß die Schilderung dessen, was sich nun vollzieht, außen – vom Inneren wird bei Stifter nie gesprochen – so nüchtern und kontrolliert bleibt, macht sie nur wirksamer, und die Ahnung von dem, was da alles zusammenkommt, Natur innen mit Natur außen, Natur mit Kunst, mit Wissenschaft, schwingt in eine Szenerie hinüber, die ahnen läßt, was da alles, lange ruhen gelassen, nun unerwartet – oder erwartet? – aufgerührt wird; und alles, ein weiteres Mal, in einzigem, direktem Zuge, ohne Zögern, ohne Halt, ohne Alinea. Eher berichtet als erzählt. Und dennoch stets besonnen, ruhig, bedächtig; fast so, als bereite es dem Verfasser ein gewisses heimlich hintergründiges Behagen, uns Leser am langen Zügel, und doch immer am Zügel, zu halten:

Darum zog sich sein Herz zur Natur ...
Darum zog es ihn zur Baukunst, deren Denkmale von Toten aufgeführt, gleichsam in ihren Eigenschaften ebenfalls selbständig da stehen, schöne Merkmale zeigen, die als ein Bleibendes auf die Gefühle der Seele des Menschen wirken, und in ihrer düsteren Pracht auf diejenigen weisen, die hinüber gegangen sind und da weilen, wo seine Eltern sich jetzt befinden.

Wovon die Rede ist? – von nichts als Baukunst! – Von Steinen aufeinander; genau gehört: von dem, was wächst, um zu überdauern. Davon, daß Kunst die Emanation der Natur ist. Daran arbeitet es jetzt

103

mit Georg. – Eine Entwicklung dieser Art kann gelingen, sie kann innehalten. Jetzt zieht sie ihn weit fort von der Elternwelt, und er weiß nicht, wohin. Er weiß auch nicht, was es ist, das ihn zieht. Und weiter: „Er kam bei seinen Wanderungen nach dem Süden auch in Wälder, deren er keine bei seinem Heranwachsen in der Heimat gesehen hatte, und dergleichen ihm nur . . . in sehr unbedeutender und kümmerlicher Gestalt vorgekommen waren." Jetzt ist die Rede von Wäldern, nicht von seinen stürmisch erwachenden dunklen Regungen. So, jedenfalls, liest es sich, so steht es aufgeschrieben. Was er sich dann noch hinzu denkt, das ist Sache des Lesers.

Aber vielleicht gestatten zögernde Leserinnen und Leser, daß man sie behutsam darauf weist, wie exakt der Stil, nicht nur der Inhalt, sich der Person, dem Erleben derer jedesmal anpaßt, die das erleben, was uns da zur Kenntnis gebracht wird.

Es geht weiter, dem Trieb folgend, diesem Triebbüschel, das hier als Wandertrieb erscheint, in fremde Wälder, Länder, ferne Gebirge, in neue Erfahrungen. Aber sie bleiben Gebilde, aufgeführt von der Landschaft, von der Kunst, nichts sonst. Und noch dieses: „Auch große Gebirge erblickte er . . ." Nicht waren da große Gebirge, sondern sie sind ihm entstanden, als er sie erblickte. Weil er sie erblickte.

„Auch große Gebirge erblickte er, verweilte in ihnen, und sah ihre Zacken und Mauern und Kronen wie gewaltige Bauwerke an, die in uralter Zeit einst jemand aufgeführt hatte. Da ging er gerne allein neben den strömenden Wässern, die am Fuße dieser Bauwerke in den Tälern dahin rollten."

104

Wie ihm das aussieht, der – allein, ohne sich jemandem mitzuteilen, denn das zu tun hat er nie gelernt – an diesen Bauwerken entlang geht, scheu, abgezogen, wild, wie das rollt und strömt, und nie ist die Rede von dem, wie *er* erlebt, fühlt, gar denkt: Alles drängt die Erzählung zusammen, ohne Gedankenstrich, ohne Besinnungspause, sie läßt keine Reflexion aufkommen, der Weg rollt mit den Wassern und strömt weiter. Und immer trägt es sich um ihn zu, den einsamen Wanderer, außerhalb seiner, als strömte er mit dem Weg wie die Kiesel mit den Wässern herab von den Bauwerken, man weiß nicht mehr, haben Natur oder Kultur sie errichtet. Das ist, und wird immer mehr, alles eins. Georg und die Menschen um ihn, bisher war von ihnen noch nie die Rede, strömen mit, getrieben von einer Kraft, die sie nicht kennen noch beherrschen. Einer Kraft, für die ein Name nicht genannt wird, man könnte meinen, es gebe keinen Namen – bald wird der Name fallen, immer läßt Stifter sich Zeit für Namen, bis er sie nennt. Namen charakterisieren, sie markieren nicht nur.

„So wanderte er und lebte er fort – und wenn er zu irgend einem im Baue begriffenen Werke kam, an dem sehr viele Menschen gleichsam wie Maschinen arbeiteten, ging er hinzu, verdingte sich bei dem Werke, und arbeitete mit. So war er endlich dreißig Jahre alt geworden – und in dieser Zeit lernte er ein Mädchen kennen, zu dem er eine mächtige Leidenschaft faßte."

Wieder so ein Gedankenstrich: Vor dem Strich strömt und rollt es in sich gegenseitig antreibender Bewegung: Natur, Baukunst, Menschen, maschinengleich (wir stehen am vielversprechenden Beginn des industriellen Zeitalters, eher davor, Maschinen haben noch eine Seele). Ahnungen steuern den Bau, die Werke, sie kennen den Plan nicht. Ziellos geschieht das alles, aus unbekannter Absicht – könnte man meinen – bis zum Gedankenstrich – dann kommt es, endlich, aber man wundert sich nicht. Es ist vorbereitet. Man spürt, da hat Natur gerollt und alles mit hereingezogen in ihr Rollen, Menschen gleich mit, die da gleichsam wie Maschinen arbeiten, von einer überwaltenden Kraft gedrängt und angetrieben. Und ein Stück davon war dann – oder wurde – jenes Drängen, das wir Eros nennen, Stifter sagt: mächtige Leidenschaft. Jetzt ist der Name gefallen, die Formel, die all das benennt, was den jungen Georg getroffen hat, während er saß und eine Weile wie im Müßiggang lebte: Der Name, der Berge aufschichtet und Wasser strömen läßt und ihn auf Wanderschaft dahin ausschickt, er weiß nicht, wohin. Die Kraft, welche Bauwerke errichtet. Und jetzt sammelt das alles, dieses Welten- und Zeitbewegende sich – der Jüngling ist zum Mann geworden, er ist dreißig – an einem Mädchen.

Zum erstenmal Leidenschaft in einer mittlerweile umfänglich werdenden Erzählung. Wie dramatisch manches auch gewesen ist, wovon bis hierher die Rede war, das Wort Leidenschaft hat noch keinen Platz gefunden. Auch hat sich bis dahin nicht die Notwendigkeit eingestellt, es hinzusetzen; und daß es nicht dastand, wurde nicht vermißt. Jetzt steht es da.

Aber es bleibt isoliert stehn, zurück- und innegehalten, und nichts nötigt dazu, daß man bei der Leidenschaft verweile. Oder bei dem, der von ihr längst getrieben, jetzt gepackt ist. Man weiß noch nicht einmal, ob diese Regung auf Gegenregung stoßen wird. Man braucht es nicht zu wissen. Wer Stifter liest, will es nicht wissen. Weil der Verfasser uns oft genug zuvor hat erleben lassen, daß zu ihrer rechten Zeit die Dramatik durch Butterblumen redet, die Leidenschaft mit ihr.

So auch hier: Man meint, nun sei die Rede von einem schönen Mädchen – endlich, nachdem auf so lang die Bauwerke, die Wälder, die Gebirge, die Gewässer, die Arbeit, welche zuvor tote Bauwerke in lebendig wachsende gewandelt hat, Projektionen von immer lebhafteren Leidenschaften haben abgeben müssen. Jetzt also die mächtige Leidenschaft. Zuvor war sie in der Welt um ihn wirksam, jetzt sagt die Erzählung, daß die Leidenschaft in ihm ist. Als wäre sie – aber wer kann das beweisen? – nicht immer dort gewesen, in dem scheuen, abgezogenen, wilden Jüngling.

Und wieder einmal fällt der Vorhang, wird der Blick auf eine andere Bühne gelenkt. Beginnt eine neue Szene, und wir entdecken uns, wie öfter schon, hingehalten. – Die Geschichte berichtet zunächst von den Eltern des Mädchens, das Georgs Leidenschaft erweckt. Wir sehn uns genötigt, unsre eigene Leidenschaft zu zähmen, zurückzuhalten. Die Wißbegierde damit. Oder, wie sich alsbald zeigt, diese Leidenschaft der Teilnahme nicht einzuengen, wohl aber sie anderswohin auszurichten. Nämlich: auf einen weiteren, dritten Lebensaspekt.

Bisher sind uns zwei Formen von Leben vorgestellt worden: Zunächst, am Waldwasser, das vielfältig eingeschiedene Leben, das, so möchte man meinen, vor all den Bedingungen, unter denen es verläuft, gar nicht dazu kommen kann, sich zu entfalten, noch sich selber zu bescheiden. Was können sich dort hoch oben im Wald, abseits der Wege, fern allem fruchtbaren Land, ohne nur einfachste Industrie, ohne Durchgangswege, und bis der Waldgänger nach hier gekommen ist, hat kein geistiges Wesen hierher gefunden: Was können da sich schon für Freiheiten entfalten! – Die Winter sind lang, hart, sie zerstören das meiste, was der Sommer gebracht hat, und die Stürme im Frühjahr und Herbst tun ein übriges. Was es an Pracht und Schönheit zu erleben gibt, das offeriert die Abtei Hohenfurt an ihren Festtagen den Gläubigen. Schon der Dorfpfarrer droben wird bescheidenen Geistes predigen und ebenso bescheiden leben. So bescheiden wird dort oben auch gedacht, damit keine Unzufriedenheit aufkommt und niemand etwa dem Gedanken verfallen könnte, dieses Tal der allgemeinen Einscheidung zu verändern oder auch zu verlassen. – Und doch ist da der kleine Dichter, das verträumte, begabte Söhnchen des Hegers aufgewachsen, und es hat seinen Lehrer gefunden. Daraufhin mußte es weg. Für Simmi war kein Raum mehr im Ennstal. Ob er in der Fremde diese Förderung gelobt hat, ob er verkommen ist . . .

Dann das platte Land um Eiserode: Da könnte es wohl fruchtbar werden, und in jeder Hinsicht. Aber der Pfarrer predigt Bescheidenheit und preist sie, seine Gattin folgt ihm darin, und die Gemeinde mit. – Bildung ist Einrahmung, nicht Ausweitung, soweit die Lehre des Evangeliums in der Exegese des Geistlichen daselbst wirkt; solange sie wirkt. Georg ist, so

mag man meinen, daran, sich dieser Wirkung zu ent-
ziehen. So könnte man *jetzt eben* vermuten.

Einscheidung von außen, strikte, engste Selbstbescheidung von innen: Das haben wir bis dahin vorgestellt bekommen – Jetzt wird eine dritte Lebensform
entwickelt, an der Vorgeschichte eines weiteren Einzelkindes: Eleonore Elisabeth Corona.

So heißt nicht jedes kleine Mädchen, weder zu jener Zeit noch heute, falls es nicht ein adeliges Fräulein ist, so gewählt und dreifaltig. Georg wurde
Georg genannt, Stifter hieß altösterreichisch Adalbert und Schluß. Da hat man schon etwas vor, etwas
Besonderes, wenn man sein bürgerliches Kind mit
Namen solcherart beschwert. Was die Namen anbetrifft („nach dem Namen der Großmutter, . . . nach
dem der Mutter, und endlich nach dem der Pate"),
so bereiten sie auf ein besonderes Schicksal, den Leser auf eine neue Begegnung vor. Man ist jemand
anderer, wenn man Elisabeth heißt, als wenn man
Corona heißt. Und Eleonore tönt heroisch nach
Beethoven.

Jetzt zeichnet sich der dritte Kreis ab: Nach dem
Bericht über die begabten Knaben Simmi und Georg
kommt nun die Schilderung von Corona an uns heran, des begabten Vorzeigemädchens, Vorzeigetöch-
terchens seiner Vorzeigemutter. Und dies geschieht
im Vorzeigehaus. Alles ist da angesammelt, was die
Leute sich erträumen, und es spielt an einem
Traumort von Schönheit, Reichtum, Luxus, Gesundheit. Es beginnt, wie es muß: „Die Augen der jungen
Gattin strahlten vor Freude, und sie dankte Gott in
ihrem innerlichsten Herzen, daß sie einen so edlen
herrlichen Mann zum Gatten erhalten habe."

Und das tun mit ihr alle Leser und täten – läsen sie Stifter, den langweiligen – die Käufer der Bunten Presse und Beschauer der TV-Serien. Dort ginge es, mit einberechneten Krisen und deren vorausbesorgten Lösungen, immer weiter so. So glücklich wie bei den bewunderten, beneideten Traumpaaren, die alles aufs Mal haben, und für dauernd. Lebenslang, sie werden nie alt, sondern bleiben bis ans Ende aktive, immer gesunde, strahlende Senioren. Und die Welt, in der das wächst, entspricht durchaus und in allem derjenigen, die ein solches Leben, die Gesellschaft auch, von der es getragen wird, von damals bis heute möglich macht: die Welt des tüchtigen Unternehmers, und ein solcher, Repräsentant der frühbürgerlich-kapitalistischen Gesellschaft, ist Coronas Vater; ein Spekulant eher als ein Kaufmann oder Industrieller, wie sich später erweisen wird. Einer, dem es an Tradition gebricht. Einer, der sich alles kaufen muß und nichts erschaffen kann, auch die Liebe nicht. Einer, der es sich nicht zutraut, daß er auf die Dauer für liebenswert – wert zu lieben, wert sich lieben zu lassen – gehalten werde: Die Charakterogramme, die Stifter uns vorlegt, stimmen. Namentlich stimmen sie mit den Schicksalen überein, die er für die Gestalten seiner Erzählungen geplant hat.

Woran es denn liegt, daß dieses Leben, dieses Zusammenleben falsch läuft und schlimm ausgeht, dies zu interpretieren mutet Stifter uns zu, seinen Lesern – ich möchte sagen: Er traut es uns zu. Adalbert Stifter hat zu uns mehr Vertrauen als die Redaktion der Glückspost und als die PR-Manager der Reise-, Kosmetik-, Haushaltindustrie in ihre Klientel, sowie die Politiker der Konsumenten- und Produzentenpar-

110

teien in deren Wählerschaft haben. Er riskiert, daß wir eigenständig denken: mitdenken, weiterdenken, danebendenken, dagegendenken. Das zeigt er allerorts, er zeigt es auch hier.

Von Coronas Vater heißt es: „Er häufte alles an Schmuck und Kleidern nur immer erdenkliche Schöne auf seine Gattin, und wenn er sie zu Freunden und Bekannten in der Stadt herum führte, um sie ihnen zu zeigen und sie mit ihnen bekannt zu machen, und wenn sich die unzweideutigsten Zeichen der Bewunderung in den Mienen und Augen kund gaben, war er unsäglich stolz und triumphierte über die Schönheit des Weibes seiner Wahl."

Wenn er sie herumführte, triumphierte er über die Schönheit des Weibes seiner Wahl: von dieser stillen Frau, die sich jetzt zeigen läßt, und er triumphiert über die Schönheit – aber sie hat ihn, ihren jetzigen Gatten, allen Bewerbern vorgezogen, sie hatte sich entschieden, oder man hatte es gemeint, und die Erlaubnis ihrem Vater abgetrotzt! – von ihr heißt es, sie habe „das zweifelhafte Geschenk empfangen, das schönste Mädchen der Stadt zu sein, in welcher sie geboren worden war". Von ihr wird es dann – später erst, sie ist längst tot – heißen, sie sei hochnäsig und eigensinnig gewesen. Das dürfte wohl auch zugetroffen, und es dürfte den Ausgang dieser Biographie bestimmt haben. Hochmut kommt nämlich vor dem Fall, und wenn er mit Eigensinn gepaart auftritt, dann bringt er den Fall in die Niedergeschlagenheit der Schwermut mit – notwendig und unabdingbar sind die beiden verkettet, nein: sie sind eins: Hochmut und Schwermut; Hochmut in der Schwermut.

Und jetzt ist sie weit fort von dem erzürnten Vater, ihr Mann verwöhnt sie. „Am Ende des ersten Jahres gebar sie ihm ein Töchterlein" – Corona – und das hat die Schönheit seiner Mutter in die Wiege mitgebracht. Ein Sohn stirbt schon im ersten Monat. So muß – und darf – alle Pracht sich an der kleinen Familie dreier Auserlesener entfalten. Die Zeichen könnten kaum besser stehn. –

Stifter lesen heißt Schriftzeichen als Hinweissignale zu sehen, Beschreibungen als Fingerzeige – *aber*: darüber nichts verlauten, sondern lesend die Andeutungen wahrzunehmen und weiterwirken zu lassen. *Sapienti sat*, ein weiteres Mal.

Stifter lesen heißt: das wahrnehmen, was dasteht, und heißt: auf all das achten, was hier *nicht* erwähnt ist, aber durch den Kontext angewiesen wird. – Stifter lesen heißt auch: mit Urteilen über Leute und deren Taten an sich halten. Nichts wird bewertet, hoch und niedrig, eine lange Geschichte hindurch. Und keine Zweideutigkeiten werden augenzwinkernd, stockzähnelächelnd vorgebracht. Gewiß schon weder Lob noch Tadel. Stifters Neutralität grenzt ans Grausame (wie jede Neutralität, auch in der Politik).

Stifter lesen: sich vergegenwärtigen, daß Beschreibungen nicht gegeben werden, um uns zu amüsieren, noch um zu belegen, wie tüchtig der Autor in seiner Fähigkeit des Schilderns ist. Das hat, wage ich zu sagen, Stifter nicht nötig.

Und wenn hier Seite über Seite eine minutiöse Darstellung von der Pracht gegeben wird, in welcher die kleine Elisabeth Corona aufwächst, so geschieht dies kaum aus Freude daran, Worte für so viel Opu-

lenz zur Entfaltung zu bringen.[20] Das alles steht aus
anderer Absicht hier aufgeschrieben – und so aufgeschrieben, wie es jetzt zu lesen ist: mit jener unüber-
hörbaren Distanziertheit gegenüber so viel und noch
viel mehr Pracht, die sich da in den fühlbar stillosen
Räumen eines frühbürgerlichen, frühkapitalistischen
Herrschaftshauses anhäuft. An dem Ort, woselbst
der Bürger sich zu beweisen sucht, daß Adel des Be-
sitzes dem Adel der Herkunft gleichkommt. – Stifter
beschreibt diese Opulenz, die Pracht; nirgends redet
er von Protz; wenn Sie das tun wollen, Leserinnen
und Leser, so ist das Ihre Sache. Es dürfte aber sinnvoll sein, an dieser Stelle darauf zu weisen, daß die
Erzählung, über die hier berichtet wird, 1846 abgeschlossen wurde und 1848 erschienen ist. In diesem
selben Jahre, aus der Erfahrung von fast anderthalb
Jahrhunderten muß man es *das* Schicksalsjahr der
deutschen Länder nennen, ist die Hoffnung darauf,
daß der Stand, in den hinein Adalbert Stifter aus
Oberplan geboren wurde, zur Würde seiner selbst
finden könnte, zugrunde gerichtet worden – aus der
Perspektive von heute bleibt nur noch sagen: für immer zugrunde. Mag er zu Besitz gekommen sein, seiner Würde hat der Dritte Stand sich begeben. – Stifter hat natürlich nie einen Barrikadenplatz besetzt in
jenen Tagen – Schriftsteller besetzen, ach, selten
Barrikadenplätze. Aber Stifter hat sich zum Wahl-
mann für die Nationalversammlung in Frankfurt
aufstellen lassen – daraus ist dann nichts geworden,
aus fast allem ist damals nichts geworden. Und der
Bürger, um seine Freiheit betrogen, suchte das
Glück im Winkel, er formte sich jene Lebenshaltung,
die unter dem Namen Biedermeier in die Geschichte

der Gesellschaft und deren Kultur eingegangen ist. Resignation nach dem großen Aufbruch hat den Gehorsam auf stillen Glauben an die Tugend der Ordentlichkeit reduziert, dafür die Auftrennung des Individuums in ein Wesen herbeigeführt, welches sein konformistisches Außen einem zunehmend eigenwilligen, ja widersetzlichen Inneren entgegen stellte. Nicht zufällig ist es jene Zeit gewesen, die zunächst eine vertikale Spaltung des neuerstandenen bürgerlichen Individuums beschrieben hat: den Doppelgänger nach dem Vorgang von E. T. A. Hoffmann, Heine, R. L. Stevenson, Annette v. Droste-Hülshoff, schließlich Dostojewski, bis sie das abgespaltene Selbst in die Person hineingenommen hat. Dies wurde dann die Phase, in welcher durch horizontale Abtrennung, durch Entdeckung – und Erfindung! – eines Unbewußten die geläufige Seelenkunde ihren Anfang genommen hat; aus der Resignation gewachsen!

Hier kann diese Entwicklung von Kultur und Literatur verfolgt werden: in dieser Erzählung Stifters und an dieser Stelle seiner Erzählung, welche die Verarmung des Äußeren durch dessen Adaptation an die Konsumgerechtigkeit und den Protest des Inneren – wo ein Inneres noch ist und seine Rechte fordert – beschreibt.

Was Stifter selbst in dieser Phase der allgemeinen Resignation betrifft, er befaßte sich, statt tätig der Würde seines Standes, deren Wahrung, nachzugehn, in jenem selben Jahr 1848 mit „Stand und Würde des Schriftstellers"[21].

Der Besitz war an die Stelle der Freiheit gekommen, auch in der Bürgerklasse. Zufriedenheit, oder die Hoffnung darauf, hatte Freiheit ersetzt, Verwöhntheit das Glück in einer Gesellschaft, die weder Zeit noch die richtigen Hinweise bekommen hatte, sich ihre Bürgerkultur zu schaffen und in dieser zu leben.

Daraus entwickelte sich eine Kitschwelt, wie sie hier um das Kind Corona herum aufgebaut wird. – Dessen Mutter, „eine ernste, einfache, ruhige Frau, die lieber eine ungekünstelt gute Wirtschaft geführt hätte" – „ungekünstelt" ist hier das leitende Wort – schien das zu ahnen und „schien recht unglücklich zu sein". So kam das Unheil. Sie schien recht unglücklich zu sein: abermals solch eine Stiftersche *reservatio mentalis*, solch eine Stiftersche Grausamkeit.

Ob dem soll aus der Erzählung, soll aus dieser Passage von Prunk und Kitsch nicht ein Stück klassenkämpferische Literatur gezimmert werden. Der hier beschriebene Haushalt mit dem Leben, das sich in ihm entwickelt, gibt ganz einfach ein Bild des Luxus ab, in dem die nichtadelige Gute Gesellschaft damals gelebt hat; in ihrem eben erst erworbenen Besitz, nachdem der schlimme Korse endlich vertrieben war.

Und dies ist schon Literatur über das Schicksal just der Klasse, in die das Kind Corona hinein-, woraus es danach herauswächst: der *Stillstand*, so heißt das Schicksal, aber aus vollem Drängen der vitalen Kräfte, die sich hier nicht selber einengen wie bei den beiden zuvor beschriebenen Familien.

Was daraus wird, aus diesem Angekommen- (Arriviert-) Sein, und nicht nur im Äußeren, bei einer kleinen Familie, die mit dem Beginn ihres Bestehens alles findet, was Menschen dieser Zugehörigkeit für sich wünschen können – alles, außer einem Sinn, einem Glauben, einer Kultur – das entwickelt sich auf diesen Seiten: Die Liebe strebt nur nach vorwärts. Wohin soll sie jetzt streben, wenn das ganz große Glück gemacht ist, wenn es kein Vorwärts mehr gibt? – Die Melancholie schaut rückwärts.

Und so kommt es denn zu dem, daß der Mann, aus Angst vor der Langeweile, sich seine Amusements außerhalb des Ehebettes sucht. Stifter hat lang davor die Augen geschlossen – oder seinen Lesern die Augen davor verschlossen. Und mit ihm hat es Coronas Mutter getan. Gewußt hat sie es – wie genau gewußt! – aber mit dichtverschlossenen Augen gewußt, durch dichtverschlossene Augen hindurch gesehen. Jahrelang. Und dazu geschwiegen. Es geht da, bitte sehr, nicht um männliche Untreue allein. Es geht um die Langeweile mit den Beängstigungen vor dem erschrecken machenden Stillstand.

Diesem verfällt die Mutter. Und einen solchen Zustand im Stillstand nennt man Melancholie. Man weiß dann nicht, woher sie kommt, und was Coronas Mutter anbetrifft, zu ihr ist sicherlich gesagt worden, was man immer sagt in solchen Fällen – und immer haben die Leute grausam recht, wenn sie es sagen: Was willst du eigentlich? Du hast doch alles! – Öfters folgt in diesen Fällen noch eine Aufzählung von dem allem, was du doch hast. Wobei im Aspekt des Beschreibers nicht die Rede ist von Unerfülltheit der Frau in der männlichen Luxusgesellschaft, nichts davon gesagt wird, daß die schöne Gattin gern ihre Begabungen erfüllt hätte, vielmehr heißt es von ihr: Sie „war eine ernste, einfache, ruhige Frau, die lieber eine ungekünstelte Wirtschaft geführt hätte". Aber sie hatte, was sie wollte, und mithin ist sie jenen Unglücklichen zuzuzählen, „die am Erfolge scheitern"[22]. Am Erfolg, in diesem Fall, im Kampf gegen ihr Elternhaus.

Dafür wird sie jetzt empört zurechtgewiesen wie auch bemitleidet. Und dieses Doppelgespann von Verhaltensweisen um sie herum ist es, welches schließlich den Zustand der schwersten Melancholie besiegelt, unwiderruflich und irreversibel (heute würde man von Borderline sprechen, auch wegen der ausgeprägt narzißtischen Färbung des Zustandes; Stifter hat dessen Beschreibung vorweggenommen). Das kommt tödlich heraus; immer, wenn die Bande sich nicht lockern lassen. Der Vater hat sie gelockert, er wird dafür der Schelte überantwortet, die Mutter bleibt drinnen und drunten. Es begann mit dem zweifelhaften Geschenk, das schönste und interessanteste Mädchen der Stadt gewesen zu sein. Wir kennen mittlerweile die Serien der Hollywood-Inside-Stories und deren Ausgänge. Hier ist auch dieses Schema voraus geholt.

Ja, so geht's, sagen die Leute, man hört es durch die Zeilen, durch die Zeiten, so geht's, wenn es einer zu gut geht. Melancholie nämlich ist das Spiel jener, welche auf die Frage: Was hast du denn eigentlich? Was willst du noch mehr? Worüber hast du dich denn zu beklagen? – keine Antwort wissen. Die Frage ist es dann, welche die Antwort schon gemacht hat. Die Antwort heißt: Melancholie, Schwermut, Depression.

Aber das ist doch ein *circulus vitiosus*, ein tautologischer Kreis, was hier beschrieben steht! Das entbehrt aller Logik! – Jawohl, dieser tautologische Kreis, der hier beschreibt und beschrieben wird, bar aller Logik, heißt: Melancholie.

Ausbleibende Antwort, so kann man die Krankheit nennen. Oder auch: ein Leiden, welches keinen zureichenden Grund namhaft zu machen weiß, oder, es ist dasselbe: keine anerkennbare Rechtfertigung. Oder sich nicht getraut, diese lautwerden zu lassen. Der Wahn war kurz. Nur kann niemand sagen, was es war, das den Wahn ausgemacht hat im Leben dieser Frau – und welcher Anteil ihres Lebens der erwähnte, gewähnte Anteil war.

Der Mann flieht, die Frau verkriecht sich. Zweimal in dieser Erzählung senkt Melancholie sich über zwei aneinander Gefesselte, und sie tut das mit der Genauigkeit ihrer verlässlichen Berechnung. Von deren Beschreibung durch Stifter kann man sagen, daß kaum einer unter den Ehepsychologen unserer Zeit sie ähnlich genau und keiner sie vergleichbar kurz wiederzugeben wüßte. Leidenschaftslos wird die gebändigte Leidenschaft dargestellt, kontrastträchtig inmitten der schwellenden Pracht einer blühenden Familie. Und wie überschießend, gemäß ihrem Gegenstande, vier Seiten hindurch die Schönheit und Verwöhntheit ihre Darstellung findet, so grausam kurz macht der Beschreiber es schließlich mit dem Drama und dessen Ausgang. Drei Sätze genügen. Man merkt dann: Alles Vorangegangene war Vorbereitung dieses Endes.

Wer ist schuld? – Die Leute wollen das immer wissen. Diese Frage erspart Stifter. Er erspart sie den dreien, die da in die Geschichte eingespannt sind; er erspart sie sich; uns. Deshalb – unter anderem, aber sehr wesentlich – geben die vier Seiten ihrer Beschreibung eine der feinsten, zugleich genauesten und rücksichtslosesten Schilderungen der Melancholie ab, und für die Weltliteratur in Gänze. Sie fügen all den Liebestragödien, den großen, schluchzenerregenden, welche die Geschichte umspannt, jenen Teil an, den diese Trauerspiele insgesamt sich dadurch ersparen, daß sie den Paaren einen zeitigen Liebestod einräumen. Über den Grabstein derer, die in der blumigen Schönheit ihrer Hoffnung und Jugend dahingegangen sind, o edler Tod, rinnen die Tränen. – Hier, im zweiten Kapitel des Waldgängers, hört sich die Tragödie anders an – tragischer, weil realistischer. Tragischer, weil geläufiger; weil alltäglicher. Tragischer, weil viel, viel länger dauernd: weil sie ebenso viel Zeit beansprucht, wie die Wirklichkeit für solche Entwicklungen, für solche Ausgänge nötig hat. Jahre anstatt Tage. Schade (für ihn), hat Hebbel, Stifters unverständig grausamer Kritiker, dieses Trauerspiel nicht gelesen, oder, sollte er's gelesen haben, nicht mitgehört, nicht sich hinein gehört in die Binnendramatik dieses Frauenlebens, das durch die Reduktion seiner Darstellung auf ganz wenige Buchseiten – in meiner Ausgabe sind es vier – nicht verliert, sondern ungemein gewinnt: in dieser Beschreibung, die mit der Jugend in launenhafter, strahlender, Schönheit anhebt, sich fortsetzt als Text einer Werbebroschüre zur standesgemäßen Wohnungsgestaltung im Hause Raffke und heute noch Bild und Wort liefern könnte für den Reklameteil im Fernsehen, der mit garantiertem Lebensglück vorn und hinten das Programm Weltnachrichten – Katastrophen, Gewalttat, Hunger, Elend – farbwirksam umrahmt. Schließlich geht dieses Leben in sein Ende aus, und die Darstellung dessen, wie das geschieht, liest sich in ihrer Kürze und unbarmherzigen, deshalb aufrüttelnd wirksamen Schärfe wie ein Blatt aus der Krankengeschichte eines abgestumpften älteren Anstaltsarztes. Da, wo, in der Anamnese, das zu schildern ist, was dem Ende vorausgeht. Drei Sätze insgesamt: „Die Mutter des Mädchens war eine ernste, einfache, ruhige Frau, die lieber eine ungekünstelt gute Wirtschaft geführt hätte. Sie schien sehr unglücklich zu sein. Sie wurde krank und ging in dieser Krankheit in den Zimmern herum, und die großen, schwarzen Augen standen jetzt recht gespensterhaft in der Blässe des Angesichts."

Welches antidepressive Medikament empfehlen Sie, Herr Kollege? – Übrigens, Herr Kollege, und dies durchaus ohne Ironie gesagt: Es ist vollkommen glaubhaft, ja es darf für gewiß gelten, daß Sie, noch ehe Sie danach gefragt wurden, auf organische Befunde, die Sie erhoben haben, aufmerksam machen können. Ganz zweifellos haben Sie Hinweise dafür. Hier kommen Sie zu spät. So viel Haß, druntengehalten durch so viel Scham, da *kann* nichts mehr helfen gegen den noch ausstehenden vierten, den letzten Satz des Krankenblattes: „Endlich starb sie, die Hand auf das Lockenhaupt ihres Kindes gelegt, und die Augen, immer blödsinniger schauend, erbarmend und fest auf sie gerichtet."

Diese Augen: War es gleich Wahnsinn, es hatte Methode und Gewißheit – bis ans Ende. Das Auge hat alles gesehn, genau gesehn, wissend geschaut. Und die Hand: Was sie zuletzt tat, ehe sie niederfiel, war das Richtige. Es ist das gewesen, was noch zu tun

120

war, und es hat weiter gewirkt – lebenslang auf dem Haupt des Töchterchens.

Natürlich wird die Mutter mit Pracht begraben – sie hätte es so schön haben können, wär sie nur nicht krank geworden: So mochte es beim Leichenbegängnis zu hören sein.

Daß sie es jetzt erst verrät, darin liegt einer der raffinierten Kunsttricks dieser Erzählung: Der Mann hatte „schon bei Lebzeiten seiner Gattin in einem unerlaubten Verhältnisse gestanden". Es ist gewiß nicht das erste unerlaubte Verhältnis gewesen. Nur wissen wir jetzt, weshalb die großen schwarzen Augen der schönen Gattin recht gespensterhaft, danach blödsinnig in der Blässe ihres Angesichts gestanden haben. Als hätten diese schwarzen Augen nicht alles gesehn! –

Nur haben sie mehr gesehn als die Blicke, die Gesten, die zwischen ihrem Mann und dessen Freundin hin und her gegangen sind; mehr auch als das Mitleid, das so viel schlimmer als der Haß zu ertragen war, mit dem sie ihn anschaute. Diese großen schwarzen Augen wußten, das war die Flucht des Mannes vor dem eigenen Untergang in diesem so gelebten Leben. Überdies wußten sie, ein Mann wie dieser konnte in einer Frau wie dieser nicht mehr das Ziel seines Begehrens erkennen, wenn sie einmal Mutter geworden war. Nicht mehr den Inhalt seiner Begehrlichkeit – ob es deutlich wird, *wie vieles* Adalbert Stifter, den so viele behaglich lesen, den erbaulichen Dichter für Stunden am Kachelofen, Lektüre für sittsame Töchter der Höheren Stände und gediegene Germanistenspeise, der Psychoanalyse vorweggenommen hat? – Stifter lesen ... Es steht alles aufgeschrieben. Man muß kaum etwas hinzu, bloß sollte man nicht allzu viel hinweg lesen: Schon nach der Geburt des Töchterchens ist die Zuwendung des Vaters von der Mutter auf das Kind übertragen worden. Und nachdem das Knäblein da war, auf kurz nur – und wir ahnen, weshalb es nicht bleiben durfte, weshalb es hier keinen Platz hatte, die Erzählung ist genau angelegt – wird es deutlich: Dieses verfehlte Baby hat seine Mutter zerrissen, es hat deren Lustquelle nunmehr völlig unbenutzbar gemacht. Darüber wurde die begehrte Gattin zur ernsten, einfachen, ruhigen Frau, für die es nur noch den Haushalt gab. Man weiß, was das damals bedeutete: so ein Bürgerhaushalt mit vielen Domestiken.

Er ging fremd. Das wurde in jener Phase des anhebenden 19. Jahrhunderts zur guten Gewohnheit der Herren im Bürgerstande. Zuvor hatten sie sich solches nicht leisten können.

Damit endet die Geschichte der Mutter. Sie wird mit Pracht ins Grab gelegt. Das Zerstörerische, welches sich zuvor in ihr, der Mutter, angesammelt hatte, lehnt sich nun über, wie es das immer tut, wenn es sich entgrenzt. Jetzt zerstört es den Vater. Und die Tochter trägt es weiter in sich, lebenslang, als Scheu vor dem letzten Glück: weil dieses Verderben bringt. Weil es der Tod ist.

Das junge Mädchen hat den hohen Stolz seiner Mutter mitgenommen, welcher sich ohne wesentliche Modifikation in den Hochmut wandeln kann, Corona trägt ihn mit sich; es wird alsbald genau beschrieben („Das wußte er nicht, daß . . . mancher, der zur Gesellschaft . . . gekommen war und Verführungsgedanken gefaßt hatte, sie an dieser Härte und

122

Kälte wieder aufgab"). Und es wird, ach, dieser Stolz auch ihr Glück zerstören. Ihr Glück zerstören, aber seine Höhe halten ...

Zunächst führt dieser Stolz zum Bruch mit dem Vater. Jetzt kommt das Elend, Prüfstein des Stolzes. Und hier setzt die Romanze ein, das schüchterne Liebesspiel zweier jungfräulicher Seelen, und beschrieben wird es weniger schüchtern als nüchtern, man muß sagen: teilnahmslos, wie alles zuvor – und deshalb wirksam. „Hier war es, wo, wie wir sagten, er eine mächtige Leidenschaft faßte."

Dieses „wie wir sagten" – man hört unsre zeitgenössischen Schriftsteller lärmen, höhnen, krakeelen – dieser Stil des Buchhalters über Liebesdinge gibt der Erzählung auch hier jene Distanz, aus welcher eine Aura besonderer Art sich bildet. Ich habe es schon gesagt, ich sag's nochmal. Das Wesentliche bleibt, auch hier, ungesagt. Vordergründig ist, was sich zwischen Aschenbrödel und Prinz, der ein Baumeister ist, aber ein Pfarrerssohn bleibt, entwickelt: „Sie kamen öfter zusammen, sagten sich ihre Neigung ..." So sieht denn die mächtige Leidenschaft der zwei aus: Sie sagen sich ihre Neigung. Aber glaubhaft liest es sich, und wahr. Und es lebt in beiderseitiger Besitzlosigkeit außer allem Verdacht.

Wie fein man jedoch so einen Verlauf schildern kann, wenn man Stifter ist, das verdient schon seine sorgfältig behutsame Aufmerksamkeit: „... und als Corona, da sie allein waren, vor dem Tische vom weichen Holze niedersank, um Gott ein kurzes Dankgebet zu sagen, schien sie ihm so unendlich schön neben dem rauhen Holze, daß es ihm unbegreiflich war, daß sie nicht Tausende begehrt haben."

Wie schön ist denn wohl „so unendlich schön"? – Das ist nun eben nicht einfach so hingeschrieben, sondern es läßt sich genau erfahren, Stifterisch genau, es fehlt nur noch das „wie wir vorher . . .", und deshalb glaubhafter als aller Schwall und Schwarm: Die junge, eben angetraute Gattin kniet vor dem Tisch aus weichem, das ist billigem, rohem, grobem Holz – sie, die in Mahagoni aufgewachsen ist. Und nun, Leserin und Leser, gehn Sie hin, lesen Sie Dramatik, Lyrik, Epik, hören Sie Lieder und Arien, schaun Sie Filme. Dann machen Sie sich auf, durch Museen zu wandern. Geben Sie Bescheid, sobald Sie ein *solches* Bild gefunden haben: die Feinheit einer Frauenerscheinung in Abhebung von der Grobheit des billigen Holzes, des schnell zusammengefügten Tisches. *So* schön ist unendlich schön. Vielleicht *soll* man die Passage rasch und eher unaufmerksam lesen, damit der Vergleich, das Spiel mit diesem originell beschriebenen Kontrast, sich gleichsam beiläufig unter die Haut legt. – Man hört auch das Schweigen des jungen Ehemannes in seiner Verschämtheit: So einer sieht alles, aber er wird so etwas nicht sagen, das käme ihm viel zu peinlich heraus. Er müßte rot werden, stottern. Liebesgeflüster: auch im Bett kaum; Liebesbekundung: Einmal wird sie ihm manches sehr warm Liebevolle sagen – aber erst, wenn alles aus und fertig ist, aus und zu spät. Es wird dann nachhallen; hinüber in beider Einsamkeit.

Dies ist noch nicht das Ganze. Die Schönheit bekommt dazu ihre genaue Dimension und auch eine weitere Bestimmung, und eine äußerst verbindliche erst noch: Corona ist „so unendlich schön . . ., daß es ihm unbegreiflich war, daß sie nicht Tausende begehrt haben". Da zeigt sich im Pfarrerssohn unvermittelt aber sehr genau der Mann, der Hahn, der Hirschbulle; der Macho, hieße das in aktueller Diktion: Die Frau, die ich erwählt habe, muß von Tausenden vor mir und um mich herum begehrt worden sein. Sonst ist sie nichts wert. Daß ich allein sie schön finde, genügt mir nicht. – Wir haben dieses Motiv in unserer Erzählung nur etwa zehn Seiten zuvor akkurat beschrieben vor uns gefunden: Wie der Jüngling, Coronas Vater, um das allseits angebetete Mädchen wirbt; wie und weshalb es geschieht, daß er sie heimführt; wie er sie dort herumzeigt, die Begehrenswerte, „und wenn er sie zu Freunden und Bekannten in der Stadt herumführte, um sie ihnen zu zeigen und sie mit ihnen bekannt zu machen, und wenn sich die unzweideutigsten Zeichen der Bewunderung in den Mienen und Augen kundgaben, war er unsäglich stolz und triumphierte über die Schönheit des Weibes seiner Wahl". Da steht's, und da steht auch genau aufgeschrieben, was der Unterschied zwischen Coronas Vater und ihrem Gatten ausmacht: Einer muß die von ihm Eroberte herumzeigen und ständig triumphieren, der andere erlebt von der Bedingung seines männlichen Besitzerstolzes her (der weibliche Besitzerstolz ist dessen gleichläufig gleichhäufiges Pendant) dasselbe, nämlich dies, daß möglichst viel (und Tausende sind keine ganz bescheidene Zahl) sie ihrem Besitzer neiden. Nur dann ist sie was wert. – Verschieden ist allein die Art der Äußerung: einmal manifest ausagierend, im andern Fall still introvertiert, jedoch von der Tendenz her im selben System.

Der Grundsatz heißt: Ich hab die Schönste von allen. Ich, Prinz Paris.

Es ist unmöglich, alle die Feinheiten der Andeutung und ihrer Benennungen durchgehend zu beschreiben. Der Reiseführer soll seiner Klientel sehn helfen, er soll ihr das Sehen nicht abnehmen, sonst verleidet er ihr's. Sollte letztselbiges schon geschehen sein auf diesen Blättern, so sind die Augen wohl auch für Stifter zu ungeduldig . . . –

Und dann kommt die Hochzeitsnacht – so eine Brautnacht, wie Stifter sie beschreibt in ihrer stillen, kargen, unsinnlichen Feierlichkeit. Aber Feierlichkeit! – „Durch die Fenster, an denen noch keine Vorhänge waren, kam das Mondlicht herein, und mischte sich wunderlich mit dem Lichte der Kerzen, die Dinge, die da standen im Doppelscheine beleuchtend."

Das ist die Vereinigung, diese wunderliche Vermischung, und so genau geschildert, wie es dem Schildern zugänglich ist. Noch keine Vorhänge: Man hätte hineinsehen können. Man tut es aber nicht. Außer einem: dem Mond. Und der kopuliert, der Mond. Mit dem Lichte der Kerze, wunderlich, diese Vermischung, dieser Doppelschein, der zu *einem* Lichte wird.

Man wünschte eine gute Nacht. Draußen war, da der Frühling kaum vorüber war, eine sehr schöne Sommernacht aufgegangen, in dem weichen, wolkenlosen Himmel stand ein floriger Mond, hin und hin waren Bäume, an denen manchmal ein Läublein glänzte, den Fluß hörte man schwach rauschen, eine Amsel tat noch zuweilen einen Schlag darein: alles war, als wenn gar nichts geschehen wäre – und den zwei Menschen, die in ein neues Verhältnis getreten waren, war es, als hätte die ganze Welt sich geändert.

126

So nüchtern. Eine gute Nacht wünscht man. Ja, das hält man so. Und dann erwacht die Dichtung, aber weder schwingt sie sich auf Adler- noch auf Engelsflügeln empor, noch flötet sie wie die Nachtigall. Sie summt fast unhörbar. Ein Laublein glänzt, welch dichter poetischer Neologismus, um die Nacht zu besingen, zu bescheinen. Es glänzte im Mond, und dieser steht florig. Dazu das schwache Rauschen des Flusses, eine Amsel tat noch zuweilen einen Schlag darein. Die Uhr der Liebe tickt behutsam, aber sie läuft. Ist was geschehen? – Alles war, als wenn nichts geschehen wäre.

„Am anderen Morgen . . ." Begleiten wir denn das junge Paar weiter durch seinen Alltag: „Er hatte sich da angewöhnt, seine Gattin bei ihrem zweiten Namen Elisabeth zu nennen: er tat dies immer, wenn er besonders traulich und freundlich war, weil ihm dieser Name häuslicher und wirtlicher vorkam. Er wollte nicht immer, sagte er scherzhaft, auf die Krone erinnert werden, die ihm eher wie seine Beherrscherin, als wie seine Gattin erschiene."

Er wird ihm nichts nützen, dieser Entscheid in Sachen Nomenklatur. Corona wird sich melden, die Trägerin der Krone; wenn Stifter sie auf diesen Namen getauft hat, so hat er wohl vorgesorgt . . .

Inzwischen aber bereitet sich eine Musterehe vor; und was dann gelebt wird, das *ist* eine Musterehe. Der Verfasser spart nicht mit dem Reichtum an Hinweisen und Bezeichnungen, um die Vollkommenheit dieses Zusammenlebens zu beschreiben. Anfangs lebt das Paar bei einer Witwe in Miete, die sich am Zusammenleben mit den liebenswerten und schönen jungen Leuten – richtiger und sehr bezeichnend für jene (und nicht nur jene) Zeit: in deren Dienst – über ihren eigenen Kummer tröstet. Mitten hinein in die Idylle wird, das ist eine Stifterei, dem Leser über den Kontrast zwischen dem strahlenden Paar und der Alten manch treffliche Schilderung geliefert, unmerklich und aus meisterlicher Erfindung: Längst ist der Haushälterin ihr Gatte gestorben, mit ihm sind alle Hoffnungen dahin. Jetzt ist sie eine alte Frau – sie mochte, diese Alte, an die vierzig sein, kaum älter, als die beiden Jüngeren in ihre leergewordene Behausung einzogen. Alter ist ein Zustand, und damit ein Begriff, der mit dem Kalender nichts zu tun hat. Das ist hier eindringlich zu merken: In jener Zeit, mit dem Übersprung der bürgerlichen Ära, die daran war, sich in das militaristische Jahrhundert zu wandeln, wurde eine kinderlose, will sagen: söhnelose Frau, ledig oder verwitwet, nicht mitgezählt. Fräulein war so lächerlich wie Witwe. Seht, das ist die Witwe Bolte, als dies 1865, im Erscheinungsjahr von Stifters *Witiko*, mit seiner Grausamkeit die deutsche Leserschaft zu ergötzen begonnen hat, hat es den geläufigen Typus vorgezeichnet. Hergekommen ist das Bild, ist dessen Schöpfer aus Wiedensahl – nicht weit von Eiserode – dieser eher bösartig als boshaft gehaltenen Darstellung von der in Einsamkeit verlorenen Frau, deren Schicksal die Lächerlichkeit ihres Standes notwendig bewirkt. – Auch Stifter kann sich nicht frei von Ironie halten, wenngleich es eine weniger scharfe bleibt, wie die Beherbergerin der jungen Leute geschildert wird. Sehr ins Unheimliche gehn dabei die dunklen, frühen Ahnungen der Alten, deren leerer Schoß das Vermuten von Geheimnissen zeugt, welche nicht dahinein gehören ... – So eine Witwe merkt mehr als andere Leute, sie merkt es aus ihrem leeren Schoß. Dies ist, was sie gar nicht so lange Zeit davor – weit weniger als hundert Jahre von damals – zur Hexe gemacht hat, es macht sie auch jetzt zur Draußen- und Druntengehaltenen.

Übrigens, man muß, um deren Darstellung an den richtigen Ort zu plazieren, die Witwe in Stifters Beschreibung gegen die Trägerschaft des nämlichen Schicksals halten, wenn dieses den Mann trifft. Zweimal begegnen wir Witwern im *Waldgänger*, einen von ihnen konnten wir schon ein ganzes Stück Weges begleiten, wobei es nicht nötig, auch nicht sinnvoll gewesen ist, die hehre Einsamkeit des alten Georg auf dessen Zivilstand, auf seine Witwerschaft, zu beziehn. Demnächst wird dann eine sorgfältige und liebevolle Beschreibung kurz aber eindrücklich einen weiteren verwitweten Mann erstehen lassen und dem Leser eines ausgehenden Zweiten Jahrtausends Anlaß geben, sich anhand des Kontrastes zwischen Männerwelt und Frauenschicksal aus Stifters Tagen seinen Gedanken zu überlassen – anhand jenes Schicksals, welches dem *Waldgänger* seinen dramatischen Akzent zudenkt. –

Hier aber, und jetzt, begleiten wir ein hoffnungsvolles, schönes junges Paar zu der freundlichen Alten, und nur Andeutungen dürfen auf zu Erwartendes verweisen. Die beiden wohnen eine ganze Zeit bei der Witwe, lang genug, damit ein Wieglein sich in ein Kämmerlein stellen ließe, oder auch zwei Wieglein im selben Raum stehn könnten. Die Zeit verläuft, und es kommt keine Wiege, es kommt kein Engelein zu Corona und Georg. Die Alte ahnt allerhand, da noch Corona lange nichts schwant; und was Georg anbetrifft, er wird nie was merken, der ist zu ahnungslos, der werktätige Mann, der abwesende Träumer. Als einsamer Alter wird er ahnungsvoll sein, aber der Weg, der dahin führt, ist noch weit.

Inzwischen findet die namenlose alte Frau an der Betreuung des jungen, liebenswerten Paares etwas wie ihr spätes Glück. Sie werden ihr, die beiden, zu Kindern der Reife, da die eigenen ausgeblieben sind, auf immer, als der Gatte tot war, „und alle die blondlockigen Engelein, die hätten kommen sollen, sind auf ewig mit ihm in das Himmelreich gezogen."

Mit ihm, mit dem Gatten, der droben wartet und von seinem Wolkenfensterlein herabblickt, um sie zeitig zu begrüßen, bis an sie ihre Stunde kommt. – Wenn ich hier verhalten ironisch bin, so aus der genauen Absicht, auf die geist- und gediegen taktvolle Ironie zu weisen, die durch Stifters Sätze redet. Jene feine Ironie, die den Stifter-Kritikern, namentlich den gegenwärtigen unter ihnen, durch die Finger geht; all jenen Schreibern, die Kreuzstich-Kissenbilder vermuten, wo einer karikiert, nur eben nicht ganz so boshaft wie sein Zeitgenosse Wilhelm Busch, wiewohl auch er, Stifter, viel härter abbildet, als man gemeinhin vermutet. Dieses eben zitierte Satzfragment zeigt es, wie der Verfasser, um uns und sich merkbare Ergriffenheit vorzuenthalten, mit distanzierter Wehmut die Wünsche und Vorstellungen der Frühgealterten nachzeichnet: die blondlockigen Engelein, die mit dem dahingegangen Mann, ihm voraus oder hintenan, ins Himmelreich gezogen sind, aus dem herabzuflattern sie versäumt hatten, die Putten, wie von Raffael entworfen, und jetzt bewahren sie in billigen Kupferkopien vermutlich in der guten Stube einer Witwe den Trost wie die Sehnsucht.

Corona und Georg: „Sie waren bereits im vierten Jahre verbunden", aber immer noch ohne blondlokkige Engelein. Und dann steht: „Es waren wieder ein paar Jahre vergangen, ohne daß die Hoffnung sich erfüllt hätte." Dem raschen Daherlesen, welches sich nicht engagieren mag, die Hinweise mitzuhören, die da zum Spielen kommen, kann dies wie ein unglücklicher Zufall tönen, dieses Schicksal, welches heißt: „Nur eins fehlte dem Ehepaare zu seinem völligen Glücke: sie hatten keine Kinder."

Aber da steht mehr geschrieben, und zu oft wiederholt sich diese Feststellung, als daß es für eine unbesonnene Laune der Natur gelten könnte, was das Schicksal nun vorhat; als hierher gesetzt, wie wenn der Dichter einem Zufall den Spielort überließe. Als könnte man sagen, daß dem Paar, lebte es heute, zu seinem Glück gar nichts zu fehlen brauchte: Es könnte ja beim Gynäkologen Hilfe finden. – Auch Andeutungen auf des Verfassers eigenes Schicksal, seine Kinderlosigkeit (über die er oft in Briefen geklagt hat), sagen nicht das Ganze. Man höre Stifters Frauenbeschreibungen, betrachte seine Paares-Geschichten. Ihnen mag weniger das Schicksal als wesentlich die Auffassung der Ehe, wie sie von ihm gelebt wurde, Modell gestanden haben. – Übrigens und nebenbei: Stifter hat in mehr als einer Hinsicht die für ihn ideale, die beste ihm mögliche, er hat die einzig für ihn denkbare Gattin gehabt! – Hier aber sei von anderem die Rede; hier wird – parabolisch, wenn man will – darauf verwiesen, daß dies die Berufung der absoluten Liebe ist: daß sie steril bleibt. Daß aus ihr nichts wächst als sie selbst, gar nichts. Die Liebe duldet keine Zukömmlinge, am letzten erträgt sie blondlockige Engelein. Diese müssen als Phantasmata im Himmel bleiben. Die Hohe Liebe ist eine Geizhälsin, sie gönnt sich nur den zwei Partnern, sonst gönnt sie niemandem nichts. Die Liebe, mag sie ein Himmelsgeschenk sein, aber sie ist des Teufels.

Coronas Elternhaus, das Schicksal von dessen Ehe: Es war mit Kindern gesegnet, mit zweien. Und der Bericht über dieses Paar ist der einzige aus der Generation der Eltern in der Erzählung, in dem von Liebe die Rede ist – von redlich gefühlter, redlich gelebter Liebe, und von beiden gleich redlich und gleicherweise unbesonnen gelebt, wie es die Liebe an sich hat und fordert. Von jener stürmischen Liebe derer, die sich füreinander bestimmt wissen. Ein berechnendes Schicksal hat Coronas Vater als jungen Mann zur richtigen Zeit in die ferne Stadt zu der schönen Frau geführt. – Nur ein Regiefehler ist dieser stürmischen Liebe unterlaufen, ein einziger: Sie hat für sich eine zu lange Zeit beansprucht. Sie hat es versäumt, die glückliche junge Frau beizeiten, allerspätestens aber aus ihrem ersten Wochenbett abzuberufen: mit Eleonore Elisabeth Corona als köstlichem Pfand für all das Glück, das die jungen Eheleute in den zwölf Monaten ihres ach so kurzen Zusammenseins verlebt haben und – dessen wäre der überlebende Gatte gewiß gewesen, wir mit ihm – weiter hätten verleben sollen in andauerndem, ungetrübtem Glück, wäre die geliebte Frau nur nicht gestorben, bis ans Ende ihrer Greisentage. Dort hat die Not dieser Liebe gelegen, in ihrer Länge, ihrer Weile, und von Liebe war rechtens die Rede. Nur dort. Sonst nirgends bisher. In der Welt des oberen Raimundhegers, im Pfarrhaus zu Eiserode und darum herum hätte dagegen die Liebe und hätten dergleichen Wortwendungen samt den ihnen zugehörigen Affektäußerungen kaum ihren Raum gefunden. Die hätten seltsam geschaut, allesamt, wenn dort jemand ihnen von Liebe geredet hätte. Das aber war Liebe, auch beschworene und berufene Liebe, woraus Corona gezeugt worden ist; was von daher kam, die Geburt der Tochter wie auch des aus Absicht des Schicksals fehlkonstruierten Sohnes, das kann alles nur im Zusammenhang damit sinnvoll vorgestellt werden. Es verweist auf den tragischen Ausgang.

Und jetzt begegnen wir Corona, wie sie ihrem Georg in Liebe verbunden lebt, und der Gatte ihr, beide einander in phantasieloser Treue und, immer wieder, Reinheit. Wie rein kann eine Liebe sein? – Die Zeit sei für gekommen erachtet, um Gedanken darüber zuzulassen, worauf denn Stifters unablässige, ausgreifende Beteuerungen von Reinheit und Reinlichkeit zu weisen haben; was es denn also ist, das dieses beständige, nie sich erschöpfende, den Kritikerchor empörende und dessen Hohn anfeuernd beglückende Ostinato von Passagen wie dieser anzeigt: „Dann beseitigte sie den wenigen Staub, der seit gestern gekommen war ... Dann ging sie in die Küche hinaus, das reinliche Geschirr, welches die Witwe besorgt hatte, glänzte ihr von den Gestellen entgegen, die Wände waren neu geweißt worden, daß die ganze Küche schimmerte, und auf der Bank standen die flachen, aus weichem Holz gebundenen, schneeweiß gescheuerten Gefäße, die bereits das reine, frische, blinkende Wasser enthielten ...“

133

So viel Reinlichkeit – haha, oder auch pfui! – Wir sind dem Motiv schon öfter begegnet: bei der Gestalt des Waldgängers, damals in eindringlichem Kontrast zu den Leuten des Ennstales, und namentlich des kleinen Simmi, eh er dessen Schüler wurde. Dann auch, und ausgeprägter noch, als wir ins norddeutsche Pfarrhaus geführt wurden. Jetzt kommt das Thema wieder, und mit einer Genauigkeit, einer Perseveranz der Beschreibung, die mittlerweile einen Hinweis auf ihre Anzeigekraft nicht nur zuläßt, sondern aufnötigt.

Der wenige Staub, der seit gestern gekommen war; du meine Güte, wieviel Staub kann seit gestern gekommen sein? – Weder müssen die Leute über einer Ruhrzeche hausen, noch in einem mittelenglischen Industriezentrum, sie bewohnen ein stilles, idyllisches Tal. Der Staub von gestern und das Beseitigen desselben, da steht genauer geschrieben, worum es geht, mit dem Staub seit gestern, wie mit dem Wegwischen: Die Zeit legt ihren Staub auf alles, und wenn es eine längere Zeit ist, ihren Dreck, ihren Unrat, ihren Kot. Und am Ende werden wir dann dazu, zu Staub, zu Dreck, zu Kot. – Die sich ihm überlassen und ihn um sich dulden, auch auf sich, leben im Einklang mit ihrer Vergänglichkeit. Jetzt sind sie hier, morgen sind sie drunten, in der Erde, Staub bei Staub. Sterblich aber auferstehungsgewiß. Und es nimmt diese Gewißheit auch gleich den Dreck mit hinein, der sich in den Sterblichen ansammelt und den sie, um sich wohl zu fühlen, getreulich regelmäßig ausscheiden. Ohne große Säuberungs- und Entfernungsritualien die meisten, und an dem Ort duftet es scharf und markant nach Salmiak und anderem, Fliegen umschwärmen lebendig summend den Platz, und man weiß, von ihm geht Dünger aus, nötig, um das Sprießen des Lebens, sein Blühen zu fördern. Das Kreative wächst sinnfällig aus dem Kreatürlichen.[23] – Die junge Gattin aber reinigt sich und ihre Welt fortdauernd davon, sie tut es noch und noch, und jetzt ahnen wir: Das tut sie, damit nichts altere, nichts sich verändere. Sie hat nur dies eine Leben, kein anderes, kein späteres; sie will auch keines sonst. Dieses Hiesige, Jetzige muß erhalten bleiben, ohne Staub und Grünspan so lang wie möglich. Schon beim Pfarrerspaar von Eiserode war es spürbar, und jetzt, da wir Georg und Corona begleiten: Wir werden alsbald mehr vernehmen.

Inzwischen bekommen wir zu lesen: Alles wird immer reiner, immer reicher im Haushalt der beiden. Immer kunstvoller, wohl auch künstlicher. Von der elementaren Kraft, die Georg in sich aufkommen gefühlt hat, eh er Corona begegnete, in der kurzen Phase zwischen diesem Begebnis und dem vorausgegangenen Tod seiner Eltern, von dieser Kraft ist zunehmend weniger zu merken. Aus dem Wanderer durch die Welt ist ein abgeschlossener Festsitzender geworden, aus dem Steinhauer Georg ein Steinsammler. Erst am Ende, wenn alles hinter ihm ist, fernab und nah dem Grab, wird ihm als altem Mann von dieser Kraft etwas zurückkehren. Jetzt bleibt für das Unmittelbare zunehmend weniger Raum, kaum ein Platz bleibt ihm mehr für das Zufällige und die Eingebungen, die aus ihm kommen. Alles ist mit Besitz besetzt. Und vielleicht merkt er's nicht. Ja, wenn ein krabbelndes Kleinkind sich herum bewegt hätte, das hätte an dieser Blume gezupft, hätte ins Eck gepißt, hätte jene Tischdecke herabgezogen – man stelle sich vor: mit Georgs Steinen drauf, sowie mit kostbaren Porzellangefäßen, sorgsam aufeinander abgestimmt. Oder eine Horde Kinder hätte herumgetollt, eigene mit fremden ... aber so: Alles bleibt stets „rein und klar" wie im Pfarrhaus zu Eiserode; nur, Corona ist nicht wie die Frau Pfarrer von dort, sie hat anderes erlebt, in Kindheit wie Jugend. Sie trägt anderes in sich: *diesen* Vater, *solch eine* Mutter! – Es wird zu merken, was das ist, was es will und bewirkt: „Kein Stäubchen, kein Flecken, kein Hauch einer Unordnung war durch alle Zimmer zu sehen. Sie ordnete immer ..."

Sie ordnete immer. Sonst tat sie kaum mehr was. Aber dies so sehr, „daß die Schönheit der Platte auch nicht einmal durch die kleinste Ritzung geschändet werden durfte". – Wieviel Zeit kann das angehen, wie lange andauern, daß die Platte des Tisches nie, auch nicht durch die feinste Schramme und deren Bedeutung, aus einer neuen, fleckenlosen weil geschichtslosen, unpersönlichen Tafel zu der unsren wird, zu einer Zeugin unsres Zusammenlebens? – Diese Ritze hier: Schon ganz am Anfang, als wir hier lebten, ist die Vase umgefallen, du hattest mich getröstet, ich wußte nicht, daß man so trösten kann: Wie gut ist diese Ritze; oft streichle ich sie und denke an dich, Georg! – Jener derbe Sprung: als wir im Übermut durchs Zimmer tanzten! – Dann ist da eine tiefe Schramme, alles auf demselben Tischblatt, ach wie haben wir damals gestritten, du nahmst den besten Stein aus deiner Sammlung und hast ihn auf die Tischplatte geschmettert, das war schlimm – und ebenso süß, wie der Krach schlimm war, ist die Versöhnung danach süß geworden, gegen Mitternacht, wie süß endlich, als wir einander dann in die Arme genommen haben, halb unter dem Tisch liegend, wir zwei, du und ich, Georg, wir waren besoffen vor Liebe, wie man sich so heftig lieben kann, nur wenn man vorher heftig gestritten hat. Danach haben wir zusammen geschlafen, weißt du noch, wie das gewesen ist, es war wie nie zuvor, die ganze Nacht lang, wieder und wieder, fast wäre das Bett eingekracht. Damals war es, daß wir unser Zweites gezeugt haben, das feine, lebhafte Töchterchen, das anderthalb Jahre danach von der Diphtherie geholt worden ist: Wie wir da die Nächte durchgewacht und, als Lenchen erstickt ist, durchgeweint haben, wochenlang: Ja, davon redet der grobe Graben im Tisch, oft fahre ich darüber, ich schließe die Augen und alles kommt zurück. Nie würde ich zulassen, daß man an dieser Marke etwas verändert, an diesem Male unserer Liebe, unseres Leidens. Diese Tischplatte mit ihren Narben, Gruben und Scharten hat die Geschichte unserer Ehe mitgeschrieben. Wie ist dieser narbige Tisch so schön! –

Und hier: „Sie ordnete immer."

Vielleicht gibt es einige wenige, die zulassen, daß sie zu merken beginnen, wie Stifter just da, wo er am ausführlichsten beschreibt, genau gelesen die feinsten Andeutungen macht; daß er dort nur hintippt, wo man sagt, er schweife. – Und nun hier: Was hier vorgelebt wird, das ist eine schöne, eine liebevolle Ehewelt. Ach, daß sie ewig grünen bliebe – ach: *Sie grünet ewig*, da liegt ihre Tragik! – Nie bekommt sie Blüten, geschweige Früchte etwelcher Art, diese Liebe. Diese Liebe im Konservenglas; dieses Besorgen der Unveränderlichkeit bis zur Erstarrung, ohne Fleck und Schatten, aber um hohen Preis: dieses Wegwischen auch der feinsten Andeutung jedwelchen Detritus, wie solcher sich ansammelt, überall, wo Leben lebt. Aus Blüten werden Früchte. Diese faulen, und aus der Mitte, mitten heraus von dem verrotteten Rest dessen, was von der Frucht bleibt, Käfer, Wespen, Würmer drumherum, befreit sich ein Kern, aus diesem die neue Pflanze inmitten des Samens. Sie trägt das weiter, was sie mitbekommen hat: unbesonnen, dumpf in eine neue Zeit, welche die alte umschlossen mitnimmt. – Hier dagegen: das Vermeiden der Absonderung, dieses Sichwegwenden vom Dreck der Zeit, einher damit von der kreativen Kraft, die diesem Schmutz, wie allem, was kreatürlich ist, innewohnt, das macht die Besonderheit dieses Zusammenseins aus, und weil es besonders ist, wird es besonders sorgfältig beschrieben.

Die Kreativität aus dem Schmutz, das schöpferische Element, das diesem entwächst, nein: innewohnt – daß die Leute sich so persistent weigern, ihren Sinn diesem Anteil unsres Lebens zuzuwenden! – dem Dreck, den das Leben macht; das Leben abscheidet, ausscheidet; diesem Dreck, der den Tod im Leben bedeutet: dem nämlichen Dreck, aus dem Leben wird! – Bis zu weniger als zwei Generationen vor Stifter ist man alledem näher gewesen, um vieles näher, in einer Zeit, in welcher die Seuchen gemordet haben, die, aus Urzeugung gleichsam, diesem Dreck entsprangen. In einer Zeit auch, welche, mitten aus Dreck und bezeugter Nähe zu diesem, die elementar natürliche, die kreatürliche Kreativität der großen Musiker und Dichter, auch der Denker aus

Eigenständigkeit zugelassen hat: Klassik – ausgerechnet Klassik – die im Dreck ihre Anregung finden konnte – mußte.

Hier aber ist alles reinlich. Es lebt in einer Welt, von der oft behauptet wird (namentlich in unsrer Zeit ist es Brauch, das zu tun), es könne sie gar nicht geben, es habe sie nie gegeben, eine solche Stifter-Welt. Verzeihung bitte, hier kann ich nicht umhin, auf einen Moment den Berufsmann hervorzukehren, den mit Lebens-, Zusammenlebensproblemen und -nöten Beschäftigten, alle Tage manche Stunde, und dies durch nunmehr über vier Jahrzehnte. Und zu sagen: Die Situation, wie sie hier beschrieben wird, ist nicht nur häufig, sie ist in unserer Region eine der geläufigsten überhaupt, und ganz besonders in dieser Zeit, welche derjenigen, ökonomisch und soziologisch gesehen, merkwürdig ähnlich ist, von welcher Stifter schreibt: Beidemale, damals wie heute, hat eine bürgerliche Gesellschaft sich entwickelt, zwei Generationen nachdem ihre Wurzeln durch verzehrende Kriege beschädigt – man hatte geglaubt: definitiv zerstört – worden waren. Jene Welt, die Stifter beschreibt, hatte sich von den Bränden der napoleonischen Kriege eben erhoben, es hatte den Anschein gemacht, Europa werde verwüstet bleiben, auf Jahrhunderte, wenn nicht länger; aber es wurde anders, und alsbald gelangten Leute wie Coronas Vater zu Geld und Besitz, das Bürgertum blühte, freilich nur ökonomisch, es verlor seine Kultur, und der Arbeiter- und Bauernstand kam unter die Räder. Die zertretene Achtundvierziger-Revolution ließ Besitz zur Herrlichkeit auf Erden wachsen. Karl Marx, Stifters um weniges jüngerer Zeitge-

nosse, hat gewußt, wovon er schrieb. Dasselbe heute:
Hitlers Krieg endete in Staub und Rauch. Jetzt, vier
Jahrzehnte danach, ist nicht nur das Land mit seinen
Eisen- und Autobahnen, selbst die Luft ist verstopft
vom Verkehr der Besitzenden und immer zahlt eine
Volksgruppe oder Klasse oder Ethnie den Preis für
das Wohlergehen der anderen, das scheint so eine
von den gottgewollt grausamen Gesetzmäßigkeiten
der Weltgeschichte mit sich zu bringen. Damals
blühte der Bürgerstand auf dem Vierten und auf
dem Bauernstand. Diesmal geschieht es und wird
möglich, daß die für ihre freiheitliche Gesinnung ge-
lobten Demokratien des Westens sprießen über den
aufgetriebenen Bäuchen der Hungernden in den
Kontinenten des Südens (es ist deshalb weniger un-
fair, als es beschränkt ist, wenn Arno Schmidt seinem
älteren Kollegen Stifter vorwirft, daß er, statt sich
den Leibeigenen in Ungarn zuzuwenden, von den
Rosenwänden im Nachsommer geschrieben hat –
nun, was die Reisezeit, nach Stunden und Tagen und
nicht nach Kilometern berechnet, angeht, so ist
Äthiopien, ist selbst Brasilien Herrn Arno Schmidt
unvergleichlich viel näher gekommen, als Ungarn
damals Stiftern war; was tun wir für die Äthiopier?
Was tue ich aus unserer westlichen Gesellschaft, was
taten Sie, Herr Schmidt – –?[24]).   .
   Viele von denen, die aus unserer westlichen Gesellschaft zu mir in die Sprechstunde kommen, bringen ein Problem mit, wie Georg und Corona es auf
dem Bilde hier vor uns entwickeln. Bitte um Aufmerksamkeit für dieses Problem eines Paares, das in
Reinlichkeit und Treue sein Alltagsleben lebt, ohne
Existenznot und durchaus gesonnen, in liebevoller

Verbindung älter und alt zu werden. – Aber ich greife um weniges vor.

Nun denn: Liebevoll verbunden älter werden: „Auf dem dunkeln Haupte Georgs" zeigt sich „manch ein einzelnes weißes Haar, und in dem schönen Angesichte Coronas manch eine feine Linie, die den allmählichen Beginn des Alterns verkündete" – dennoch wird die Schilderung weder verlegen noch müde zu beteuern, daß die beiden, wiewohl umgeben von den Warnungszeichen der Jahre, sich ihre Jugendlichkeit bewahrt haben: „Auf Coronas noch so schönem Halse prangte ein Smaragd." Ja, das ist der Lohn der Reinlichkeit, sie schabt vorzu die Jahresringe ab – der Baum: Ob man dann sagen soll, sagen muß, daß er altert?

Das schöne Paar lebt seine Reinlichkeit, welche ihm immerwährende Jugend garantiert; in steter Verbundenheit, er nur für sie, sie für ihn, für niemanden sonst. Dies so sehr, daß es von der Einladung zu einer Abendgesellschaft heißt, daß man das Paar im Hause der Gastgeber „zwar nicht mehr liebte oder haßte, als in einem andern [Hause]". Ohnedies heißt es, Georg habe sich von den Menschen zurückgehalten, zuweilen nur ging er „irgend wohin, wo er geladen wurde, weil er mußte, Corona schier nie". Sie halten beieinander, miteinander, füreinander die Zeit auf, sonst für niemanden. Sie sind einander genug, Gesellschaft brauchen sie keine; das reicht hin, sie weder zu lieben noch zu hassen – Menschen, die so hochmütig sind, daß sie außer einander niemanden nötig haben.

Wie lang kann so etwas dauern? wohin wird dieser Stillstand gegen den Zeitlauf führen? – Die Antwort wächst folgerichtig aus dem hier Entwickelten. Es wird dann in einem Paroxysmus zur Antwort kommen – wie es solche aufgenötigten Stillstände im Leben immer an sich haben, daß deren Lösung sich abrupt einstellt, ohne Ankündigung und scheinbar, für Unaufmerksame nicht zu erwarten, katastrophal.

Und Stillstand: Ja, das ist nun genau das, was hier zu lesen ist, und im doppelten Sinn, sowohl was den Inhalt des Beschriebenen als auch was die Form der Beschreibung durch Stifter angeht. Das Detaillieren, das sei nun halt Stifters Stil, sein Wesen, so heißt es. Dann denken die Leute vorzüglich an den *Nachsommer*, der als Bildungsroman konzipiert, aber zum reinsten und konsequentesten, ja, scheint mir, dem einzig durchgehaltenen, -gezogenen Stück *poésie pure* der deutschen Literatur geworden ist. – Die so reden, haben Stifters Text nur nach der langen Linie, nie haben sie ihn gegen den Strich gelesen – so, wie er *auch* geschrieben ist.

Damit man es merkt (und dann auch aus dem *Nachsommer* heraus- meinethalben, es ist beides ohnedies dasselbe, in diesen hineinlesen kann), folgt man Stifter vorzugsweise ins Exotische. Dorthin geht der Autor, wenn er die Psychologie der Tiefen frei entwickelt – die nämliche Psychologie, die wir hier *nicht unter, sondern aus der Reinlichkeit heraus* vorgelegt zu entdecken haben. Nochmals: die Reinheit, Reinlichkeit deckt nicht das Untergründige, das Lebensbedrängende zu – wie in anderen Zusammenhängen oft zu lesen – sondern sie stellt es dar! –

Aber gewiß läßt es sich an der Exotik sinnfälliger, weil unmittelbarer, beschreiben. Wohl auch einfacher. Dann führt der Verfasser uns nach Afrika – ja, wo es noch unheimlicher sein muß, zum afrikanischen Juden: zu Abdias. Oder in die Dichte und Düsternis des Waldes, dorthin, wo es unwegsam wird, wo die Pechbrenner leben und werken. Und so, *Die Pechbrenner*, heißt auch eine Geschichte, die Stifter erzählt, und zur selben Zeit, wie die Erzählung vom Waldgänger, Ende der Vierzigerjahre, 1849 genau. Eine pechschwarze Geschichte. Und schwarz ist nicht nur der Stoff, den die schwarzen Männer im schwarzen Wald brennen. Viel schwärzer liegen die Leichen herum, und sie stinken, welche die Pest, auch der Schwarze Tod geheißen, dort hinten zurückgelassen hat. In die Schilderung dessen, was die Seuche anrichtet, und was nicht nur sie, sondern die von ihr Bedrohten und Befallenen, die Opfer, tun, in das Scheußliche, das Mörderische, vertieft Stifter sich mit einer Hingabe, die den Vergleich mit dem anderen Werk, welches von der Pest handelt, es ist hundert Jahre jünger, in allen Bereichen zuläßt. Gewiß schon, was den Rang der beiden Erzählungen angeht, aber auch, was die Gewalt und rücksichtslose Genauigkeit des Schilderns betrifft: *Die Pest* von Camus.[25] – So sieht der Dreck aus, der Unrat, so grausam, so naturhaft, falls Stifter ihn nicht stets aufs sorgfältigste weggeputzt weiß (und dann wird er noch unheimlicher). Daher die Akribie, die Peinlichkeit und Reinlichkeit des Melancholikers mit innendrin der Schwärze seiner Galle: daher und dafür.

Aber nicht dafür allein. Der Schmutz in den *Pechbrennern* hat eine Rahmengeschichte, und sie gehört, Stifters kunstvoller Erzählung getreu, in genauer, viele Schichten umfassender Verbindung dazu: zu der Beschreibung der allesvernichtenden Seuche. Zu der verheerenden Befleckung durch das Vulgäre, jedoch – – hier paßt der sorgfältig reservierte Stiftersche Doppel-Bindestrich hin, nicht nur zu deren verheerender Wirkung, auch zu ihrem intensiv wärmenden Effekt, ohne den manches steril bleibt, was erst vom Dreck des Irdischen befallen warm und farbig wird.

Die Geschichte von den Pechbrennern, welche, in Gegenstellung zur Geschichte von Georg und Corona, hier gestreift gehört, hat nämlich einen Anfang, und dieser leitet zu der Haupt-Erzählung durch hintergründig angedeutete Vorausnahme des Pest-Motivs über. Tragende Personen dieser Voraus-Geschichte sind ebenfalls, wie danach das barmherzige, ob seiner Barmherzigkeit vom Schwarzen Tod bewahrte Pechbrennerssöhnchen Joseph, ein kleiner Knabe, und das ist diesmal der Stifter Bertl selbst, sowie ein leibhaftiger Pechbrenner, Andreas mit Namen – Nachkomme, wie man später erfährt, jener Waldmenschen, die seinerzeit, lang zurück, von der Pest aufgezehrt worden waren. Dieser Andreas, ebenso lustig wie unheimlich, füllt den Bauern Wagenschmiere in die Eimer. Natürlich steht er selber voll von diesem Dreck, der fröhliche schwarze Mann. Und irgendwie schimmert es durch die Zeilen der Geschichte und zwischen ihnen hindurch, daß Andreas *deshalb* ein so liebenswert lustiger Kerl sein kann: weil er so mit den Exkrementen der Natur auf du und du lebt. Nie schimmern die lachenden Zähne so betörend weiß, als wenn sie aus dem pechschwarzen Gesicht eines dunklen Mannes herausleuchten. „... wo soll der alte Andreas auch Begriffe wie Reinlichkeit hernehmen, da er alle Tage bei Regen und

144

Sonnenschein mit seinem Fasse auf der Straße fährt, und was soll er von gewaschenen Stuben wissen, da er nachts nur in Schuppen und Scheunen schläft?"

Das ist großväterlicher Trost, nachdem das Unheil geschehn ist. Dieses Unheil: „Willst du die Füße eingeschmiert haben?" fragt der alte Pechbrenner Andreas den kleinen Bertl, wie der so bezaubert von seinem Stein aus dem Handel mit dem schwarzbraunen, zähen Stoff zuschaut, den die dunklen, immer ein wenig schmierigen Leute geheimnisvoll aus dem Gehölz des Waldes herausbrennen. Und wie jetzt der fremde Mann, den „ich ... immer für eine Merkwürdigkeit gehalten hatte", durch dessen Vertraulichkeit der Kleine sich aber geehrt fühlt, ihm etwas von dem Geheimnis mitteilen will, „hielt ich beide Füße hin. Er langte mit seinem Holzlöffel herzu und machte mit demselben einen ziemlichen Strich."

Die Sache duftet angenehm nach Harz und sieht prächtig dunkelgoldbraun aus. Das *muß* man sogleich der Mutter zeigen, und das ist das Unheil. Ausgerechnet am Samstag, „die Stube war frühmorgens sehr schön ausgewaschen worden", stapft der kleine Bertl mit der braunen Pracht auf seinen Füßen herein: „Die bedeutend flüssige Schmiere rann gut an meinen Füßen hinunter, daß jeder Tritt als eine Tapfe hinter mir blieb ... und die ausgelaugte und wieder trocken gewordene Holzfaser saugte das Pech so begierig ein, daß den betroffenen Stellen auch in Zukunft kaum anders als durch Abhobeln geholfen werden konnte."

Im übrigen entlädt sich der freigewordene Zorn über „den ungeratenen, ausgewechselten Sohn" in schrecklicher, langanhaltender, bedrohlicher Züchtigung desselben (durch welchen Hinweis deutlich wird, woher es kommt, daß der Schriftsteller ein Leben lang die Reinheit hat rühmen müssen: nicht wegen dieser Szene allein, aber wegen dessen, was sie anweist – die Reinheit und die Sterilität als Tugend der Einfachheit).

Damit ist die Eingangshandlung gegeben für das, was alles vor der Tür wartet und entsetzend mächtig auf das gepeinigte Kind durch den Mund des guten Großvaters zukommt: aus der dunklen Tiefe des Waldes, der Erde – die Pest. Der Gestank. Und dieser durchdringt die Landschaft, die Welt, so umwerfend, daß die wenigen Ausgewählten, die von der Seuche verschont geblieben sind – die Seuche ist aber berechnend, sie weiß, wen sie verschont und wen sie aufzehrt – sich voll Abscheu von den Kadavern abwenden. Die Kadaver, das sind die Reste derer, die einmal ihre Lieben gewesen waren. Gestank ist stärker als Liebe. Liebe wächst aber nur aus dem Gestank und führt inmitten der grauslichen Pestreste zu einer Liebesromanze, die aus ihrer Zartheit und Schüchternheit ergreift, wie sie sich ahnungsvoll-ahnungslos langsam aus der Not entwickelt, bis endlich, lange Wochen getrennt durch den schrecklichen Absturz des Felsens, die Kinder zueinander kommen. Und jetzt, inmitten des Elends, fällt ihnen nichts ein als „O du liebes Mädchen" und „O du lieber Knabe" – und alles, was mehr wäre, würde überflüssig und würde sehr störend sein. Denn wie sie einander mit diesen phantasielosen Worten begrüßen, stellt sich darin eine Szene ein, die in der Dichte ihrer Erotik stärker wirkt als irgendeine noch so aufregend geschilderte Coitus-Szene denkbarerweise ausfallen kann: „. . . und er nahm sie bei dem Hals und herzte sie, und sie herzte ihn, daß seine schwarzen Haare sich mit ihren goldenen mischten."

Dafür muß erst die Pest übers Land stürmen und die schwarzen Köhler wahllos und sehr demokratisch mit den lichthaarigen und –häutigen Patriziern zusammen auffressen – bis alles vereint mit aufgetriebenen Bäuchen und ausgetrockneten Augen stinkend zu einer schwarzen, einheitlichen Masse aus Fleisch und Knochen sich vermengt, welche dann weder nach Glauben noch nach Her- oder Zukunft mehr fragt, denn beides hat die Pest besiegt, ihr Schmutz hat die Rangunterschiede bereinigt . . . – damit dann am Ende sein schwarzes mit ihrem goldenen Haar sich mischt zur Einheit, zur Kopulation, aber flüchtig wie alle Kopulation. Flüchtig wie die Leidenschaft, und wenn man sie bewahren, sie dehnen will über den Augenblick hinaus, durch Klarheit, mittels Reinlichkeit, ist sie keine Leidenschaft mehr.

Die Natur muß das ihre reklamieren, damit Leidenschaft frei wird.

Ja, die Natur ist gut: Allerorten hört man das jetzt und kann es lesen. Die Natur ist nicht gut, entsetzlich grausam ist sie und dumm, aber immer stark; wenn sie nicht gebändigt wurde, ehe sie einfältig esoterisch gepriesen wird. Stark, wie sie hier *eine* Geschichte spinnt von der Schwarzen Pest über die Züchtigungen, die den kleinen Bertl Stifter für ein ganzes Leben zeichnen, bis zu den pichenen kackbraunen Flecken auf Füßchen und Fußboden. Und der Traum des Kleinen in der Nacht danach vermengt alles in eins: „Ich hatte viele Sachen bei mir, Tote, Sterbende, Pestkranke, Drillingsföhren, das Wald-

männchen, den Machtbauer, des Nachbarn Vogel-
beerbaum, und der alte Andreas strich mir schon
wieder die Füße an." Das ist die Geschichte von den
Pechbrennern, 1849, und nicht zufällig damals, in
der ersten Fassung vorgelegt, vier Jahre später, nicht
nur zum Vorteil, was die Gedrängtheit und Intensität der Erzählung anbetrifft, zum Kapitel *Granit* für
die *Bunten Steine* erweitert.[26] Die Parabolik der Geschichte bleibt bei alledem behutsam, sie drängt sich
nicht auf. Wer sie später spüren will, spüre sie beim
Lesen der *Pest* von Camus, lang danach verfaßt; die
Stiftersche Erzählung kommt mir stärker vor, weil sie
kürzer und dichter berichtet, fast rücksichtsloser
auch, von daher, daß die Rahmenhandlung das
Ganze in eine persönliche Dimension bringt und die
Macht der Natur in ihrer Faszination vielfältig schimmern läßt: von Flecken über den Füßen bis zu den
Pestbeulen. – Welch unvergleichliche Eingebung von
Stifter: das alles zusammenzubringen, in der Kraft
ihrer Darstellung an die Seite zu stellen der *Schwar-
zen Spinne* seines Welt- und Zeitgenossen Jeremias
Gotthelf (einer weiteren elementar machtvollen Pest-
Geschichte). Zweimal wird im Rahmen bieder sich
gehabender oder für bieder gehaltener Heimater-
zählungen eine Schicksalsgeschichte von antikem
Ausmaß vorgelegt. – Hier stellt sich der Bericht über
die Pechbrenner wie eine zusätzliche, notwendige
Negativform neben den *Waldgänger.* Sie erzählt das,
was der *Waldgänger* verschweigt. Sie bringt das in
Worte, was unsere Geschichte ausläßt. Die Pechbrenner – als kennte Georg sie nicht! – beschreiben, was
die Geschichte von Georg ahnen läßt. Aber das ist,
man kann dem anders sagen, ich nenne das, was das

148

ist, die Zwangsneurose, die der einzige Sohn aus dem pietistischen Pfarrhause zu Eiserode in seine neue Umgebung mitgebracht hat und nach dem Tode der Eltern hatte abwerfen wollen. Aber er ist es nicht losgeworden. An seiner Musterehe nicht; um deretwillen nicht, Stifter kennt genau die Gesetze der Triebökonomie, er sagt es aber nur mittelbar. Was Georg will: ein gütiger Gatte sein und gleichzeitig scheu, abgezogen, man könnte sagen, wild bleiben. Seine Gattin nimmt er mit sich in seine Einsamkeit. Und verhält sich – es wird in mancherlei Variationen vorgeführt – weiterhin „als sei er der einzige Mensch auf der Welt, und sonst gäbe es keinen".

Dies zusammengebracht, ist ein Idealbild, ein Phantom. Er zahlt dafür, teurer zahlt seine Corona. Daß er allein hätte bleiben können – müssen – wie Hesses Lieblingsgestalten allesamt von Knulp bis Josef Knecht, das hat Georg nicht wissen können. Wer unvermählt blieb, mußte damals ein kurliger, einsamer und beängstigender Hagestolz werden, wie die Gestalt des Oheims aus Stifters so betitelter Erzählung von 1845. Aber das war kein menschenmäßiges Leben, so gelebt. Und zusammen: Die reine Welt des *Nachsommers* kann noch nicht glaubhaft vorgeführt werden, der Edelmut des alten Risach, der alles überwindet. Hier dräut es noch, und wo das Vitalste, das ist Elternschaft, sich versagt – es weiß, weshalb – da stellt alles andere sich in Frage. Die Ahnungen drohen und halten Georg zurück. So sehr, daß der prächtige, kräftige, taten- und ideenfreudige Mann für seine Ahnungen mit Impotenz bezahlt, die ihm so lange bleibt, als er in Einheit mit einer liebevollen Gattin glücklich lebt und die Bedrohung nicht bemerkt, welche von der unmerklich aufsteigenden, beständig sich ausbreitenden Langeweile ausgeht. Diese Einengung wird ihn erst freigeben, wie Georg, die Höhe der Jahre hinter sich, am Kummer über die verlorene Liebe zum resignierenden Bürger verkommt. – Dann wird er potent – aus Sehnsucht nach Corona. Die Sehnsucht schafft gewaltigere Kräfte als die Erfüllung.

Jetzt wohnen wir dem Leben des Paares bei. Wie glücklich es sich weiß: still glücklich und ätherisch. So kann man nur leben, nur so zusammenleben, wenn nichts sonst, keine Kinderschar, keine Sorge sonst diese Einheit stört. Corona ordnet und putzt. Das Haus vergrößert sich, überhaupt wird alles immer mehr den wunschvollen Vorstellungen getreu. „Er stellte seine Sammlungen auf, und sie ordnete die anderen Dinge, daß ein luftiger heiterer Tempel des Geschmackes und der Ordnung erschien." – Besorgt wird der Tempeldienst durch dieses Priesterpaar von Geschmack und Ordnung. Dazu die Reflexion: „Es ist ein lieblicher Gedanke, wenn man das irdische Gut dazu hat, seine Sachen auf einen Platz nieder zu legen, und zu sagen: ‚Hier wirst du leben und sterben – das gehört dein!'"

Das Problem ist angetönt: Hier wirst du leben und sterben. Eigentlich könntest du jetzt schon sterben. Es würde sich nichts ändern – jetzt oder in einem halben Jahrhundert, es würde dasselbe sein. Hier lebst du, um zu sterben. Jetzt schon ordnest du deine Sachen, „bestellst du dein Haus", damit du hinübergehen kannst – ebenso geordnet, wie du gelebt hast.

Und alles ist lieblich. Das Problem ist: wie lang ein lieblicher Gedanke es sich leisten kann, lieblich zu bleiben – wie lang es sich in der Gewißheit leben läßt: Hier wirst du leben, hier wirst du sterben, nichts wird sich ändern, alles bleibt, wie es ist – alles; nichts Neues geschieht, nichts kommt hinzu, außer das immer selbe bis zum Überfluß an Geschmack und Ordnung. Und zunehmend überflüssig. Sie haben einander, und hier wirst du sterben. Dann, wenn ihr beide tot seid, kommt alles das Zusammengetragene, -gebaute über die Erben oder auch ohne Umweg unter den Hammer. Die Erinnerungen allesamt, gelb und braun geworden, geben ein lustig knisterndes Feuerlein, und Adalbert Stifter wäre der Mann, um die Flamme, den Rauch, die Asche akkurat zu beschreiben – so penibel genau, daß es nicht mehr notwendig würde, etwas von den Gefühlen beizufügen, die mit dem Verbrannten zugleich in die Luft gehn oder sich mit dem Erdboden vermengen, wie die Dahingeschiedenen auch. Wie deren Gedenken. Das Bild von dem rasch lodernden, hoch russenden Papierfeuer spart, je treffender es schildert und je ausführlicher es bei dem Rest verweilt, bei dem, was danach noch bleibt, jeden zusätzlichen Kommentar zum Thema von Stifters wie Grillparzers, seines Zeitgenossen, Werk: Das Leben ein Traum – der Traum ein Leben. Und all die Bilder, die uns da vorgelegt werden, sind eher als Visionen denn als Beschreibungen zu lesen. –

Die Vision schildert das Leben der Liebe. Was uns hier vorgeführt wird, ist die Liebe in genauester Szenerie; die Liebe, wenn sie sich zu verewigen trachtet. Dann braucht sie ständige Bekundungen: „Wenn er nach Hause kam, . . . brachte er ihr Geschenke nach Hause, sei es ein kostbares Tuch, ein Schmuckgegenstand, ein Silbergefäß . . .“

Und immer wird es mehr, und sie ordnet es ein in das Behältnis ihrer Liebe. Damit sie sich erinnere. So dürften Heloise und Abälard weiterleben, so Tristan und Isolde, Romeo und Julia – ach, wie sie alle heißen – wenn das Schicksal es mit ihnen ähnlich gut gemeint hätte wie mit Georg und Corona: durch eine Liebe, die sich in sich selber erneuert und durch nichts sonst, solange sie es vermag ... Auch durch Zukömmlinge nicht. Die würden doch stören, auch wenn es blondgelockte Engelein wären.

Und immer steht bei Stifter-Kommentatoren zu lesen, an ihrer Kinderlosigkeit gehe diese Liebe, gehe dieses beispiellose und ebenso beispielhafte Zusammenleben eines Paares aus vollkommenen Partnern zugrunde. Behutsamkeit und Geduld bitte! – Man warte, und warte bitte bis ans Ende der Geschichte – dann sieht das anders aus mit den Schönheiten, die der Kindersegen bringt, und der Wehmut, wenn er ausbleibt. Und wenn er nicht ausbleibt, wenn er blüht, dieser Segen mit den Kindern, sie sind, das steht außer Frage, schön, folg- und sittsam, immer reinlich, bedacht, ihren Eltern Freude zu machen – wenn der Segen strömt: was dann? – Man halte in Geduld an sich bis ganz aufs Ende, dann wird darüber einiges nachdenklich Machende zu lesen sein. Bis dahin geht die Erzählung durchaus in der Bahn des Eingelaufenen und Vorweggedachten: Ohne Kinder geht es nicht.

Wirklich, es geht nicht, es läuft nicht in die Zeit, es steht am Ort. Das ist die Langeweile, die Melancholie, die sich – still, unangemeldet, unbenannt, auch

„ohne zureichenden Anlaß", der Kliniker würde sagen: endogen (er hätte wohl dasselbe auch bei Coronas Mutter diagnostiziert) – hier einstellt, schleichend und unerkannt.

Die Erzählung kommt dem Vermuten genau entgegen, und dieses hat sich oft und ausführlich genug angemeldet. In zahllosen Variationen wird, erst antippend, dann immer entschiedener, der Schatten benannt, der über der Ehe zweier Liebender schwebt. – Woher es kommt, daß den beiden Liebesleuten Kinder versagt bleiben, wird nicht ausgeführt. Aber es wird deutlich genug gesagt, was es damit auf sich hat: „. . . so saßen Georg und Corona auch in ihrem Wagen, und fuhren allein in demselben nach Hause. In ihren finstern, sehr schön eingerichteten Zimmern wurde, da sie ankamen, Licht gebracht, sie legten die Kleider und den Schmuck auf die gehörigen Stellen, und begaben sich zur Ruhe."

Weiter heißt es im Text: „Am andern Tage war wieder ein Tag, wie viele gewesen sind, und wie sie immer sein werden, bis sie sterben. Sie waren jetzt im dreizehnten Jahre vermählt."

So leben die beiden, so rein, und wenn sie spätnachts heimkommen – auch dann legen sie Kleider und Schmuck ordentlich auf die gehörigen, richtigen, auf die stets gleichen Stellen. Und dann begeben sie sich zur Ruhe, jedes für sich, Tag um Tag, Nacht für Nacht – „Sie waren jetzt im dreizehnten Jahre vermählt": Du allerliebstes Schicksal, einmal muß das doch aufhören, das mit den zugehörigen Stellen und alles, was zu zugehörigen Stellen zugehört! – Aber auch ein zweiter Ausrufesatz will sich hier nicht wegwischen lassen, und er wartet schon lange: Ihr Stifter-Kritiker, daß ihr das nicht merken wollt, mit welcher meisterlich berechnenden Genauigkeit Stifter die Entwicklung hinsetzt, wie er die aus sich, aus ihrem Wesen kommende Not dieser Ehe schildert und damit schrittweise deren Zusammenbruch vorbereitet – zwingend glaubhaft, deshalb so tragisch! Was, sapperlott, muß man euch sonst, wie denn soll man es anders als so herbringen? – Vielleicht wie folgt: Corona hat einen stillen Hausfreund, oder Variante zwei: Georg geht fremd auf seinen Reisen; er ist ja so oft unterwegs, und einmal geschieht es: Der Stallmagd in der Herberge macht er ein Kind – ausgerechnet der Stallmagd – und jetzt muß er halt heiraten, zuhaus wartet eine schöne zarte gute reine treue liebevolle Corona . . . das käme manchem Kritiker interessanter vor, glaubhafter.

Wir fahren weiter, tragischerweise ohne Stallmagd. Tragischerweise: Diese Ehe geht nicht an Stallmägden zugrunde, sie erschöpft sich in sich selbst, und allem Reinhaltezeremoniell zuwider bereitet deren Auflösung sich vor, craqueléhaft: jedesmal wieder ein Craquelé, wenn die Kinderlosigkeit aufs neue zur Sprache kommt – in der Erzählung wohlgemerkt. Daß sie im Ehebett besprochen wird, möchte bezweifelt werden. Die Verschämtheit, namentlich auf seiten des Pfarrerssohnes, dürfte es verhindern.

Aber nun *kommt* sie daher, wenngleich immer noch nicht zur Sprache, die Unfruchtbarkeit des schönen Paares, deren Hintergrund und Auswirkung, ihre Benennung; und kommt daher mit Temperament und Emotion, mit Musik und Klapp, Klapp, Klapp – Klapp Klapp Klapp, mit Radau und mit Charme. Aber auch mit dem Duft und Klang, mit dem Schimmer des Eros. Stifter kann gelesen werden als Meister des erotischen Schreibens. Oft blüht es und glüht bei ihm. Es klingt langsam an, crescendo, man merkt es nicht und hält für ein Stimmungsbild, was längst nicht mehr knistert sondern klingt und schwelgt.

Hier kommt solch eine erotische Szene an uns heran. Schon der aufgeräumte Stil – ist das noch derselbe Schriftsteller, der nun daran geht, das Hauskonzert zu schildern mit dem Radau und Geschnatter, in dem das alles beginnt? – Und wie es sich dann herausschält, und „unter den leichtweg verzierten Linnen des Halses schlug ein junger Busen, und unter den schlichten Kleidchen blühten junge Glieder". Freilich: „Man betrachtete sie noch nicht als Jungfrauen" – trotz der „lebhaften Augen".

So schnattert es, unschuldig die Kinder und unbedeutend deren Mütter. An ihren Kindern und wegen ihrer Kinder werden – wurden jedenfalls damals – Mütter zu Kindern. Neunzehntes Jahrhundert. Wie schön muß das doch auch sein, so kindlich miteinander zu lärmen, wie wehmuterzeugend für die, welche nicht dazugehört: „Corona saß vereinsamt und vereinzelt da, und schaute zu." Stifter geht nicht von seinem Prinzip ab: Zustände statt Stimmungen, Stimmungen *als* Zustände vorzuführen.

Die Herren freilich: Jetzt wolle man bitte Bilderbücher aus jener Zeit vornehmen. Biedermeier und weit darüber hinaus, die Damen in ihren Stufenröcken mit geschnürter Taille, mit Häubchen, mit Schultertuch – ganz Restauration, entsprechend die Kaffeetanten-Konversation um die Kaffeekanne herum: in einem Zeitalter, welches, wie keines davor, die Frau dumm und schwach gemacht hat.

Bei den Herren dagegen gab es Likör, und es qualmte aus Meerschaum zu einem gewichtigen „Gespräch über Staatsangelegenheiten". Da haben Frauen nichts zu suchen. Damen und Herren lebten in solcher Gesellschaft strikte getrennt (also saß – und das ist wichtig – auch Corona nicht zur Seite ihres Georg; dies hat sie die Einsamkeit recht fühlen lassen).

Aus dieser Gesellschaft sondert, und hebt, eine einzelne Gruppe sich aus. „Sie waren zwei mutterlose Waisen, die ihr Vater, ein sehr ernster Geschäftsmann, jetzt gleichsam Mutterstelle vertretend, gerne zu solchen Gelegenheiten führte, wie sie heute waren." Solch ein Witwer allein mit zwei heranwachsenden Töchtern hat schon immer besonderes Interesse erzeugt. Von den dreien schwebt eine geheimnisvolle Aura auf die Gesellschaft über. Schon die Mädchen dieses einsamen Vaters sind anders als die anderen Kinder : reifer, „und unter die unbedeutende Freude des Kindes mischte sich schon die sanftere Gewalt der Jungfrau."

Gewaltig wird solche Sanftmut genannt, und um so gewalttätiger, je weniger sie selbst sich ihrer Wirkung gegenwärtig ist. Hört hin. Denn nun redet Frau Musica. Das tut sie immer, wenn Worte zu grob werden, zu direkt und zu plump, um Gefühl und namentlich erotische Ahnungen in den Text einzubringen – nicht nur bei Stifter. Fürs erste kommen die Kleinen zum Singen. Da schallt es noch unschuldig und manchmal falsch. Ein holländisches Volkslied, „was die Sänger sehr freute". Jetzt wird es ernst. Das

156

dunklere, das ist das geheimnishaftere von den beiden Mädchen – „die schwarzen kurz geschorenen Haare ließen den schöner werdenden Nacken sehen, und hoben das weiter unten auf den Schultern liegende Linnen hervor" – setzt sich ans Klavier. „Denn das Klavier ist ... seinem ganzen musikalischen Wesen nach ein bürgerliches Hausinstrument."[27] Und dann schwelgt die Musik, und alles schwelgt und schwimmt in ihr. Die Musik zieht alle mit sich, die geschwätzigen Mütter, die ernsten Väter und auch die ahnungslosen Kinder; „denn in dem Spiele war Seele, und das Angesicht, das früher nur rot und weiß gewesen war, war jetzt anders: es war gleichsam freudig, und doch auch leidend ..." In dem Mädchen „fing sich ein Geist, den es vielleicht noch wenig kannte, zu regen an ..." und „es lag hier ein Stück Reinheit und Schönheit menschlicher Seele gleichsam nackt und unwillkürlich da."

Dieser Stimmung überläßt sich die ganze Abendgesellschaft. Mit Ausnahme des einsamen Paares, welches seine Distanz von Anfang an wahrt und bezeugt. Schon durch sein Zuspätkommen. Auch im übrigen besorgt „die schöne Frau", daß sie sich von den anderen weiblichen Gästen abhebt. Sie betont ihre Einsamkeit durch die Raffinesse der Einfachheit. Schon des Schmuckes. Und dazu rundet sich das Bild von Corona wie folgt ab: „Sonst hatte sie ein schwarzes Seidenkleid an."

Möchte doch niemandem, wenn er das liest, die Kraft dieser Beschreibung entgehen! – Dieser Hinweis, wie er aus einer kurzen Konjunktion spricht, aus diesem *sonst*, dem Namen für Beiläufigkeit. Wie da etwas gesagt wird, durch diesen „sonst"-Satz, welcher erst den Akzent in voller Schwere hinsetzt: Da versammeln sie sich alle, die Mütter mit ihren Rüschen und Corsages, mit Raffungen und farbigen Schultertüchern, darunter Reifröcke, darüber teurer, gleißender Schmuck – und Corona kommt still, mit kleinem Smaragd an feinem Goldkettchen. Sonst das schwarze Seidenkleid.

Jetzt weiß man und wundert sich nicht, wenn alsbald geschrieben steht: „Corona saß vereinsamt und vereinzelt da und schaute zu." Und gehörte nicht hin. Den ganzen Abend dürfte sie nicht ein einziges Wort gesprochen, von den Speisen kaum gekostet, über die Musik wird sie kein Wort haben verlauten lassen. So mag wohl die Gesellschaft das schöne Paar für stolz gehalten haben, erstens weil es stolz war, dann auch, weil es sich so selten blicken ließ.

Stifter überläßt es seiner Leserschaft, er stellt es auch den dort versammelten Müttern und Vätern anheim, daß sie folgenden Tages darüber gossippen, was es wohl mit dem seltsamen Paar, dem bekannten Baumeister und seiner Gattin, auf sich habe. Zunächst wird man beschließen, sie seien eingebildet, namentlich die Frau. Eingebildet und überheblich. Dann mag man sich belehren lassen, daß Corona in Wirklichkeit eher als scheu und gehemmt zu gelten habe. Hochmut sei nur ihre Persona (welche Aussage, weil sie immer recht hat, so unwesentlich ist wie alle und alles, was immer recht hat und gar nicht unrecht haben kann). – Jedenfalls, zur nächsten Abendgesellschaft werde man sie nicht mehr einladen.

Was die Leute nicht wissen, und Stifter sagt es nicht: daß Corona an diesem Kinderkonzert die Gewalt einer Verführungsszene zu spüren bekommen

158

hat – zum ersten Male in ihrem Leben – ohne die für sie das Zusammensein um sein Melos kommt.

Schließlich ist dann die ganze Gästeschar, Väter, Mütter und unzählige Kinder, aufgebrochen, heimwärts. Mit Radau und viel Umständen, während „die betreffenden Mütter ihre Kinder um sich sammelten, die von denselben hierhin und dorthin gelegten Kleiderstücke zusammen suchten, ihnen anpaßten, und hie und da etwas an den Körperchen verwahrten, daß sie sich nicht verkühlten – . . ."

Corona und Georg fahren dann auch heim: im dunklen Wagen durch dunkle Nacht in die dunkle Wohnung, so lautet der genaue Topos, aus dem zu hören ist, daß sie schwiegen, daß sie zueinander nicht sagen konnten, was zu sagen war. Hätten sie sich gegenseitig sagen können, . . . aber weder Welt- noch Lebensgeschichte wird mit Konjunktiven geschrieben.

So sammeln und verdichten sich denn auf nächtlicher Heimfahrt stille Ahnungen zu drängenden Gewißheiten. Da kondensiert sich etwas, das die Frau in seinen Untergründen schon lange, vielleicht lebenslang bedrängt hatte. Und um so bedrohlicher bedrängt, als sie bisher zu niemandem davon hatte reden können. Als sie dafür auch keine Worte hatte, weil es für Ahnungen keine Worte gibt.

Dieses ahnungsvoll grauenvoll Wortlose ist im Schicksal ihrer Mutter vorgezeichnet: Wie aus diesem sich in der Melancholie die Schwermut herauszuformen begonnen hat, dies bleibt das Geheimnis, das über Coronas Leben schwebt. Man hatte glauben mögen, daß die Geburt des Töchterchens, Coronas, danach die unerlaubte Beziehung des Gatten, den

Zustand herbeigeführt habe, der im Verlöschen der schönen, übrigens namenlos gebliebenen Mutter – dieses Schicksal trägt keinen Namen – sein Ende fand: So wird ein Roman geläufigen Schnittmusters, so wird gewiß auch eine von den üblichen psychiatrischen Krankengeschichten den Ablauf beschreiben, wie eins zum anderen führt (führen muß, hieße es). So arbeitet nicht Adalbert Stifter.

Der Verfasser des *Waldgänger* weiß das Ahnen zu fassen – im verschwiegenen wortlosen Anteil seines Schreibens. Er weiß, welche die schwerste Bedrängnis der Liebe ist, so schwer, daß keine Werte den Preis für sie auf die Dauer zu entrichten vermögen, wie hoch sie auch sind, diese Werte. Die Bedrängnis, welche die Liebe erdrückt, heißt: *Die Gewohnheit*, sie ist der Fluch der Zufriedenheit. *Deshalb* müssen die berühmten Liebespaare der Weltliteratur alle sterben, ehe die Gewöhnung sie frißt; sich schleichend in sie, in ihre Liebe hinein frißt.

Die Engelein, die Kinderchen vermögen die Liebe abzuleiten. Auf eine kurze Weile nur, aber lange genug, um der Gattenliebe Zeit zu lassen, daß sie sich unter neuen Bedingungen neu zurechtfindet – vorausgesetzt, die Kinder werden von den Eltern – beiden – freigegeben. Eleonora Elisabeth Corona hat den Vollzug dieses Aktes von ihrer Mutter nicht erfahren können. Dieses biblisch harte, altbiblisch genaue „dein Leid im Gebären deiner Söhne will ich mehren"[28], und gemeint ist das Leidvolle der Trennung – der Mutter von ihrem Sohn (vom *Sohne*) – das war der Namenlosen nicht gegeben. Der Sohn war ein toter Sohn. Und der Vater hat sich inzestuös auf sein Töchterchen geworfen. Er hat dieses in seinen

160

Armen behalten, hat es mit Hilfe dieser Bindung
dazu kommen lassen, sich von der Frau zu lösen, die
ihm und sonst niemandem gehören und die durch
keine Mutterschaft um ihre Mädchenhaftigkeit gebracht werden sollte. Und hat dies so durchzuhalten
vermocht, jahrelang. Bis das Erlöschen seiner Gattin,
deren Verblöden und schleichendes Hinwegschei-
den ihn von dieser hat freimachen und dem Zufall
aller Arten „unerlaubten Verhältnisses" und bald danach dem völligen Ruin überlassen können.

Das blieb Corona erspart: dieses Niederfallen in
die Schwermut aus den Schwaden der über dem
Haus schwebenden Melancholie. Aber die Schwaden
blieben, und, die Erzählung tönt es an, mehr als einmal. Ihr hat geholfen, daß sie an einen Pfarrerssohn
geraten ist. Dazu an einen Berufsmann, nie ganz Be-
rufsbüffel, der Kind war und nie ganz erwachsen geworden ist; an einen Sammler, der auch ein Träumer
war und zur Seite seiner Gattin weiter hat träumen
können. Und am Tisch und auch im Bett aus seinen
Träumen nicht geweckt werden konnte. Corona
wäre zu sanft gewesen, auch zu unerfahren, namentlich in den Dingen der Liebe, zu dankbar für den
Reichtum, den sie bekommen hat – täglich. *Zu sehen*,
hätte man wohl sagen mögen – aber nur bis zu diesem Augenblick, dessen Ankommen wir beiwohnten:
schleichend, aber tickend immer näher, ausgelöst in
der Nacht, welche auf das Hausmusikfest gefolgt ist,
oder am Morgen danach: „Am andern Tage war wieder ein Tag, wie viele gewesen sind, und wie sie immer sein werden, bis sie sterben."

Die Liebe strebt nur nach vorwärts. Wenn sie stehen bleibt: „Hier wirst du leben und sterben – das

gehört dein!" So hatte es damals gelautet, als der Text Verheißung anzeigte. Dem ist zuvor zu kommen, diesem Verlorengehen in der Langeweile des „Hier wirst du ..." Und das geschieht „einige Zeit nach jenem Abendfeste, dem sie beigewohnt hatten" in einem Hause, „wo man sie zwar nicht mehr liebte oder haßte als in einem andern". Wo aber, ach, Corona zur Überzeugung gelangt war, zu der Gewißheit, Mutterschaft bewahre vor der Ausdehnung der Leere, weil die Fülle des Lärmes allerliebster Kinderlein einen Abend aufgelockert hat. –

Es geschieht an einem Nachmittage, einem, wie viele gewesen sind, und wie noch viele ... – Aber jetzt kommt der Absturz: Corona tritt bei ihrem Manne ein. Etwas bereitet sich vor, wir wissen noch nicht, was es ist, aber Stifter führt auf die Szene hin: Sonst hat Georg zu dieser Stunde immer gearbeitet, heute: „– nur heute hatte er sich – man weiß keinen Grund – von der Arbeit weg begeben, und war zu seinen Steinen gegangen".

Man sieht keinen Grund. Der Grund liegt nicht im Zufall, sondern in der Entwicklung, das weiß man! – Und der Ort ist der richtige, bei den Steinen, die Situation die passende, bei den Steinen, für die lang erwogene, oft verworfene, endlich von ihr gebilligte Rede, mit der Corona den zunehmend erstarrenden Mann jetzt überrascht.

Dann kommt ihr großer Monolog, es ist das erste Mal, daß wir Corona reden hören. Daß die stille, schweigsame Frau zu reden weiß, haben wir nicht erfahren bisher; es hatte keine Notwendigkeit bestanden, uns darauf zu weisen. Sie hatte, mochte man meinen, nichts zu reden. Aber sie wußte zu schwei-

gen. Jetzt redet sie. Sonst wäre Coronas Schweigen
zum Verschweigen geworden, zum Anschweigen
und zum Ausschweigen. Zur klinischen Depression.
Ein weiteres Schweigen hätte Coronas Ahnen nicht
mehr zugelassen. Aus dem Ahnen hat sich, inmitten zahlreicher Zufriedenheiten, ein Grauen entwickelt. Ach nein, Stifter ist kein Feminist, aber
selbst er hat mehr gewußt als er vielleicht hatte
wissen sollen: daß da die Langeweile daran war, als
Melancholie sich einzugestehn, die Melancholie
daran, sich auf Depression zu reduzieren. Wie eine
Generation zuvor. Das war ihr unvertraut wohlbe-
kannt, das Drohen solch eines Schicksals. Wenn
denn jetzt nicht etwas hierher kommt, etwas Um-
werfendes, Erschütterndes im genauen Wortsinn,
dann wäre alles zu spät. Danach würde nichts
mehr zu ändern, würde der Durchbruch des Dro-
henden nicht mehr aufzuhalten sein, und durch
nichts: so oder anders, aber vergleichbar einzig
dem Schicksal ihrer Mutter. – Die Schwermut trägt
viele Gesichter, aber sie kennt wenig Auflösungen
und nur eine Richtung.

Dem begegnet Coronas Rede an ihren Mann. Auf
den Inhalt muß nicht eingegangen werden. Und
wenn Corona das ABC aufsagen würde, dreimal vorwärts und zurück: Es wäre nicht minder wesentlich.
Als Eruption nämlich all dessen, was sich zu Ahnungen gesammelt, jetzt zu Gewißheiten verdichtet hat.
Und daß sie den Augenblick aufkommen läßt, das
macht Coronas Wesentlichkeit. Ihre Rede belegt
nicht, sie *ist* ihre Individuation. Und wir wohnen der
Stunde bei, in der sie sich zuträgt: mit der Individuation die Abhebung, ihre Separation.

Und dennoch, wie sie das sagt zugleich mit dem, daß sie ihm die Scheidung der Ehe anbietet, damit einher bricht aus ihr heraus die besonnene, genaue Liebeserklärung an ihren Mann. Was alles sie ihm sagt, wie sie es sagt: Sie liebt ihn, sie liebt nichts und niemanden als ihn. Sie wird, das ist zu spüren, danach keinen mehr lieben können. Eh sie ihn liebte, hat sie nicht gewußt, daß sie lieben kann. Sie hat ihn noch nie so geliebt wie jetzt – diesen nämlichen Augenblick, da sie ihm die Trennung vorschlägt, nein: sie ihm aufnötigt. Und wir lieben Georg mit ihr, wir Leser.

Wir lieben ihn ganz besonders in der Unbeholfenheit, worein er sich jetzt unerwartet geworfen findet; in seiner Hilf- und Wortlosigkeit: „– was werden die Leute sagen?" Ach, daß dieser Mann *so* klein ist, so schwächlich und selbstunsicher, daß er als erstes an das denkt, was die Leute wohl sagen! – Ja, wenn dies freilich das Ganze sein würde, so ein Wort, ein solcher Gedanke, wenn das Georg insgesamt wäre, und wie er immer gewesen ist. Allein, ein paar wenige Seiten zuvor war ausdrücklich vermerkt worden: „– sie hatten nie Gesellschaft, und was die Leute sagten, war ihm gleichgültig – er ging nie mit ihnen um, sie gehörten eigentlich nur einander an."

Da ist es gesagt, und ist genau gesagt durch das Junktim von zwei Lebens-, zwei Verhaltensformen: Was die Leute sagen, ist Georg gleichgültig – folgt Gedankenstrich – mit ihnen, den Leuten, braucht er nicht umzugehn: *weil* ihnen beiden, dem Paar Georg und Corona, dies eignet und sie dessen gewiß sind, daß sie einander angehören. Wenn zwei einander haben, brauchen sie die Leute nicht, und deren

Sagen kann sie unberührt lassen; *solang'* sie sich haben ...

Die ist jetzt am Zerbrechen: diese Gewißheit. Und
deshalb wird eben dies jetzt bedrohend, das Ge-
schwätz der Menge, von deren Gunst man von nun
an, so ist zu fürchten, abhängig werden könnte –
wollte man es nicht anders wenden und von ihr sich
ganz zurückziehen. Wer sein Teuerstes verloren hat,
von ihm verlassen wurde, dem ist zu raten, daß er
dem Gerede ausweiche und vor der Meute der Leute
sich verberge.

Stifter lesen heißt: aufmerksam darauf hören, wie
genau da alles durchkomponiert ist, wie behutsam
und unauffällig voraus angetippt. Hier und jetzt ist es
daran zu zeigen, daß Stifter seinen Georg – der längst
unser Georg geworden ist – bedenken läßt, wie sehr
die beiden ihre lang gelebte Einsamkeit nur aus der
Zweisamkeit und vermittels derer hatten leben können. Wie wahr das ist, wie wahr es bleiben wird! – Freilich, auch dies hat Corona einberechnet. Sie erklärt
sich bereit – und hält sich in diesem Augenblick auch
für fähig ... in diesem Augenblick ... – sie durch-
und weiterzutragen: die Einsamkeit.

Weiter geht Coronas Rede. Und nach der fas-
sungslosen Reaktion des Gatten, auch diese war einberechnet, bekommt die Ansprache der Frau erst
ihre volle Kraft, ihre Ursprünglichkeit und ihren ap-
pellativen Duktus. Zuvor, im ersten Teil, war noch zu
hören gewesen, daß manches angelernt war, in ein-
geübten Sätzen; eingeübt durch Wochen, wer weiß,
durch Jahre, und deswegen hat manche Wortwen-
dung sich recht hölzern, oder sagen wir: papieren,
angehört. Aber von nun an, und durch Georgs Stu-

por angeregt, wird es direkt, spontan, entschieden, und da kommt noch ein weiteres Moment in die Rede, aber nicht nur in diese, es ist hörbar auch ins Leben dieser Frau gekommen: jene Form nämlich der Schwermut, oder der Angst davor, die man mit aktuellem Zungenschlag als *Midlife Crisis*, als Krise der Lebensmitte, beruft. Biographisch stimmt es. Georg ist fünfundvierzig Jahre alt, man kann es, zuvor und retour errechnend, genau sagen (wir werden ihn in dreizehn Jahren als achtundfünfzigjährigen Mann wieder treffen); Corona ist um weniges jünger, sicherlich um die vierzig. – Was wir hier zu lesen bekommen, bekomme ich täglich zu hören, verschwiegen klebt es an den Wänden des Sprechzimmers. Und nichts ist dann anders, wenn, ungleich dem Falle des Ehepaares Corona und Georg, Kinder den Raum füllen: Dann sind die Jungen jetzt daran, das Haus zu verlassen, und was das Paar – sonst der Eltern, hier ein kinderloses – anbetrifft, es spürt dies, genau das, was Corona mutig in Worte faßt: „. . . wir wollen wieder sein, wie früher, wollen anfangen, wo wir angefangen, als ich von meinen Verwandten, und du nach dem Tode deiner Eltern . . .“

Wir wollen anfangen, wollen das Rad der Zeit zurückdrehen – wollen der Melancholie davonlaufen, damit sie uns nicht einholt. Aber dann ist sie schon da, die Schwermut, mit Elternschaft, ohne. Anfangen von vorn geht nicht, es geht nie. Mit keinem Mittel, keinem Trick läßt es sich erwirken, die Zeit unverlaufen zu machen und den Kalender rückwärts zu drehn. Wie viele Male es auch versucht worden ist, die Zeit geht nur nach vorwärts, die Liebe mit ihr. Das gilt allerorten und in sämtlichen Breiten des gelebten Lebens. Michelangelo hat keins seiner späteren Werke vollendet, um nicht zu altern, immer hat er ein neues Stück an die Hand genommen, weil er den Abschluß als Boten des Todes fürchtete. Den Tod hat er hinhalten können, Jahrzehnte hindurch, bis er von ihm, steinalt, mehr aus Zufall, schließlich doch noch getroffen worden ist. Aber bezahlt hat Michelangelo für diese Versündigung mit dem Preis der fast beständigen Schwermut, die ihn danach nie mehr verlassen hat. Dem Tod, und auch schon dessen Vorboten, dem Alter, entfliehen, ist Sünde (man muß das heute oft an den Zuständen erleben, in welche alle die fröhlichen Senioren in ihrer Geschäftigkeit hinein geraten, die ihnen keine Zeit zur Besinnung aufs Hinübergehen mehr beläßt). Die Buße für diese Sünde kommt als Melancholie auf dich zurück. Wenn du den Zeit-, den Lebenslauf damit, einhalten willst, so holt er dich ein: Das ist das Motiv der Schwermut, es ist auch deren Wesen. Es ist ihr uneingestandenes Wissen.

Und es ist dies schließlich die Schuld – beider, Coronas wie Georgs: Schuld, von der bald die Rede sein wird – daß sie den Tod nicht schauen wollen; daß sie glauben, sie können ihn nicht schauen, weil sie meinen, sie hätten nicht gelebt – immer meint man *midlife*, man habe nicht gelebt. Und phantasiert sich dann vor, wie das wäre, was hier werden soll: nochmals von vorn anfangen.

Wie modern ist das Motiv, welches Corona hier vorträgt – und wie modern auch der Ausgang dieses Vorhabens: Man kann nicht einmal sagen, es scheitere – es läuft sich aus, in die Leere, in die Einsamkeit, in die Langeweile. – Das werden wir bald bild-

Mauereiche auf dem Birkmannshof am 26.7.89 Eberhard Hölzer

haft genau vorgelegt bekommen: wie das zugeht. Und wie es endet.

Hier und jetzt: Georg kann es nicht fassen, er kann sich nicht fassen. Er bleibt vor den Kopf gestoßen, betäubt, wortlos, hilflos – tonlos, man hört es durch die Seiten hindurch: „‚Corona – mein Weib' – antwortete der Baumeister – ‚ich weiß nicht, was ich sagen soll – das ist seltsam, was du sprichst. – – Es ist nicht so, es ist doch nicht so.'"

So redet der Schock, so stammelt er: Es ist nicht so ... – Der Schock sagt: Es ist nicht, was ist.

Dann kommt das Meisterstück einer Beschreibung von Bewegtheit – von Erstarren in der Bewegung: „Bei diesen Worten schob er langsam seine Steine, die er vorher bei sich gehabt und betrachtet hatte, zurück, und sah lange, gleichsam mitleidig auf dieselben hin."

Er sah mitleidig auf seine Steine! Es ist zum Steinerweichen. Aber die Steine lassen sich nicht erweichen. Die Steine: wie sie jetzt zum Leben kommen, die erstarrten Zeugen früherer Bewegungsstürme, die kalten Relikte mächtiger Strömungen auf der ausgekühlten Erde, ihres heißen, mächtigen Flusses. Georg weiß das; als er jung war, hat er durch die großartigen Kronen und Zacken „wie gewaltige Bauwerke, die in uralter Zeit einst jemand aufgeführt hatte", den Schmelzfluß geahnt, mächtig in sich selbst und ihn endlich in die Leidenschaft gesteigert, welche ihn zu Corona geführt hatte. Längst sind sie erkaltet – – die Steine.

Diese Steine, die Stifter durch sein Werk begleiten, immer höher werden sie aufgeführt bis zum *Nachsommer* ... Und hier liegen sie vor ihm, dem Baumeister, als Zeugen seiner Erstarrung: „Er nahm einen seiner Steine her, und legte ihn wieder hin. Er schob mehrere vor, und schob sie wieder zurück." Er schob. Es nützte nichts. Da gab es nichts mehr zu schieben, hin und zurück auf diesem Schach- oder Mühlebrett; keine Steine mehr. Das Spiel war entschieden, und nicht durch ihn. Und nicht für ihn. Oder vielleicht doch: Das war nicht mehr zu wissen, es wird auch danach nicht zu wissen sein. „Er führte Corona dann in den Garten." Hierauf geschieht nicht mehr viel. „Dann ist der Abend gekommen, – endlich die Nacht – und sie legten ihr Haupt auf die Kissen der Ruhe."

Dann ist der Abend gekommen: Muß dies ein langer Tag gewesen sein – der längste Tag in einem Leben von Gemeinsamkeit, das inmitten der schrecklichen Harmonie, seiner nie ausklingenden Schönheit und Reinheit – Reinlichkeit – an seinen Längen erstarrt ist, an den Gewohnheiten, die keine Ausbrüche kannten, solche nicht zuließen, man konnte solche sich nicht vorstellen, man durfte es nicht; keine Ausbrüche, nur Einbrüche, uneingestanden allesamt. Die Langeweile breitete sich aus, die Routine der Liebe, deren schlimmste Feindin; viel schlimmer, unvergleichlich mörderischer und grausamer mordend, als es die Untreue täte. In dieser ist nämlich Phantasie, durch sie wird die Libido bewahrt und immer neu erweckt. Die Gewohnheit aber tötet ab, für immer. – Die Rede von Corona hat gerüttelt, aufgerüttelt, wachgerüttelt. Aber dann ist der Abend gekommen, doch noch gekommen.

Zeichnen heißt weglassen (Max Liebermann). Aber *wie* der Zeichner Stifter wegläßt! – Kunst ist in seiner

Kargheit, in der Sprödigkeit. Und doch kommt die Ergriffenheit zu Wort: durch den Wechsel der Zeitform. Bisher wurde alles durch das Mittel des Imperfekts berichtet: Es *geschah*, sie *kam*, und sie *sagte*. Die beiden *waren* im dreizehnten Jahre vermählt. Georg *schob* seine Steine und *sah* mitleidig auf dieselben hin. Und nach dieser Rede *führte* er Corona in den Garten. Dann aber *ist* der Abend *gekommen*: Perfekt. Jetzt ist es perfekt. Es ist fertig. Es ist aus. Jetzt ist es gesagt. Es ist unwiderruflich so. Der Abend ist gekommen, doch noch gekommen, gnadenvoll, und hat den Vorhang gesenkt. Sonne steh stille, hatte der Prophet gerufen. Die Sonne ist weitergegangen, -gekrochen. Nach dem Abend dann die Nacht, und „sie legten ihr Haupt auf" – welche Meisterschaft des kontrollierten Genitivgebrauches! – „auf die Kissen der Ruhe" (statt: Ruhekissen steht Kissen der Ruhe. Was bei Heidegger Manier und Schulmeisterei wird, stößt hier durch den Hinweis, durch das einmalige genaue Benennen, das Nehmen beim Namen, den Blick auf die Dramatik des Einfachen).

Aber es geht weiter. In Geschehnissen, nicht Gefühlen, mit Beobacht- und Wiederholbarem statt mit Psychologie. Jede Ergriffenheit erspart sich der Dichter – jetzt noch. Es wird eine Zeit kommen, da wird er ein Ergriffensein zulassen: später, wenn alles offen daliegt, wenn wir alles hinter uns haben, unwiderruflich. Wenn es zu spät ist, nach echt Stifterscher Mach- und Lesensart: wenn's zu spät ist. Dann wird das Gefühl seine Worte bekommen, zum Ausklang, um mit dem *fabula docet* die Leser zu verabschieden, damit sie, vom Schulmeister Stifter gestärkt und nicht durch *facta* allzu nachhaltig aufgewühlt, die

171

Szene verlassen. Der Eindruck wird dann nicht abzuweisen sein, daß Stifter die emotionell durchklun-
gene Reflexion zum eigenen Abgang nötig hat, oder
daß auch, wie im Ausgang der antiken Tragödie, der
Dichter durch die Stimme des Chors sich mit der
Meinung der Menge im Halbrund der Ränge zu vereinen trachtet. – Aber das ist noch fern; fern nicht
von der Seitenzahl her – alles wird jetzt gerafft beschrieben, der beschauliche Stifter läßt sich keine
Zeit, uns keine Ruhe mehr – fern jedoch von den Erfahrungen, die noch ausstehn.

Vorerst jedenfalls läßt die Erzählung sich und
ihren Lesern jedwelche Emotion nur hinter dem
Schutz einer vorgehaltenen Hand zu. Verborgen unter Pedanterie, verschämt, wie es Stifterisch ist. Man
muß das alles sehr genau schnüffelnd lesen, man
muß sich ohne Skrupel von der Freiheit des Über-
Interpretierens führen lassen, um dem Gespür Zu-
gang zu geben für die Orte, an denen es sich ansprechen läßt. Wenn man nicht über-interpretiert, entzieht man sich der Einsicht darein, woher die Ge-
fühlsregungen kommen, welche die Szene begleiten.
Da ist es: in der zuvor schon berufenen Erwähnung
des blaulich kräftig strotzenden Kohles. Was da geschieht, benennt die vegetative Fruchtbarkeit, welche
die unfruchtbare Frau nun am Kleide kratzt und bedrängt – vielleicht ihr nicht sagt, sie möge bleiben,
aber zu ihr schreit: Wisse, Corona, was du verlässest!
– Den Kohl, die Pflaumen, das Zwergobst, die Apfelbäume – prall quellende, farbstrotzende, duftende
Fruchtbarkeit ... und sie geht weg, die Unfruchtbare. – Dazu das neue Geländer, von dem genau vermerkt wird, daß Georg es eben erst habe machen las-

sen. Das Geländer hatte er vor kurzem errichtet, um seiner Frau Sicherheit zu geben auf ihren Wegen im eigenen Bereich, und jetzt geht sie fort, allein in die Unsicherheit der Ungewißheit.

Weshalb sonst stünde das Geländer hier erwähnt? – Um es gewiß werden zu lassen: Dieses Gitter wird nochmals aufgeführt werden, an seinem Ort zu seiner Zeit. Dann wird Georg wissen – dann werden wir wissen – wo er sich befindet, wohin wir ihm gefolgt sind.

– – Und dann, wiederum, zwei Stiftersche Gedankenstriche. Diese Stifter-Satzzeichen in Stifters ganz privater Syntax: musikalische Siglen, Neumen, und diese Fermate steht am Beginn des Abschnitts, nicht an dessen Ende: – – warte, halte ein, halt aber auch den Mund: sag nichts. Und bis dann endlich doch etwas laut wird, man kann nicht ad infinitum schweigen, kommt es, amtsmäßig fast und in ein kollektivierendes „wir" eingekleidet: „– – Wie viele Zeit nach diesem seltsamen Gespräche vergangen ist, wie viel noch in der Sache gesprochen wurde, was der Inhalt dieser Gespräche war, vermögen wir nicht anzugeben ..." – Daß Georg gebodigt ist, verzweifelt, ratlos, steht nirgendwo, und von Corona steht mehr auch nicht aufgeschrieben, das muß man herholen von der Stelle, die besagt: „Georg willigte ein, er erhob sich zu Coronas Gedanken."

Man kann sich, wenn man ganz unten liegt, *an* Gedanken *zu* Gedanken erheben. Dies muß, so wurde beschlossen, „ohne einen Auftritt des Weinens oder der Klage" geschehn: o Grausamkeit des kleinen Schicksals, o Grausamkeit der Selbstbeherrschung! –

Nun ja, dann fahren sie ab, je einzel, und tun es „an einem trüben mit Regen kämpfenden Sommermorgen" – aber ohne Tränen. Im übrigen tut die Natur, was sie will. Wenn der Sommermorgen trüb sein will, so ist er trüb, das hat – Natur ist natürlich – mit den Menschen nichts zu tun. Und wenn der Sommermorgen mit dem Regen kämpft, dann ist dies als eine Meldung aus dem Fachgebiet der Meteorologie zu lesen; und dann ist es seine und einzig des Morgens Sache, niemandes sonst. Und schon ganz unpersönlich heißt es weiter: „Der Wagen fuhr die Gasse entlang, beugte dann um eine Ecke und konnte nicht mehr gesehen werden."

Der Wagen fuhr. Er, der Wagen, wirkt als selbsttätiges, eigenständiges Subjekt. Und man weiß nicht, wer ihm nachgeschaut hat, wie er um die Ecke beugte. Georg ist es nicht gewesen. Er nämlich „stand in dem Zimmer des Gasthofes, . . . und schaute vor sich hin".

Wie lang er so dastand, hat der Dichter nicht geschrieben. Dastand in dem Hotelzimmer, es war „eines jener unzähligen Gasthauszimmer, wie er sie während seiner jugendlichen Herumwanderungen so oft in ihrer Öde über Nacht oder auf kurze Tage bewohnt hatte".

Das öde Gasthauszimmer: Sartre, *la nausée*. – Ein mehreres an Schilderung erübrigt sich. So ein Gasthaus-Übernachtungszimmer ist geschaffen, um drinzustehn und um vor sich hin zu schaun. Für nichts sonst.

Jedoch, da geschieht noch ein mehreres: Es wird an die Tage der Wanderschaft erinnert, ein Kreis schließt sich, und man bekommt zu ahnen, irgend-

174

wann wird es wieder aufgenommen werden, jetzt
oder später: das Wanderschicksal, dem Georg bestimmt ist und in dem einzig seine Besonderheit zum
Spielen kommt, und nicht in der Ruhe und Geborgenheit mit den reinlichen Räumen, den geregelten
Zeiten, dem Garten, diesem „Hier wirst du leben
und sterben – das gehört dein!"

Damit endet die Liebesgeschichte, eine der schönsten der Literatur insgesamt: Und wenn sie nicht mit
dem Tod endet, so endet sie mit tragischem Aus-
gange. Und endet an ihrem Höhepunkte. Für immer
– – meinen die beiden. Meinen wir mit ihnen. Dafür
sollte gesorgt sein: „Es wurde beschlossen, . . . daß sie
sich nie sehen, einander nie schreiben wollen . . .", ja:
„daß sie für einander nicht mehr da sind". Das
wurde beschlossen. – Als wüßte Stifter nicht, was die
Folgen und welcher Art die Wirkungen eines solchen
Beschlusses sind, der nicht danach fragt, was für Gefühle ihn begleiten. Als wollte Stifter hier nicht an-
deuten, daß dieser Beschluß die Sehnsucht schon
eingepflanzt hat, und es nachhaltiger mit keinem anderen Mittel hätte geschehen können als durch dieses, daß die zwanghaft aufgenötigte Trennung mit
ihrem Schweigebefehl diese Liebe, ihren Brand,
ihren Schmerz, ihre Seligkeit nie zur Ruhe wird
kommen lassen.

„Die seltsame Tat war nun getan": Suche jemand
ein neutrales, kälteres, distanzierteres – und genaueres – Wort für diese Tat der Trennung, der Zerrei-
ßung, als das, was da steht: seltsam. –

„Wir haben nur noch sehr wenig zu berichten."

Obgleich das Wesentliche, das die Geschichte be-
wahrenswert macht, noch bevorsteht. – Wir sind an

den Rand gekommen: *Am Waldrande*, so ist das kurze letzte Kapitel überschrieben. Die Melancholie stellt dann sich ein, wenn das Aufhören bevorsteht. Und was sich da noch auf vier Seiten verdichtet, ist von seinem Stil her nochmals besonders, auch abgehoben von der Form des eben Vorausgegangenen: Reichlich Reales kommt in diesem letzten Kapitel zur Sprache, aber es wird zunächst in distanzierter Form beschrieben, als ginge es den Erzähler nichts an. Als werde eine Zeitungsnachricht wiedergegeben. So liest es sich von selbst, wie belanglos und nebensächlich die Wirklichkeit geworden ist. Die Vision, das Traumhafte zieht durch die Fugen und legt sich zunehmend wie Dunst vor die Augen. Durch das Visionäre hindurch wird das Reale sichtbar, es bleibt aber in der Ferne.

Was die Begebnisse in ihrer Wirklichkeit anbetrifft, nun ja, es trägt sich halt zu, was halt hat geschehn müssen, und höchst beiläufig wird es erwähnt: „Die Gattin hieß Emilie, sie liebte ihn und behandelte ihn freundlich."

Grausamer kann man nicht beschreiben – kann man jedenfalls nicht eine Liebe, nicht die liebende Frau vorstellen. Sie liebt ihn – er sie offenbar nicht, aber der Schreibende hütet sich, davon etwas zu sagen – und behandelt ihn freundlich. Übrigens, rasch nebenbei, damit es nicht gänzlich vergessen sei: „. . . nicht nur eine Gattin bekam er, sondern sie gebar ihm auch Kinder, zwei Knaben, welche fast so schön waren, wie er in seiner Kindheit gewesen ist."

Jetzt hat er denn, was Corona für ihn gewollt, was er gemußt hat. Es wird, auch vom Stil her, der sich einer jeden Beschreibung, jeder Stifterschen Bildbei-

fügung entzieht, kurz und betont sachlich berichtet:
all dies, was ihm in dramatischer Zuspitzung dreizehn Jahre lang das Schicksal vorbehalten, was es
jetzt zugelassen hat. – Und es soll gewiß werden, der
Text sagt es: Vaterschaft wächst aus ehelicher Non-
chalance, nicht aus der geheiligten Vereinigung.
Diese beläßt die Liebenden ätherisch unfruchtbar.

Dann aber, wie das Nötige berichtet ist und abge-
hakt werden kann, was es noch zu wissen gab, man
weiß, die Geschichte ist zu Ende erzählt, dann legt
der Verfasser seinem Objektiv sogleich eine andere
Linse vor: eins von den Gläsern, welche die Dimensionen verschwimmen lassen, die Konturen damit:
Nah und fern werden dann eins, die Optik schleift
solche Instrumente. Man merkt es nicht sogleich
beim Lesen, wiewohl man vorbereitet war durch
den Hinweis, daß „wir dann am Schlusse wieder ein
Einzelnes zu erzählen vermögen, was nicht alle
wußten".

Nun ist dieser Schluß daran, sich einzustellen,
nachdem „ein großer Raum von Jahren" vom Autor
übergangen, dieses Übergehen jedoch raffiniert als
ein solches vermerkt wird („. . . weil von dem, was
sich in demselben [Zeitraum] begeben hat, keine Einzelheiten vorliegen." Welch raffiniert eingefügtes
Amtsdeutsch, Papierdeutsch des Herrn Schulrates A.
Stifter). Dann kommt Stifter zum Zug. Emilie liebte
ihn. Recht so. Wogegen es von Georg heißt: „Er
liebte noch immer die Wälder, hing an Naturgegen-
ständen, und zog seine Sehnsucht halb heimlich,
halb bewußt nach diesen Dingen hin."

Sehnsucht wonach, Sehnsucht nach wem? nach
was für Dingen? – Nur noch ein wenig Geduld bitte.

Dies aber, dieses „er liebte . . ." markiert die Stelle, an welcher der veränderte Stil seinen Rhythmus aufnimmt, den Stifter-Rhythmus, der in des Verfassers Erzählungen stets aufkommt, wenn etwas Drängendes oder Bedrängendes eingeführt wird: der Rhythmus, erzeugt durch Wiederholungen, sei es von einzelnen Worten, sei es von Wendungen. Rhythmus hat es an sich, er benebelt, das weiß man und benutzt ihn allgemein, wenn man eine solche – benebelnde – Wirkung anstrebt. Das tut der Rhythmus durchwegs; freilich, man merkt es nicht jedesmal sogleich. Auch merkt man nicht immer, daß Wiederholungen, etwa von kurzen einzelnen Worten, ein bevorzugtes Mittel zur Rhythmisierung des geschriebenen, gesprochenen Textes ausmachen. Man spürt ja auch nicht – oder spürt es erst spät – wenn man eingelullt wird, noch kann man jederzeit merken, wie es zugeht, daß man es wird. Daß man nicht (mehr) merkt, dadurch wirkt wesentlich das verzaubernde Spiel des Betäubens in allen Phasen und Graden seines Effektes.

Ich weiß aber von keinem, der diese Wirkung so genau kennt und sie so berechnend anwendet wie Stifter. Dabei habe ich Joyce nicht vergessen, noch Grass übersehen. – Dieser Effekt wird hier zur Anwendung gebracht, und mit einer Besonnenheit, und mit einer Genauigkeit, einer Berechnung im Abwägen dessen, was notwendig ist, und wie viel (wie wenig, richtiger gesagt), und wann er gebraucht werden soll, in welcher Phase, und was für Orte des Geschehns dafür geeignet sind: denen, die hierauf achten, zeigt das Behäbige und Pedantische, das Langweilige sich in dem Lichte, mit welchem es angeleuchtet gehört.

178

Wir sind in unserer Lektüre bei jener Zeit- und Lebensphase des Mannes, den wir begleiten, angelangt, in welcher – zum zweiten Mal, nach wiederum dreizehn Jahren – erreicht ist, was zu erreichen gemeinhin als Sinn wie Ziel eines tätigen Lebens angesehn wird. Wir erinnern uns wohl, Corona hatte es in ihren Worten an Georg, in ihren Abschiedsworten, den liebevollen und so harten, unwiderruflichen, der Diskussion entzogenen, genau in Form gebracht: Georg hat nun seine Frau für das, wozu der Mann, nach Coronas gestrenger Rede, am Ende seine Frau haben soll: Ihm leben zwei Söhne, zwei Knaben, die fast so schön waren, wie er in seiner Kindheit gewesen ist. Sein Name wird weitergetragen, sein Erbe, was immer dies sei, über sein Anwesendbleiben hinaus. Das Geforderte ist eingebracht. Damit ist er überflüssig geworden, und wer sich dem Alter nähert, dessen Pflicht wie Gnade ist es, daß er sich überflüssig wissen darf. Daß sein Abgang ohne Wunde in der Welt ihm jederzeit zugelassen wird, darin liegt das sinngerechte Ziel des Tätigen. An dieser Stelle ist der Mann jetzt angekommen. Und nun, „da mehrere Jahre vergangen waren, da die Kinder heranwuchsen, dachte er neuerdings darauf, wie einst in schönen Tagen, sich wieder ein Haus zu bauen, und sich fest nieder zu lassen".

Wie einst in schönen Tagen – dann sind die Tage nicht mehr schön. Und wenn sie selbst schön zu nennen wären: da es erreicht ist, kann dessen Schönheit nicht erlebt werden, und die Erinnerung läßt alles Schöne immer *gewesen* sein. Dem Goldenen Zeitalter eignet es, daß es weit zurück liegt. Und was Georgs Leben anbetrifft: So schön wie es damals war, mit Corona, hat es nicht mehr werden können. Dabei wäre es jetzt erreicht: zwei schöne Söhne, eine gute Frau, und sie liebte ihn.

Es bleibt noch das Abschließen. Das Abrunden. Und nun, da ihm alles erreicht, da er an den Rand gelangt ist, und so, (Wald-) Rand, heißt auch das kurze Schluß-Kapitel, trachtet Georg vom Rand aus, dem Ende entgegen, zurück zu blicken: ob das Ende sich zum Anfang füge und also der Lebensbogen sich schließe, damit er abgehn kann.

Hier hebt der Traum an, unmerklich zunächst, wie jeder Traum – man kann nicht sagen, wann er beginnt. Hier, in diesem Übergang des Lebens, der die Gefühle von damals mit den Ahnungen von jetzt zu vereinen, zu versöhnen trachtet. Und nun, auf diesem Stadium – des Lebens, der Erzählung damit – geht es darum, Traumstimmung in einen Bericht einzufangen, das Wirkliche ins Außerwirkliche herüberzuholen und es damit so weit zu bringen, bis die beiden gegeneinander durchlässig werden, bis man nicht mehr sagen kann, ob von Traum oder Wirklichkeit die Rede ist.

Um diese Wirkung zu erzeugen, kennt die Dichtkunst ein Mittel: Es mag noch andere geben, aber dieses ist das effektivste, und immer kommt es zum Spielen, wenn ein kritischer Realitätssinn überwachsen werden soll. Das Mittel, es wurde erwähnt, heißt Rhythmus, und dieser kann auf verschiedene Weise aktualisiert werden. In Versmaßen etwa.

Aber hier nimmt die Geschichte das Kunstmittel des Rhythmus in Anspruch: das Mittel also, sich selber in den Satzanfängen über weite Dauer, mit Unterbrüchen länger als eine Seite, zu wiederholen;

durch das nämliche Wort, und es ist ein Wort ganz kurz, einsilbig, zweibuchstabig, kürzer kann es nicht sein: aber es beruft das wesentliche Thema, die entscheidende Gestalt in dieser Phase der Erzählung. Das Wort heißt: *Er*, und der Verlauf wird, gleich nachdem über die Lebens-abendlichen Absichten Georgs, des Vaters, das Notwendige berichtet wurde, wie folgt beschrieben: „*Er* war jetzt bereits alternd . . . *Er* liebte noch immer die Wälder . . . *Er* wollte daher, wie einst, einen Platz zu seinem Besitztume auswählen . . . *Er* näherte sich auf seiner Reise . . . dem waldigen Gebirge . . . *Er* reiste . . . *Er* gedachte . . . *Er* zog . . . *Er* schlug einen Pfad durch das Tal ein . . ."

Und so geht das weiter. Die Wiederholung, fast Satz für Satz weiterlaufend, gibt den Takt an, und vielleicht merkt man beim Lesen nicht einmal, was es ist, das einen bannt, einen hineinzieht in die Spirale des Abendtraumes.

Da ist von einer Landschaft die Rede, in die der Vater mit den Seinen gerät. Die Landschaft gleicht einer anderen Landschaft – ob vielleicht, was sich gleicht, auch das Gleiche ist? – Und was macht das Gleichende zum Gleichen: die Bäume, der Himmel, die Menschen – vielleicht ein einziger formender, prägender, liebender Mensch? – Hier aber steht ausdrücklich vermerkt: „. . . obwohl dieser Hang viele, viele Meilen weit von dieser jetzigen Gegend war." Und ohne Absatz: „Es war jetzt gerade wieder dreizehn Jahre, seit er sich von Corona getrennt hatte."

Raum und Zeit fließen ineinander. Nach dreizehn Jahren zieht es ihn dahin, wo er einen „Platz zu seinem Besitztume auswählen, und sich ihn so suchen" kann, „daß er den Gegenständen seiner Liebe, die nicht alterte, nahe wäre". Diesen Ort, wenn er ihn sollte gefunden haben, würde er wählen, damit er „in Gemächlichkeit seinen Sammlungen, seinen Betrachtungen und seinen Empfindungen nach gehen könnte." – Welch dreifache Steigerung des Ganges in sich hinein, und zunehmend verschlossen von allem, was außen ist, abgedeckt gegenüber jedwelchem Geschehn um ihn: Sammlungen – Betrachtungen – Empfindungen. – Georg sucht den Raum, in welchem er für den Rest seines Lebens mit seiner Sehnsucht vereint bleiben kann; nach dreizehn Jahren der Trennung von dreizehn Jahren der Verbindung.

An diesen Ort läßt er sich von seinen Ahnungen treiben. Wie das wirkt und führt, dieses Ahnen, das bleibt verschwiegen, wie alle Seelenregungen von Stifter verschwiegen werden. Man stellt aber fest: Ein exakter Kompaß mit unbeirrbarer Nadel lenkt seinen Weg. Das Ahnen hat viele Quellen, es hat auch viele Dimensionen, um sich festzuhalten. Und auf sie hin zu wirken.

„Als er dem Waldgebirge näher gekommen war, überraschte ihn immer mehr und mehr die Ähnlichkeit desselben mit seinem einstigen schönen Walde . . ."

Uns kann nichts mehr überraschen. Wir haben Stifter zum Führer auf dem Weg, Georg hat ihn nicht, er kann lediglich seiner Ahnung folgen, die ihn leitet „eine Anhöhe mit Wiesen und Feldern hinauf, und am Rande desselben begann ein Laubwald fort zu steigen, der von ferne wie Eichenbildung aussah": Selbst die beschreib-, die abmalbare Realität löst sich – jetzt und vor der Rückschau auch damals – auf im Dunst dessen, was aussieht wie . . . Ist es? War

182

es? – Es sah wie Eichenbildung aus: Das ist Traum im Bild, im Wort. Man beschreibe das, man zeichne es, dieses: Es sah wie Eichenbildung aus – diesen Neologismus unter zahlreichen seinesgleichen.

Jetzt kann schon geschehn, was will: Wir werden weder erschrecken noch uns mehr wundern. Im Traum ist alles möglich, alles wirklich, man wundert sich nicht im Traume. Namentlich nicht, wenn genau dies ankommt, was, der Traumtechnik getreu, durch den Akt des Träumens vorbereitet worden ist – man kann aber nicht sagen, wie lang vorbereitet. Vielleicht hat die Vorbereitung vor dreizehn Jahren begonnen: als der Wagen davongeschwankt ist. Und Georg stand im Gasthause.

Georg spaziert – schlafwandelt – mit den Knaben durch die Gegend. Und die Gegend verwandelt sich zunehmend aus der Projektion einer Erinnerung in die Wirklichkeit jenes Waldgebirges, von dem es eben noch geheißen hat, daß „es von ferne so aussah, wie der sanfte blaue Hang, auf dem er sein erstes Haus gehabt hatte", obwohl, „dieser Hang viele, viele Meilen weit von dieser jetzigen Gegend war" – Meilen oder Jahre? „Es war jetzt gerade wieder dreizehn Jahre, seit er sich von Corona getrennt hatte": Rhythmus, diesmal der Zeit, welche, als weiteres Mittel zur Erzeugung des traumhaften Zustandes, mit dem Raum verschmilzt.

Er kommt an einen Laubwald. Um nicht gänzlich mit der Gegend zu verschwimmen, sich in ihr nicht zu verlieren, „kehrte Georg nicht in dem Flecken, sondern in einem etwa eine Viertelstunde davon entfernten an der großen Straße liegenden Gasthause ein".

Er geht, es ist „am zweiten Abende seines Aufenthaltes" mit den Knaben spazieren, ohne Emilie, seine Gattin: Wir ahnen etwas. Und die Ähnlichkeit der Region verdichtet sich weiter zur Identität. „Er führte sie in den Garten": Man erinnert sich, wie es damals ausgesehn hat, und manchem mag es weitschweifig vorgekommen sein, dieses genaue Benennen all der Einzelheiten um jenes Wasser. Nun aber kommt das *déjà-vu* des Schriftstellers, es wird zum *jamais-vu* des Wanderers, es bleibt in dessen Ahnen. Da ist ein Pfad, von Obstbäumen gesäumt und mit einem Zaun neben sich, „der mit frischem Wassergebüsche umwachsen war, und richtig auch zu seinen Füßen das klare, schießende, über Kiesel rollende Wasser ..."

Und richtig: Hier ist die Schranke zwischen gleich und ähnlich aufgehoben. Mit: und richtig.

„– gerade so wie ein Pfad gewesen war, an dem er sehr gerne mit Corona gegangen war, da sie noch mit einander das Haus am Waldhange bewohnt hatten."

Jetzt fehlt doch nur noch die Weggabelung und das Geländer, um die Wirklichkeit ihrer Wegscheide von damals, dreizehn Jahre zurück, herzuholen: „Als er um eine Gruppe hoher kleinblättriger Birnbäume bog, wo ein hölzernes Gitter war, und der Pfad in zwei Teile auseinander ging ..." ... ein Gitter, ein Geländer ... Stiftersche berechnete Dehnung der Szene, Ausweitung durch das Mittel pedantisch genauer Beschreibung, und aus der Absicht, die Spannung bis an die Grenze des Erträglichen anwachsen zu lassen, auch sie hält einmal ein ...

... und jetzt steht sie vor ihm. –

184

Das wäre nun wohl der geeignete Moment für dramatische Donner und Blitze: für Ohnmacht, für den verspäteten, am Ende doch noch gewährten Liebestod. Das Herz steht still. Nicht so bei Stifter.

Wir wollen dennoch den Augenblick nutzen, um Atem zu holen. Währenddessen dürfen die beiden, Georg und Corona, einander erkennen, dann sich gegenseitig begrüßen. Stellen wir uns deshalb taktvoll für einen Moment zur Seite, schaun wir weg und lassen die zwei allein, Stifters Art unterstützend; auch ihm ist jeder Voyeurismus ebenso wie alle Geschwätzigkeit fremd, ja zuwider, wie sehr, das wird man ein weiteres Mal, und sogleich, merken. Achten wir währenddessen auf den Text: dieser Stelle in dieser Erzählung und Stifterscher Hinweistechnik insgesamt. Dies ist der richtige Ort, es ist auch die dafür angemessene Zeit: sich einen Gedanken zu machen zu den eingehenden Beschreibungen, der pedantischen, pragmatisierenden Darstellung eines jeden Dings, welches da den Raum umgibt, in dessen Mitte sich, von den Dingen und ihren Einzelheiten um-, fast überwachsen, dann die Szene abspielt, „enorm langweilig und faszinierend-lächerlich . . .", wie einer über Stifter schreibt.[29]

Es seien nun aber die Leser und Leserinnen eingeladen, sich eine Situation zu vergegenwärtigen, von der sie ähnlich irrational aber ganz und gar ergriffen und daher ihrer Gefühle und Affekte nicht sicher waren, auch ungewiß, ob sie diese beherrschen würden, wie Georg es in jenem Augenblick ist – und wie wir, die wir ihn still begleiten, es mit ihm sind. Ich kann da nur von den Berichten der mir Anbefohlenen und von meinen eigenen Erfahrungen reden. Als ich vor einigen Jahren, um das letzte derartige Begebnis, das bedrängendste auch, das ich erlebt habe, hier zu memorieren, hinter dem Sarg des geliebten nächsten Menschen hergegangen bin, waren meine Gedanken weder auf dieses liebe Wesen noch auf die Situation zu fixieren – was ich sah, waren Leute um mich herum, ich weiß nicht, welche, weiß nicht, wieviel es waren. Dann waren da Häuser, deren Fenster, Fensterläden, Fensterkreuze, Fenstervorhänge ich gezählt habe. Dann kamen die Bäume dran, die Blätter: ob groß, klein, grün oder rot, glatt, gezähnt ... – So habe ich den Gang hinter mich gebracht, so ihn ertragen, so Stifterisch. Anders ... Heute kommt mir vor, anders hätte ich ihn nicht überlebt.

Deshalb die Einzelheiten: um den Atem freizugeben; damit man dem Begebnis standhält. Damit man nicht erstickt. Demjenigen standhält, das uns jetzt erwartet. Wo der Pfad sich teilte, „wandelte eine dunkel gekleidete Frau ihm entgegen – er erkannte sie ..." und wir erkennen sie mit ihm. Wir haben sie längst erkannt – vermutlich vor ihm. Der Rhythmus, kaum unterbrochen, wird abermals aufgenommen. Diesmal durch das Wörtchen *wie*: „In dunkle Kleider gekleidet, *wie* sie wohl auch früher geliebt hatte, ein Häubchen, *wie* früher, nur viel bescheidener, auf dem Haupte, und eine Tasche, *wie* früher, nur etwas größer ... auch war sie blasser als gewöhnlich, *wie* es ja das heranrückende Alter mit sich bringt."

Die Szene des Wiedersehens wird, Stifter gemäß, unterspielt. Man bleibt im Belanglosen. Aber es läßt, dieses Triviale, einen Weg den Eigenzutaten des Lesers offen. Für ein solches Angebot – uns mitlesen zu lassen, hinein-lesen, das Wesentliche zwischen den

Zeilen finden – oder, was dasselbe ist, es zwischen die Zeilen legen – wollen wir dankbar sein; es ist, meine ich, darin ein Kompliment zu suchen, ein Akt der Hochschätzung für diejenigen, die lesend mit- und nacherleben. *Sapienti sat*: „– Das ist eine schöne Gegend, nicht wahr?" „Ja, sie ist schön – – sehr schön – – bist du lange hier, oder reisest du bloß durch?"

Der Blick wolle sich hier auf den Text in seiner Gänze gerichtet wissen. Zu dieser ganzen Lektüre zählt auch der averbale, oder proto-verbale, Anteil dessen, was hier aufgeschrieben steht. Und dies sind, wiederum, neben den Worten die Gedankenstriche, diese Zeichen des Schweigens, des Atemholens, Blikkens, Wegschauen, Wartens. Diese Striche, hier sogar gedoppelt notiert, verdienen besonders aufmerksam mitgelesen zu werden in einem Schreibetext, der sie sonst so selten setzt.

Jetzt stehn sie für die Verlegenheit der beiden, die andere Zeichen, gar von Gefühlsausbrüchen, nicht zuläßt. Und was für das Paar gilt, für Corona und Georg, das ist wahr auch mit Bezug auf den Beschreiber der Situation: Er leistet es sich nicht, Eruptionen darzustellen, noch Verlegenheiten. Er hat es auch nicht nötig. Stifter, der langweilige, weiß, zwei Gedankenstriche sagen mehr als Hinweise auf Gefühle. Sie sagen es auch genauer. Sie sagen das Wortlose in seiner Sprache, vorausgesetzt, man gebraucht sie ebenso sparsam und berechnend, wie er es übt.

Zumal an einer Stelle wie dieser, in der reichlich Gefühle zum Reden kommen, und zu denen, ausgleichend, die Verlegenheit sich gesellt. Darüber hinaus aber auch noch ein weiteres: Die beiden reden von der schönen Landschaft – wie andere vom

Wetter reden, könnte man meinen. Schlecht Wetter, schön Wetter, wir sind keine Wettermacher, es gibt also nichts minder Verbindliches als das Wetter oder als die Landschaft. Beides, Wetter wie Landschaft, gilt gemeinhin als das am verläßlichsten gefühlsneutrale Thema, welches zwei sich wählen können, wenn ihr Gespräch allem Engagement auszuweichen vorhat.

So hört sich das zunächst an. Allein die beiden, die sich hier, jetzt, über ihre Umgebung verständigen, bei ihnen handelt es sich um Wissende – um verschwiegen Wissende. Die Floskel „nicht wahr?" bestätigt es, die steht nicht so leer da, wie sie einer geläufigen Redeweise sonst zur Dehnung der Aussage zu dienen hat. Sie sagt: Gelt, Georg, das ist *unsere* Landschaft, nicht wahr! – Deshalb nennen wir sie schön. Aber wir sagen es einander nicht.

Und der Hinweis auf die Landschaft schließt denn auch schon das weitere Schicksal dieses Wissenden, des „Nicht wahr?"-Befragten in sich. Sie ist das Urteil. Sie macht all seine Entschlüsse nichtig: Georg war hergekommen mit dem Plan, da oben sein Haus zu errichten, das letzte, einen Ruheplatz auf kurz oder lang, seinen Sterbeort. In solch vertrauter lieber Landschaft. Eben jetzt, auf Coronas Frage hin: „Reisest du bloß durch?", von nun an weiß Georg, er wird hier nicht bleiben. Er darf nicht. Und dies heißt, daß ihm kein geruhsames Alter an der Seite der Seinen zu erwarten steht; daß er ein Wanderer werden muß: ein Waldgänger.

Dies entscheidet sich in der nämlichen Minute, in der er sich von Corona auf die Schönheit dieser Landschaft angesprochen hört. Die Gegend ist *so*

188

schön, daß Corona, von der gleichen Stimmung hier-
hergebracht, welche ihren Gatten eben nach da gelenkt hat, „schon mehrere Jahre in dem kleinen
Städtchen dort" wohnt, vereint mit ihren Erinnerungen, ihren Sehnsüchten. Mit ihrer Trauer, und einsam muß sie bleiben: an diesem Ort, der bestimmt
war, Georgs Ruheplatz zu werden; bis eben noch.
Aber jetzt weiß er, und er sagt es sogleich und entschieden: „Ja." – Nämlich zur Antwort auf: „Reisest
du dann wieder weiter?"

Fragen kann vertrackt genau befehlen, und es ist
dieses Fragen der zweite Befehl seiner Corona, ihn
zu verlassen. Sie schickt ihn weg, nochmals. Sie hätte
doch auch, da die Situation schon zum Fragen nö-
tigte, fragen können, ob er hier zu bleiben gedenke.
Dies hätte wenigstens die Illusion von frei beschlosse-
ner Antwort zugelassen. – Aber das ist nicht vorstellbar, und es darf nicht sein. Dann würden die zwei
sich ein weiteres Mal sehn, vielleicht. Dies jedoch
wäre unerträglich. Von daher der unabdingbare Befehl zum Weiterreisen. Georg wird diesem folgen,
wie er dreizehn Jahre zuvor dem ersten Befehl gefolgt ist: Ja, ich reise weiter, und sogleich. Sein Ende
irgendwo in der Ferne des Unbekannten, in der
dunklen Weite des Waldes, sein Wanderleben in den
Tod hinüber hat sich abgezeichnet: jetzt, soeben. –
Der neue Georg ist geboren: der Waldgänger.

Und es werden beide einsam bleiben. Aber jetzt
erst ganz getrennt. – Bisher nämlich waren sie beieinander gewesen, durch Sehnsucht ständig vereint,
wie fern auch. Jetzt geschieht es, da sie einander
nahe sind, von nun an können sie geschieden sein.
Gestorben füreinander. Das ist das Versöhnliche an

dieser Begegnung soeben. Für den Rest ihrer beider Leben sind sie frei: von jetzt an. Corona bleibt allein, unvermählt. Sie hat es nicht vermocht, trotz Anträgen. Weshalb nicht vermocht, das sagt sie nicht, und Georg fragt nicht. Beide wissen, weshalb nicht. Die Liebe hat sie nicht freigegeben, noch weniger konnte Corona ihre Liebe weiterreichen, diese niemals erloschene Liebe. Ebenso einsam bleibt Georg, so wie er jetzt lebt, umgeben von zwei schönen Söhnen, von seiner Emilie, die ihn liebt und freundlich behandelt.

Das wissen die beiden, und über diesen Gegenstand schweigen sie sich in beider Gewißheit ein. Sie gehn in die Dunkelheit; beide. Des Grabes? – Es ist noch Tag, dennoch:

„Gute Nacht, Elisabeth."

Elisabeth, diesmal. Wenige Zeilen zuvor hatte er sie noch Corona angeredet. Und jetzt, als Elisabeth, gibt sie sich ihm: „. . . sie reichte ihm die Rechte, an der sie, wie es auch früher gewöhnlich der Fall war, keinen Handschuh hatte, er drückte die Hand, in welcher die seinige so oft geruht hatte, beide wandten sich ab, und gingen ohne ein Wort die verschiedenen Wege fort."

Ihre rechte Hand trägt, entgegen dem, was damals für eine Baumeistersgattin gebräuchlich und schicklich war, keinen Handschuh: Georg konnte die Wärme fühlen, den Herzpuls ahnen. Mit dieser unbehandschuhten Hand ist die Gattin, die Bettgefährtin von einst, ihm näher als oft, vielleicht inniger nah als je zuvor. Corona erscheint hier mit ihrer entblößten Hand nackter als ein Nudistenmädchen am Badestrand.

190

Dieser Händedruck, er ruht in ihr wie einst, besorgt die Trennung, endlich, welche die zwei sich damals, dreizehn Jahre zuvor, durch die Aufnötigung ihrer gestrengen und grausam durchgehaltenen Abgangsregeln versagt hatten. –

Aber da ist noch etwas, und es ist zunächst übergangen worden, es geschieht, ehe die Schilderung dieser *unio mystica*, dieser innigsten Beschreibung des innigsten Coitus, die mir in der deutschen Literatur bekannt ist, gegeben wird. Das Übergangene, einen ganz kurzen Abschnitt umfassend, beschreibt die wesentlichste Szene der ganzen Erzählung, deren Höhepunkt, und sie benennt deren Aussage exakt; und tut es unvergleichlich genau, deshalb mittelbar ergreifend:

Er hat ihr schon die Hand zum Abschied hingestreckt, hat ihr – *Elisabeth* – gewünscht, daß die Nacht, in die sie nun beide schreiten, eine gute sei. Da hält sie, eh sie ihm die ihre reicht, inne: „‚Warte noch ein wenig‘, antwortete sie, dann suchte sie in ihrem Täschchen, das sie am Arme trug, herum, brachte zwei Äpfel heraus, und gab jedem der Knaben einen.“

Ach ja: die nette Tante, sie verteilt Äpfel an fremde Kinder! – Nicht nur, sie tut mehr als dies; Genaueres: Zuvor hatte sie Georg auf die beiden Knaben angesprochen, die sie in seiner Begleitung vorfand. Und wie vieldeutsam, wie hintergründig sie es getan hat, mit welch genau berechnenden Ritardandi und mit Generalpausen, die der Deutung in der Leere der Zeit genugsam Raum lassen: „Georg – – sage – ich möchte fragen: sind diese deine Kinder?“ Es sind diese seine Kinder, wir wissen es längst. Und Corona

weiß es auch – selbstverständlich. Gewiß fragt sie
nicht, um zu erfahren, wessen Kinder diese Kinder
sein könnten, die dem Manne so sehr gleichen. Sie
hätte sich an die Knaben wenden können, wie ältere
Frauen es, zum Schreck der Angeredeten, gerne tun.
– Nein, da wird, mit genauer Berechnung, etwas eingeleitet, durch die Art diesen Fragens und durch das
Zögern – – der Gedankenstriche – – mit dem es her-
vorkommt.

Seine Kinder sind es; das mußte gesagt, mußte gehört werden. Allerdings, die zwei bleiben namenlos,
auch schicksallos und ihm uninteressant wie ihre
Mutter. Und *wie* bedeutungslos sie bisher gewesen
sind – nichts verlautet, wie sie auf Georgs Leben gewirkt haben bis zu diesem Moment, das ist zu spüren
– und wie bedeutungslos sie fernerhin bleiben, das
läßt sich erst vermuten: diese zum Leben gebrachte
Wunscherfüllung, diese Verwirklichung der heißen
Hoffnung, die Erfüllung der Lebensaufgabe.

Corona erfährt: Die Kinder sind neun und zehn
Jahre alt; wir erinnern uns, die Szene, die hier beschrieben wird, spielt im dreizehnten Jahr nach der
Trennung der beiden. Wenig mehr als ein gedop-
peltes Trauerjahr hat ihr Gatte also eingehalten, bis
er, das ergibt die Rechnung, dem Wunsch seiner
einzigen Liebe entsprochen hat. Deshalb die Frage
nach dem Alter der Söhne, deshalb die Antwort:
Jetzt weiß man, was zu wissen ist, Verständigung ist
hergestellt. Nichts steht hier überflüssig da. Eins
weiß Corona dazu zu sagen: „Es sind freundliche
Kinder ...“ Obschon sie die Knaben kaum angesehn und zu ihnen nicht ein Wort gesprochen hat,
nennt sie die beiden freundlich: „Weil du nur Kin-

der erhalten hast." (Und nicht, weil sie schön, gut, wohlerzogen sind).

Dazu schweigt Georg. Wo beide alles wissen – alles – dürfen beide schweigen. Bei Stifter *müssen* sie schweigen. Weil *du* nur Kinder hast; ich, Corona, habe sie dir vorenthalten. Aber ich habe sie dir durch mein Opfer möglich werden lassen: durch meinen Weggang, meine Einsamkeit. Allerdings, so redet man bei Stifter nicht.

Worauf dann die Szene mit der Tasche und den Äpfeln: die bemerkenswerteste Szene in der ganzen Geschichte, ich bitte um Nachsicht dafür, daß ich sie als die erschütterndste bezeichne: diese Szene, die nur eine Andeutung ist und ein Schicksal anzeigt, mitsamt der Haltung, in der es getragen, der Stimmung, mit welcher es hier präsentiert wird: dieses wortlose Begebnis, diese stille Pantomime, deren Dauer zwei Sekunden und deren Beschreibung weniger als einen ganzen Satz beansprucht. – Wenn ein Autor aus Freuds Zeit oder Nachfolgeschaft etwas dergleichen hinsetzen wollte, diesen Bericht vom Griff in die Tasche und der Überreichung der Früchte an zwei Knaben – und diese „bissen in die roten Äpfel und aßen sie auf dem Heimwege" – so würde man dem, der ein solches Motiv so genau zu Buch bringt, angelernte Absicht unterschieben. Er schildere, würde man sagen, aus „Spontaneität zweiter Hand", und man hätte recht; recht auch dann, wenn der mit solchem Vorwurf bedachte Schreiber beeiden würde, daß er noch nie etwas von Freudschen Thesen vernommen habe. Ob dies dann zuträfe oder nicht, würde belanglos sein. Ein Gesetz ließe sich aus dieser Gegebenheit aufstellen, welches zu sagen hätte: Wenn etwas im Wissen besteht, im Wissen seiner Zeit, mithin in der möglichen Kenntnis des Einzelnen, so ist es dem Ahnen entzogen, gleich ob der Einzelne an diesem Wissen teilhat oder nicht teilhat.

Was man wissen kann, das kann man nicht mehr ahnen. Adalbert Stifter aber ist 1868 gestorben, Freud war zwölf Jahre alt. Und das Wien Stifters war fern von Freuds Wien – oder vielleicht doch nicht so sehr?

Die kurze, wie gesagt wortlose Szene vor dem letzten Abschied – die Szene, welche den Abschied erst möglich macht – gibt der ganzen Erzählung vom Waldgänger kraft dieses Höhepunktes jenen Anteil, der sie entscheidend von irgendeiner anderen Geschichte abhebt; sie akzentuiert, herausgehoben durch die spröde Diktion, mit der sie vorgeführt wird, deren dramatische Gewalt. Den beiden Leben gibt sie ihren entscheidenden Sinn. Durch diesen Vorgang – die Unfruchtbare, die einzige Liebe im Leben dieses Mannes, senkt ihre Hand in den Beutel, um den Früchten ihres Gatten, ihrer einzigen Liebe, Äpfel zu reichen, zwei große reife rote Früchte – dadurch wird Coronas Kinderlosigkeit aufgehoben, und in diesem selben durchaus undramatischen Augenblick. Ständig hat sie ihr Gebärmuttermerkmal am Arm mit sich herumgetragen, immer, so möchte man vermuten, mit zwei Früchten darin, dreizehn Jahre hindurch, hoffend, ahnend, daß sie diesen Moment einmal zu erleben bekomme. Jetzt ist es gewesen und ist der Akt vollzogen, ist die Geschichte von Georgs, des liebenden, wirkenden Mannes Leben fertig erzählt, und Coronas Leben damit: Und jetzt

sind dem Paar Kinder geschenkt, zwei Knaben, wie
erhofft, wie erfleht. Zwei schöne Kinder, auf diesen
Augenblick, der dem Leben seinen Sinn bewahrt.

Danach werden die Kinder hinweg gehn, die Liebe
wird davon gehn, vorwärts, sie bleibt nicht zurück.
Der Mann Georg weiß dies von nun an, und sein
Wissen wird ihn nicht mehr verlassen. Hier beginnt
seine, des Waldgängers, Geschichte, und sie ist es,
von diesem Anfang an, dessenthalben der Lebensbe-
richt von Georg überliefert wird, wegen dessen, was
sich aus dieser letzten traumhaften Begegnung – und
man wird nicht wissen, war es Traum, war es Wirklichkeit – entwickelt.

An dieser Stelle könnte, „wie wir sagten", die Geschichte abschließen. Die Fabel ist fertig erzählt. Sie
weiß, die Fabel: Kinder werden durch deine Liebe
zu meinen Kindern, Kinder werden durch unsre
Liebe zu unsern Kindern. – Mehr ist beizufügen
nicht nötig, nicht sinnvoll; alles mehrere kommt
leicht peinlich heraus, so penibel wie es sich anhört,
wenn jemand sich daran macht, die Pointe eines
Witzes zu erläutern. Es ergibt sich dem Leser von
selbst, daß durch die Gabe der Äpfel die beiden
Kinder, welche Georg von seiner Emilie, oder wie
immer sie heißt, bekommen hat, zu des unzertrennlich getrennten Paares, zu Coronas und Georgs Lie-
besfrüchten geworden sind. Von nun an lebt diese
Liebe fort, über beider Tod hinaus. Gute Nacht,
Elisabeth.

„. . . beide wandten sich ab, und gingen ohne ein
Wort die verschiedenen Wege fort. Die Knaben bissen in die roten Äpfel und aßen sie auf dem Heimwege."

Wenn dies das Ende wäre, das Ganze, und mehr wäre nicht zum Thema Liebe und Erkenntnis zu wissen! – Aber die Erzählung hat bis hierher noch nichts dazu mitgeteilt, was sie eigenständig an bisher noch nie Gesagtem zu sagen vorhat. Ihre wesentliche Erkenntnis spart sie sich fürs Ende auf, für ganz spät: auf den Augenblick, da der Alternde zum Alten wird; zum Alten im Walde.

Wie sehr fertig das nun alles ist, sagt der Bericht an dieser Stelle: Bis hierher waren die beiden getrennt, nicht geschieden, und beide haben es geahnt, nie gesagt. Da war niemand, es ihnen zu sagen. Und es gibt Dinge, die kann man sich selber nicht sagen. Sie bleiben, bis sie lautgeworden sind, und tief innen wirken sie weiter, unkontrolliert und nicht zu beeinflussen: „Das arme Weib hatte diese Gegend aufgesucht, die Ähnlichkeit mit dem Waldhange hatte, wo sie sonst gelebt, und sie war durch die Ähnlichkeiten gelockt immer weiter bis an diesen Punkt gekommen. Hier lebte sie nun, weil sie die Erinnerung der Vergangenheit nicht wegtun konnte in einem Teile dieser Vergangenheit . . .“

Das arme Weib: welch neue Töne! – Wenn man bedenkt, wie Corona in ihre Welt, wie sie in dieses Buch eingetreten ist; wenn man sich erinnert, wie sie sich gehalten hat – ihren Mann oder ihre Frau gestellt – als sie blutjung, fast ein Kind, verlassen von Menschen, Geld, Achtung in niedere Dienste getreten ist; wenn man zurückblättert, bis dahin, wo es heißt, „daß man sie für roh gehalten hatte“, auch „für hochmütig und eigensinnig“, „und daß mancher, der zur Gesellschaft, zum Vergnügen, oder sonst wie in das Schloß gekommen war und Verfüh-

rungsgedanken gefaßt hatte, sie an dieser Härte und
Kälte wieder aufgab"; wenn man den Höhepunkt
dieser stolzen Lebensführung nochmals reden läßt:
den Monolog zum Abschied: Sie war oben, und von
Georg ist zu lesen gewesen: „. . . er erhob sich zu Coronas Gedanken" – er war unten; wenn man den Abgang bedenkt . . . und jetzt: „Das arme Weib"! –

Ja, dazu ist sie geworden: durch *seine* Schwäche,
um nicht zu sagen: Impotenz. Was sich hier vernehmen läßt, ist nicht eine Reflexion des Dichters, noch
ist es eine Belehrung durch diesen; hier lauschen wir
den Empfindungen auf dem schlaflosen Lager eines
achtundfünfzigjährigen Mannes, der sich seiner In-
suffizienzen gegenwärtig wird und endlich – endlich
– seine Trauerarbeit ableistet, eine Nacht lang.

Bisher nämlich hatten die beiden sich diese Arbeit
versagt, das hat ihnen die Zeit so schwer gemacht
seitdem. Allerdings, wie bedrängend diese Zeit auch
gewesen ist, so selig und wirkungsvoll kommt dann
doch solch ein Verzicht heraus. Die Ehe lebt weiter,
in Schönheit, und die Liebe altert nie. So kann man
die Wirklichkeit düpieren, sie nasführen, dreizehn
lange Jahre hindurch, gegen alle noch so vordringli-
chen Nötigungen der Realität im seligen Tagtraum.
Und den träumten beide Eheleute gleicherweis':
„. . . wie ja auch er von weitem zu diesem Walde hergezogen worden war, um an ihm, wie an seinem früheren Waldhange ein Haus zu bauen."

Dazu kommt es dann nicht – welches Glück, bleibt
er bewahrt davor, diesen Wahn weiterzuleben, bis
ans Ende, in einen unerlösten Tod hinüber. Und Corona mit ihm. – Jetzt bricht der Wahn, endet diese
Bindung, die stärker gewesen ist als in den Jahren,

da die Ehe funktioniert hatte. Der Wahn bricht sich an dieser späten Begegnung; und in der Nacht, die auf sie folgt, kommt es zur Lösung – *lysis* – das ist: zu einer Erlösung, auch wenn sie sich als solche nicht anreden läßt. „– – und der achtundfünfzigjährige Mann weinte die ganze Nacht."

Bruch, Durchbruch. Endlich. – Was seiner Elisabeth widerfahren ist, verschweigt der Erzähler. Wie sie die Nacht überstanden hat – ob – wird nicht mitgeteilt. Jetzt kann sie dahingehn, jederzeit. Wann, das ist nicht mehr von Bedeutung. Im übrigen hat sie sich freilich standfester erwiesen, auch konsequenter, entschiedener als ihr Gatte. Mag sein, das kommt ihr nun zugut.

Jetzt bereut er die Sünde: „daß er nicht mit ihr getragen und geduldet hatte, die größer war als er" – so steht's hier. Das will freilich nicht zur Story passen, wie sie zuvor berichtet wurde, eindeutig und klar: In ihrem Monolog vor Georg, der großen Solonummer der sonst (auch hier soeben) wortkargen Frau ist diese es gewesen, Corona, welche belegte, daß sie die Trennung nicht erst vorgeschlagen, sondern sie längst zuvor beschlossen hatte, entschieden; begründet. Vielleicht, daß sie deshalb größer genannt wird? – Oder wäre es dies, daß erst die Gegebenheiten danach über dieses befinden, wo Sünde ist und was – und wo die Größe anzusiedeln? Sie ist allein geblieben, ihm angetraut; er hat – ihrem Verlangen gemäß! – Kinder gezeugt: Die Sünde war vorberechnet in dieses Leben, in dieses Zusammenleben, in diese Liebe hinein. In ihre Außerordentlichkeit und fortdauernde Einmaligkeit. Dies ist die Fabel.

„Georg konnte zu keiner Stetigkeit kommen –"

198

Einsamkeit ist, und war je, der Preis der Weisheit. Und Weisheit entwickelt sich nur in der Einsamkeit – der Wüste oder des Waldes, die nun bald anhebt: „und gegen Mittag schwankte der Reisewagen auf der entgegensetzten Straße aus dem Tale, als wo er herein gekommen war."

Der Wagen mit den vieren drin, Georg samt denen, die ihm angehören, aber sie sind nicht mehr die Seinen. Und alsbald wird dies gesagt. Die Sünde von Georg und Corona hat darin gelegen, daß sie anders waren. Damit sie ihr Anderssein haben leben können, hat das Schicksal ihnen Kinder vorenthalten. Und als Kinder da waren, ist nichts anders geworden als zuvor: „Die Kinder wurden groß und gingen fort."

Wie sich's gehörte. Und genau so, wie Georg, der Waldgänger, den Hegersimmi gelehrt hatte, als dieser beteuerte, er wolle immer bei dem Lehrer bleiben, den er Vater nannte, und womit die Geschichte den Weggang des Kindes aus dem Hegerhaus in die Ferne des Vergessens vorbereitet. Sein Gleichnis von den strebenden Pflanzenästen, die weg von der Wurzel wollen – wenn es nicht die farb- und gestaltlosen Schößlinge des Abdeckers sind – hatte sich vordem an Georg dem Vater geformt. Von dessen zwei leiblichen Söhnen heißt es: „Einer dient zu Schiffe, ist auf allen Meeren, und schreibt alle zwei, drei Jahre einen Brief . . ." Jetzt wissen wir, wofür der Hegerknabe zu schreiben gelernt hat. „. . . der andere . . . ging, da sich eine Gelegenheit bot, voll Freude nach Südamerika, von wo er fast gar nicht schreibt." Beigefügt wird: „Die Mutter der Knaben ist gestorben . . ." Das war zu erwarten, daß er überlebte unter diesen Bedingungen. Dafür, daß er allein zurückbleibt, völlig allein, „als sei er der einzige Mensch auf der Welt, und sonst gäbe es keinen". Und diese Geschichte weist in ihrer Schilderung dieser beiden Ehen auf eine Erkenntnis, die nicht abzuweisen ist: Die Überlebenden sind die Schuldigen.

Nochmals: Immer machen die Überlebenden durch ihr Überleben sich schuldig am Tode ihrer Gefährtinnen, Gefährten, denen sie von ihren Kräften zu viel geraubt, welche sie ausgesogen haben. Für Sinnende, sich Besinnende gilt: Sie sterben nicht einfach so, sie sterben ihren Nächsten. Und die zurückbleiben, sofern sie Sinnende sind, wissen, das Nächste ist *ihnen* gestorben. Das ist ihre Schuld. Die Überlebenden sind die Schuldigen.

So geht das weiter in der Parabel vom Leben. Und mit diesem Hinweis schließen die Kreise sich, aus denen diese Erzählung so ungemein kunstvoll zusammengesetzt ist: Das Schicksal ist immer dasselbe, es kennt nur *einen* Ausweg: die Einsamkeit, nachdem für ein Weiterleben gesorgt ist. Dies gilt ganz ohne Ansehung dessen, welche Voraussetzungen, Bedingungen, Hoffnungen, Begabungen jedesmal an der Schwelle zu einem jungen Leben warten wie die Parzen:

Diese Söhne werden gerade so einst Briefe bekommen, daß ihr Vater gestorben sei, wie dieser Vater, als er in seinen Studien begriffen war, erfahren hatte, daß er keine Eltern mehr habe, und beide in der Erde begraben liegen. – Und so wird es fort gehen, . . . wie es bei dem Hegerbuben fort gehen wird, er mag sich nun zu einer Handarbeit, zu einem Gewerbe gewendet haben, oder zu dem Meere der Wissenschaft, auf dem er fortsegelt, bis auch er wieder von seinem Sohne verlassen ist, und allein auf dem Schiffe steht, da es sinkt.

200

Dann gibt es keine Rettung aus diesem Griff des Schicksals, keine andere Lösung des Lebensgesetzes in seiner harten Monotonie, als die, daß man sich diesem Gesetz unterwirft, welches, wie Corona beschreibt, von Glaubens- wie Moralgebilden geschaffen und ebenso bedingungs- wie einsichtslos hochgehalten wird? –

Es *gäbe* sie. Und die beiden, Georg mit Corona, haben sie zum Leben erweckt: die Erfüllung des Lebens im Zusammenbleiben von Zweien, und konsequent nichts anderes als dies. Sie haben es dreizehn Jahre lang durchgehalten. Dann drohte die Langeweile in die Schwermut umzuschlagen, das wäre nicht zu ertragen gewesen: das Zugrundegehen der Liebe an der Liebe.

Die Geschichte geht weiter, sie endet nicht dort, wo der Erzähler aufhört. Darin, daß sie weiterführt, über sich hinaus, liegt eine ihrer kunstvollen Voluten. Fertig ist sie mit dem Abschluß des ersten Kapitels, nicht am Rand, am Waldrand, wo das Ende wartet, sondern an dem Waldwasser, dem beständig fließenden. „Der Bach ging breit und wallend links gegen die Felder und Bäume, wo schon in nicht sehr großer Entfernung der Silberblick der Donau durch die Zweige herüber grüßte ..."

Dies ist der Ort, an dem der Mensch sich verliert, sich auflöst in seiner Umwelt: wo der Bach breit wallend davongeht und woher der Fluß seinen verführerisch schielenden Silberblick herüber schickt. – Dort verliert sich die Spur des Mannes und der Gedanke an ihn und an seine Frau, die ein Paar gewesen sind und eines bleiben, entgegen allen Beschlüssen und Entscheiden. Der Fluß des Lebens, geläufige

und immer neu evozierte Metapher für den Lebenslauf, hat die beiden mit sich getragen, weiter:
„Er hing sich an den Hegerbuben, bis auch dieser
fort ging –"
Aus diesem Begebnis haben wir die Einsicht gewonnen, daß die Wahlverwandtschaft es ist, welche
Bindung schafft, mehr als die des Blutes. Daß
ihrethalben, gewachsen aus den kurzen Monaten, da
die beiden, der Vetter und sein Simmi, miteinander
durch den Wald gezogen sind, der Weg des Jungen
seine Bestimmung gewonnen und das Leben des alten Mannes seinen eigenen, einmaligen, den lebenslang gesuchten Sinn angenommen hat – spät erst,
kurz vor seinem Erlöschen. Darin liegt das ausgleichende, beinah besänftigende Ende dieses Lebens,
dessen Happy End, die versöhnliche Abendröte
nicht nur trotz sondern *aus* dieser – mutwillig, wie es
scheint – zerbrochenen Ehe und lebenslangen Liebe.
Und doch schließt die Erzählung mit einer Reflexion, die dem Leben des Paares seinen Sinn verweigern will. Gestreng und entschieden wird deklariert:
„Die zwei Menschen, die sich einmal geirrt hatten,
hätten die Kinderfreude opfernd, sich an der Wärme
ihrer Herzen haltend, Glück geben und Glück nehmen sollen bis an das Grab . . ." Und wenn sie zu
Gott gekommen, hätten sie – so fährt der Text fort –
sagen sollen, Kinder hätten sie zwar als Opfer nicht
mitgebracht. „Aber Herzen, die du uns gegeben, die
sich nicht zu trennen vermochten, und die ihr weniges, was ihnen geblieben, mit hieher bringen, ihre
Liebe und ihre Treue bis zu dem Tode."
Und das ist unmöglich. Will sagen: Das *wurde* möglich durch die Trennung und alles, was aus dieser

202

hervorgewachsen ist. Dadurch erst und nur konnten die Bedingungen der Liebe und Treue rein bewahrt werden – „bis zu dem Tode". –

Die beiden letzten Abschnitte des Werkes geben ganz zu Ende noch einige Überlegungen auf. Sie formen die Kreise, aus denen bisher alles äußerst kunstvoll zusammengefügt war, zu einem Gebilde ähnlich einer Volute und schütteln die Leser; das muß doch einen Sinn haben – das muß doch irgendwo hin weisen. Was wäre das für ein ergreifender Schluß, wie glaubhaft und einfühlsam, dieser Hinweis, daß Georg in hohem Alter gerne nochmals Corona aufgesucht hätte – und warum er es nicht tat. Sondern „die Gegend um die Kienberge und um Hohenfurt verließ". Nun endlich weiß man, was den Waldgänger sosehr gegrämt hat, als der Hegersimmi von ihm wegging, „,denn was kann denn ein Mann, der noch dazu in so hohen Jahren ist, mit einem solchen Knaben zu reden haben?'"

Und Schluß hier. Er *war* verlassen, am Ende auch von dem Hegerbuben. Dann *hat er* verlassen. Hier könnte es doch fertig sein, und vielleicht sollte es auch. Aber es geht weiter. Es liest sich der vorletzte Abschnitt zunächst wie eine Zutat, die, behutsam gesagt, überflüssig, weniger schonend ausgedrückt: störend dasteht, und von der man wünschen möchte, daß Stifters Verleger Heckenast oder sonst ein verläßlicher, kompetenter Freund seinen wohlgesonnenen Rotstift darüber hätte fahren lassen.

Eine kritische Bemerkung dieser Art hört sich treffend und sehr gerechtfertigt an. Es ließe sich freilich eine solche nicht nur gegenüber dieser Erzählung, und überhaupt nicht allein mit Bezug auf Stifter, vorbringen, sondern auf manches, mitnichten nur erzählende Werk: als Kritik an Schlußakten, -aufzügen, -bemerkungen, -betrachtungen, -akkorden, die nicht enden wollen wie zum Ausgang der Fünften von Beethoven, fünfundvierzig Takte lang, man hört nicht mehr zu und kann doch nicht einschlafen, weil es zu viel Lärm macht. – Solcherart könnte die Rüge auch an Stifter gehen, ganz am Ende seiner Meister-Erzählung: als Zurechtweisung an einen, der nicht aufhören will, und er hat längst nichts mehr zum Sagen. Oder er hat es schon längst gesagt.

Die Erläuterung eines Werkes ist nicht dessen Apologie. Ich sehe mich nicht veranlaßt, zu zeigen, daß hier etwas Neues und vom Fluß der Erzählung oder deren Abschluß her Notwendiges zu Wort kommt. – Jedoch, es geht nicht immer allein um das Neue oder Notwendige; und Abschließen ist eine schwierige Handlung oder Sache. Abschließen ist Abschiednehmen.

Dies bleibt zu bedenken namentlich bei jenen Werkschöpfern, und es sind die begabteren unter ihnen, für welche die Kreation ein innerer Dialog, ein Verhandeln mit sich selbst unter Ausschluß der Öffentlichkeit bedeutet. Einerseits wollen diese schwierigen Leute gar nicht aufhören, im Grunde sind es ja doch nur sie selber, die ihnen interessant und anregend genug vorkommen. Manchmal leisten sie sich den Trick, daß sie ihre Werke unbeendigt stehn und liegen lassen – wir erwähnten Michelangelo als bedeutendstes Exempel eines Verfolgers dieser Tendenz. Jederzeit kann der Meister morgen zurückkommen, so stellt man sich vor und hofft es auch, und seinen Meißel da ansetzen, wo er ihn einige Jahrhunderte zuvor weggelegt hat. Andere, und zu ihnen gehört Stifter, halten es so, daß sie, nach langem Mono-, will sagen verinnerlichtem Dialog am Ende doch noch das Gespräch mit ihrem Publikum suchen. Man muß da die geheimen Ansprüche der Schreibenden – aller – in Rechnung stellen. Diese Ansprüche liegen nicht in dem genialen Drang – den hat jedes menschliche Wesen in sich, wie auch die Befähigung, das zu Sagende sinn- und sachentsprechend zu sagen – noch in dem schöpferischen, womöglich auch noch heiligen Feuer, zu allerletzt wären sie in der Menschenliebe zu suchen – eher wird schon der kreative Haß zum Schriftsteller. Was es ist, das die Feder nicht mehr aus der Hand läßt: die Absicht – oder doch Hoffnung – irgendwann wie von dem hereingeholten Dialog sich zu befreien und doch noch zu einer, wenigstens vorgestellten, einer eingebildeten Zwiesprache zu kommen. Dafür muß der Schreibende sich aber die Vorstellungen, Hoffnungen, Befürchtungen, auch die Auffassungen der Leserschaft zu eigen machen – selbst wenn es gegen seine, des Schriftstellers entschieden eigenen Gewißheiten geht, welche zuvor von ihm über Seiten und Kapitel entwickelt und hochgehalten wurden. Er will Verständigung durch Zustimmung, wenn der Schriftsteller im Ausgang noch Betrachtungen anstellt, die gegen das Gesagte abfallen oder mit diesem kaum in Einklang zu bringen sind.

Ich stelle mir vor, dies sei es gewesen, was Stifter, der schwierige, eigensinnige und beziehungsscheue Schreiber, mit der Zufügung des vorletzten Abschnittes beabsichtigte. Und diese Absicht dürfte er auch verwirklicht haben. So manche biedermeierliche Leserin, wie die Jungfer Eichendorff, des Lyrikers benachteiligte Schwester und begeisterte Korrespondenzpartnerin des österreichischen Erzählers, oder das bürgerliche, auch kleinadelige Töchterchen im Pensionat, wenn es, hier angelangt, auf einen langen Augenblick sein geblümtes Buchzeichen einlegt in den Band mit Goldschnitt und Vignetten von Ludwig Richter, dann sein Schnupftüchlein hervorzupft, da die Geschichte gar so traurig ausgeht, sinnt vor sich hin, was danach wohl geschehn sein könnte. Und läßt sich dann gern trösten: „Gott wird sie gewiß bald rufen." Ja, das hätte die Leserin wohl auch so gesagt. Und im Himmel bleiben sie dann vereint – auf immer.

Dafür steht es hier aufgeschrieben: um zu Ende das Entgegenkommen seiner Leser zu spüren, welches er sich zuvor gründlich und ausführlich verscherzt hatte, als er so konsequent rücksichtslos, bisweilen ans Grausame streifend oder dies erfassend, mit dem Schicksal seiner Geschöpfe umgegangen ist.

Als Erzähler bleibt Stifter unerbittlich, jedenfalls in seinen von ganz tief eingezogenem Atem inspirierten Geschichten wie dieser. Als Denkender, Reflektierender jedoch läßt er mit sich reden – denn das sucht er ja, was jeder Schreibende sucht: das Gespräch, oder die Vorstellung von einem solchen. Er wird dort, wo er uns einläßt und sich mit uns einläßt, wenn er mit sich Zwiesprache hält – und uns nicht aussperrt, wie zuvor, als er von Geschehnissen und Zuständen, nie von Gemütsverfassungen berichtet hatte – die Tür für etwas öffnen, das er zuvor strikt draußengelassen hatte: für Sympathie, Empathie. Für Identifikation mit den Trägern ihrer vorgeschriebenen Rollen. Wenn er so etwas vorher schon, und wäre es in Andeutung geschehn, seiner Zuwendung durchlässig gemacht hätte, die ganze Erzählung wäre zu einem Stück Regenbogenblättchenliteratur abgesunken. Rücksichtslosigkeit bis zur Grausamkeit: Das ist die Bedingung aller hohen Literatur (man stelle sich vor, Shakespeare wäre nur einmal in seinen dramatischen Dichtungen diesem Grundsatz abtrünnig geworden). Jetzt aber, da alles zu Ende erzählt wurde, nun ist ein Gespräch mit dem Publikum erlaubt – oder wird die Vorstellung, die Illusion von einem solchen denkbar (zu einem echten Gespräch war Stifter nicht fähig). Um Wärme zu ahnen. Um die Ansicht zur Seite zu tun – oder doch zu verschleiern – „der Künstler habe als Schöpfer des Kunstwerkes die alleinige Macht über sein Geschöpf"[30]. – Dafür muß Gott jetzt herhalten. Zuvor war Stifter der Herrgott gewesen. –

Dann noch der allerletzte Abschnitt: eine seltsam beschaulich erbauliche Predigt zum Ausgang. Mir scheint, hier ist Stifter noch einen Schritt weiter gegangen in der Identifikation mit seinen Lesern. Zu weit?

Wenn man die zwei langen Sätze ohne einzuhalten laut liest, die direkte Rede des seligen Paares so einfach, wie man vor Gottes Thron redet – die Situation schafft dann genug der Stimmung, der Tonfall trägt nichts weiteres daran bei – so dürfte es deutlich werden, wer hier das Wort hat. Es ist der Chor wie bei den Alten, als Stimme des Volkes, das sich zum Ausgang der Weihespiele ganz mit den Akteuren vereint

207

zur Gemeinschaft all derer, die sterblich ihre Schicksale zu Ende tragen – oder von diesen getragen werden.

Gleichwohl, wo Stifter, entschieden ein Dichter, kein Denker, bis zum Schluß und über diesen hinaus an sich hält, wo er nur berichtet und seine Reflexionen draußen läßt, wo er sich von keiner Volksmeinung und weder von fremder Sympathie noch von eigener Empathie hereinreden läßt, da bleibt er größer.

Es gibt da eine andere Geschichte. Sie endet mit einem Waldgänger, einem namenlosen alten, welcher diesen Beruf auffindbar beläßt in der Dunkelheit seines Auftrages: Beleg zu sein für die Trostlosigkeit und Trostverweigerung, für die Vorwegnahme des Todes in der Melancholie. Und so schließt diese andere Geschichte ab: „Einen alten Mann, wie ein Schemen, sah man noch öfter durch den Wald gehen, aber kein Mensch kann eine Zeit sagen, wo er noch ging, und eine, wo er nicht mehr ging."[31]

Mit der Einsamkeit, Verlorenheit der beiden, nachdem sie sich getrennt hatten, geht die Geschichte aus. Nach der letzten Begegnung, dem letzten Händedruck wissen die beiden, was Einsamkeit heißt; wir mit ihnen. Und so heißt genau etwas ganz Besonderes: Nicht dies, daß ihr von nun an allein weiter geht, dies macht nicht eure Einsamkeit aus. Sondern daß niemand zur Stelle ist, keine, keiner, um dir die Hand zu halten, die Lippe zu kühlen, zu küssen, zu dir zu reden, wenn du hinüber gehst. Am Ende dir die Augen zuzudrücken. All dies ist euch nicht beschieden. Du stirbst in Verlorenheit. Einmal, wenn du längst abgekühlt bist, zerfallen vielleicht, findet man deine Reste.

Das ist die Einsamkeit.

So war das Schicksal von Georg und Corona. Bei der Trennung zeichnet es sich ab, unabdingbar. Es ist schon bestimmt. Freilich: Die ganz wenigen wesentlichen Begnadeten, Männer wie Frauen, von ihnen weiß man, sie ziehn sich, wenn es ans Sterben geht, selber zurück in die Höhle ihrer Einsamkeit. Dort legen sie sich in Gottes Arme. In deren Schutz und Geborgenheit, nur ihnen anvertraut, gehn sie hinüber in ihre Ewigkeit.

Georg hat es geahnt, Corona mit ihm.

Nachwort

In den schwersten Monaten meines Lebens, als ich nicht gewußt habe, ob ich überleben kann, auch ob ich überleben will,
haben drei Männer und drei Frauen mir den Sinn bewahrt.
Dies die drei Männer: Anton Bruckner, Adalbert Stifter, Sigmund Freud.
Die Frauen sind meine drei Schwiegertöchter Edith, Iris, Tali.
Ihnen gebe ich dieses Buch in die Hände.

A. R. Bodenheimer,
Frühjahr 1992

Anmerkungen

1 Die Autorschaft des oftzitierten alten Satzes „Inter faeces et urinas nascimur", zwischen Stuhl und Urin kommen wir zur Welt (bisweilen, etwa verschiedentlich von FREUD, auch in umgekehrter Folge wiedergegeben), ist unklar. Der Theologe Cornelius MAYER teilt mit, daß der Spruch mit Gewißheit nicht bei AUGUSTINUS zu finden sei. Es wird vermutet, daß er von HIERONYMUS, dem Verfasser der *Vulgata*, also aus dem 4. nachchristlichen Jahrhundert stammt.

2 Der Hinweis bezieht sich auf das Werk „Tragische Literaturgeschichte" (1948) des Basler Germanisten Walter MUSCHG.

3 Der Begriff „melancholisch" wird in dieser Abhandlung nicht, wie sonst oft, unverbindlich gebraucht, um einer anderswie schwer zu beschreibenden Stimmung ihren Namen zu geben. Vielmehr benennt „melancholisch" genau den kreisförmigen Duktus, die Rückkehr aller Regungen an den Ort ihres Ausganges. Dieses energetische Grundgesetz bezeichnet als wesentlichstes die Natur der Melancholie; und zwar gleicherweise in der Lebenshaltung wie in den Lebensäußerungen. (Siehe hierzu Aron Ronald BODEN-HEIMER, Wenn die grüne Galle schwarz wird, Zeitschrift *du* 11, Zürich 1988; und BODENHEIMER, Der trostlose Tröster, in: Über Mozart, Stuttgart 1991).

4 Hier ist zu vermerken, daß STIFTER selbst weit über den Rang des Dilettanten hinaus gemalt hat. Franz GLÜCK ging so weit, zu bemerken: „. . . man darf es ruhig aussprechen, daß in der Intension und in dem Geist, der es beseelt, Stifters Malwerk durch das Vorstoßen in bisher unbekanntes Gelände so ziemlich über alles hinausgeht, was in seiner

211

Umgebung zu seiner Zeit geschaffen wurde." (zit. nach Franz BAUMER, Adalbert Stifter, der Zeichner und Maler, 1979). Es entspricht STIFTERS Naturell, daß seine eindringlichsten malerischen Werke aus der Wiedergabe von vereinzelten Objekten, in Studien von Steinen oder Wurzeln gewachsen sind. Von dem Beschauer wird dabei, wie vom Leser, die Fähigkeit, auch die Bereitschaft gefordert, aus Darstellungen des Geläufigen das Eindringliche im Einfachen zu spüren, welches, hierin STIFTER auszeichnend, seine bedrängende Wirkung aus der Diskrepanz zwischen Form und Stoff, Form und Inhalt nimmt. Dennoch dürfte bei STIFTER – wie im Grunde bei sämtlichen bekannten Doppelbegabungen – keine unmittelbar zu spürende konzeptionelle Gleichläufigkeit von Texten und Bildern zu spüren sein, weshalb der Maler STIFTER hier auch nicht als der berufenste Illustrator seiner Erzählungen vorgestellt wird. Eine solche Aufgabe ist für diesen Band den sensiblen Zeichnungen des Bielefelder Künstlers Gerhard HÖLSCHER zugedacht worden.

5 Das Wald-Motiv in seiner geheimnisvollen Düsternis, bevorzugtes Szenario der deutschen Romantik (und der deutschen Romantiker bis heute), gibt den tragenden Grund für STIFTERS Thematik, bis in die Titel seiner Erzählungen (*Hochwald, Waldsteig, Waldbrunnen*), wie auch der einzelnen Kapitel der hier besprochenen Geschichte. Selber herkünftig aus dem Böhmischen Wald, hat der Dichter seine Menschenscheu und Verschwiegenheit in die Einsamkeit des Waldes verlegt – in dessen Heimlichkeit wie Unheimlichkeit. Solange er sich in der Düsternis des Waldes bergen konnte (auf deren sexuelle Bedeutung FREUD eindringlich, auch anhand von Beispielen, aufmerksam gemacht hat), vermochte STIFTER mit den Bedrängnissen seiner Zwangsneurose, operotropistisch gewissermaßen, zurechtzukommen. Als dann aber, durch den *Nachsommer*, alles licht geworden ist, hat sein Werk ihn nicht mehr mit den Bedrängnissen seines Lebens auszusöhnen vermocht. – Eine vergleichbare Entwicklung ist bei VAN GOGH zu finden: immer leuchtendere Farben laufen parallel mit stets zunehmender Verdüsterung. Und beide Male endet die Diskrepanz im Suizid.

6 Der Hinweis („vor-laokoonisch") beruft sich auf die von LESSING gewünschte Selbstbescheidung und -abgrenzung der einzelnen Kunstgattungen. Gotthold Ephraim LESSING, Laokoon, oder über die Grenzen der Mahlerey und Poesie, 1766.

7 Zitat einer Passage aus einer fragmentarischen Beschreibung seiner Kindheit, die der Dichter zur Zeit der Niederschrift der hier kommentierten Erzählung versucht hat. Die Blätter sind mit dem 16. November 1846 datiert und wurden vermutlich an Dr. Hermann MEYNERT gerichtet.

8 Adalbert STIFTER, ebenda.

9 Sigmund FREUD, Der Dichter und das Phantasieren, 1908 (= Band 7 der Londoner Gesamtausgabe, 1947).

10 Sigmund FREUD, ebenda.

11 So, nämlich als Leid (der Trennung), formuliert sich der Gottesfluch an Eva (Genesis 3, 16) und nicht, wie allgemein übersetzt, als (Geburts-) Schmerz.

12 Beide Zitate sind aus PLATONS „Gastmahl" genommen.

13 Ernst BLOCH, Das Prinzip Hoffnung, 1938–1947, Anfang und Ende.

14 Die Berufung der Butterblumen an dieser Stelle nimmt Bezug auf ein boshaftes Epigramm von Friedrich HEBBEL gegen „die alten Naturdichter und die neuen" (BROCKES und GESSNER, STIFTER, KOMPERT und so weiter) von 1845: „Wißt ihr, warum euch die Käfer, die Butterblumen so glücken? / Weil ihr die Menschen nicht kennt, weil ihr die Sterne nicht seht! / Schautet ihr tief in die Herzen, wie könntet ihr schwärmen für Käfer? / Säht ihr das Sonnensystem, sagt doch, was wär' euch ein Strauß? / Aber das mußte so sein; damit ihr das Kleine vortrefflich / Liefertet, hat die Natur klug euch das Große entrückt."
Auf diesen Hohn hat STIFTER in der Vorrede zu seiner Sammlung *Bunte Steine* zu reagieren versucht – eher unbeholfen und derart wenig bezogen auf die Vertracktheiten, die Geheimnisse und Bedrängnisse, die er im Kleinen, in den Butterblumen aufgespürt oder in diese hinein verlegt hat, daß die Vermutung am Platze ist, er habe sich selber nicht wirklich Rechenschaft darüber gegeben, wie genau es ihm gelungen ist, Spannungen und Entwicklungen aus dem Unscheinbaren am glaubhaftesten zu erläutern.

15 Max PICARD, Die Welt des Schweigens, 1988 (^{1}1948).
    Martin HEIDEGGER, Schöpferische Landschaft: Warum
    bleiben wir in der Provinz?, in: Denkerfahrungen 1910–
    1976, 1983.
16 Adalbert STIFTER, Abdias. Urfassung 1842, Endfassung
    1847 im 4. Band der *Studien* erschienen.
    Der Name Abdias gibt die gräzisierte Fassung des altbibli-
    schen Propheten Obadja (Ovadja), dessen Text, das kürze-
    ste Prophetenbuch des Alten Testaments, die Vernichtung
    Edoms und das Heil für Israel auf den Tag Jehowahs weis-
    sagt. – STIFTER, bibelkundiger Klosterschüler der Bene-
    diktinerabtei Kremsmünster, hat gewußt, welchen Namen
    und welches Schicksal dem rächenden, dem liebenden Ju-
    den zu geben.
17 „Als Moses vom Berg Sinai herabstieg, wußte er nicht, daß
    die Haut seines Antlitzes davon erstrahlte, daß er mit Gott
    geredet hatte. Aron jedoch, und mit ihm alle Kinder Israels
    sahen, wie Moses im Gesicht strahlte, und so hatten sie
    Angst, vor ihn hinzutreten." (Exodus 34, 29–30). – Die
    Aura eines Menschen, dessen betörender, oft beängstigen-
    der Charme, läßt sich wohl kaum genauer beschreiben als
    durch diese über das Metaphorische hinausgehende Dar-
    stellung: Er strahlte, doch er wußte es nicht – oder eben,
    mit STIFTERS Worten: „Sein schönes Angesicht . . . und
    die sanften schwärmenden Augen . . ., aber er wußte es
    nicht, daß er sie hatte, und lebte fort."
18 Man halte gegen diese nüchterne, alle Gefühlszutat ausspa-
    rende Schilderung die erste Strophe des Gedichtes *Sommer-
    bild* von STIFTERS grimmigstem Kritiker Friedrich HEB-
    BEL mit ihrer abgewetzten Metaphorik: „Ich sah des Som-
    mers letzte Rose stehn, / Sie war, als ob sie bluten könne,
    rot; / Da sprach ich schauernd im Vorübergehn: / So weit
    im Leben ist zu nah der Tod." Vielleicht weist der Ver-
    gleich dieser beiden „Stimmungsbilder" am genauesten auf
    die Schwierigkeiten, denen die Stifter-Rezeption begegnet
    – von STIFTERS Zeitgenossenschaft bis heute.
19 Dieses einzelne Beispiel melancholischen Schreibens sei
    hier der Aufmerksamkeit einer Leserschaft exemplarisch
    und besonders eindringlich vorgelegt: Es ist gerade nicht
    sosehr die Schilderung der Lebenssituation, aus der hier

die Wirkung wächst, sondern der Duktus der Schilderung selbst. Wobei das Melancholische sich durchaus, ja mit Vorliebe, humoristisch geben kann.

20 Die Beschreibung des Wohnraumes von Coronas Eltern ist bisweilen als kitschig glossiert worden. Manche Kritiker wollen glauben, das Paraphrasieren stehe einzig ihnen zu. Jedenfalls haben sie nicht bemerkt, daß STIFTER hier eine Darstellung liefert, welche, auch vom Stil her, dem Text des Katalogs eines Innenarchitekturbüros – unserer Tage wohlgemerkt – für die Familien Raffke und Neureich abgeschrieben sein könnte. Das liest sich so: „Sein Zimmer war mit allem versehen, was nur immer in jedem Falle der Krankheit oder Gesundheit eines Kindes notwendig sein könnte ... Alle Fächer, Kästen und Tischchen standen in den Zimmern, welche Mädchen brauchen können, um ihre tausend Sachen unter zu bringen und darauf zu legen, eine ausgewählte Büchersammlung war da, auf einem Gestelle lagen bereits die Notenbücher ..., in der Ecke stand ein Pianoforte, in der damaligen Zeit ein sehr neues und sehr kostbares Werkzeug, auch eine Harfe mit großem schweren Resonanzboden und mit übermäßigen goldenen Verzierungen, von dem schneeweißen Vorhange des Fensters halb überdeckt und von dem rotseidenen Faltenwurfe desselben an ihrem Fuße umbauscht, stand unter dem Fensterbogen da, und sah in das Zimmer heraus." Bitte, Leserin und Leser, hören Sie nicht nur auf den Inhalt, lassen Sie auch die textuale Form dieser Darstellung wirken.

21 Adalbert STIFTER, Über Stand und Würde des Schriftstellers, in: Constitutionelle Donau-Zeitung, 1848.

22 Sigmund FREUD, Die am Erfolge scheitern, in: Einige Charaktertypen aus der psychoanalytischen Arbeit, 1915 (= Band 10 der Londoner Gesamtausgabe, 1949).

23 Dieses anthropologische Grundgesetz – lautend, daß Kreativität aus Kreatürlichkeit wächst, nur aus dieser – wurde ständig und wird nach wie vor gern skotomisiert. Es bildet eines der am intensivsten nachwirkenden Tabus, auch, ja namentlich, wenn es den Unrat betrifft. In diesem aber vermengt sich, nicht zu trennen, das Abgestorbene, Auszustoßende, mit dem Dung und der Urform für das lebendig Nachkommende. Dieses Tabu gilt besonders seit der Epo-

che, in welcher STIFTER gelebt hat. Damals, einherge-
hend mit der Entwicklung von großstädtischen Agglomera-
tionen, wuchs die Aufmerksamkeit für Herkunft und Gefahren von Seuchen; als Folge daraus entwickelte sich erst
der Sinn für Reinlichkeit. Zuvor galt Dreck jeder Art unreflektiert von allen Bevölkerungsschichten, eingeschlossen
den höchstfürstlichen in ihren Prachtschlössern, als Begleiter durch das Leben des Alltags. Es fällt uns heute nicht
ganz leicht, unsern Sinn für diese Art von Verzierung und
Parfümierung der Pracht von Barock und Rokoko aufkommen lassen. Ohne Bereitschaft hiezu versagen wir uns den
Sinn für die spontane Kreativität jener Tage, somit auch
für das oftgescholtene freie Verhältnis, welches Mozart –
und übrigens bei weitem nicht er allein – zum Bereich des
Analen und Fäkalen gezeigt hat. Dem Kundigen zeigt sich
darin nicht sosehr eine Unart oder ein Mangel an Erziehung, sondern ein wesentlicher und elementarer Anteil
spontaner Schöpferkraft.

24 „Die sozialen, die Klassen-Gegensätze, die ja gerade im
Mittelalter gen Himmel stanken, sind [bei STIFTER] nicht
nur verschleiert oder verschwiegen; nein, schlimmer: sie
sind auch als selbstverständlich gegeben, ja, ‚gott-gegeben‘
geschildert . . .“ (Arno SCHMIDT, Zur deutschen Literatur, Band 3, 1988). – Bei allem Sarkasmus, mit welchem, in
der ihm geläufigen Form, SCHMIDT Werk und Person
STIFTERS verreißt, ist doch öfter etwas wie ungern einge-
standene Bewunderung für den schwer greifbaren, hinter-
gründigen STIFTER zu finden.

25 Gleichzeitig mit STIFTERS *Pechbrennern*, nämlich 1842,
und ebenfalls aus belächeltem, bäurisch-provinziellem Ur-
sprung gewachsen, ist eine Erzählung erschienen, welche
nach Inhalt gleichwie Rang dem Werk STIFTERS mindes-
tens gleichkommt: *Die schwarze Spinne* von Albert BITZIUS
(d. i. Jeremias GOTTHELF). Wie dem Bericht über die
Pechbrenner, so wird auch GOTTHELFS Darstellung des
Schwarzen Todes, der wie Spinnengeschwär über das Volk
kriecht, durch eine kontrastierende Rahmenerzählung gegenüber dem Leser abgedichtet, damit der Bericht von all
den Schauerlichkeiten erträglicher daherkommt. – Während STIFTER durch seine Geschichte, ähnlich den mittel-

216

alterlichen Darstellungen des Totentanzes, auf die Wahllosigkeit, mithin ausgleichende Gerechtigkeit weist, mit welcher der Tod seine Opfer für sich aussucht, beruft der Berner Landpfarrer durch seine Beschreibung vom Wüten des Ungeheuers Gottes strafend-warnende Stimme.

Nicht so rückhaltlos grausam schildert Albert CAMUS 1947 in „La peste" das Überfallenwerden einer Population durch die unberechenbare Epidemie. Bei CAMUS' zwei Jahre nach Ende des Zweiten Weltkrieges in Frankreich erschienener, in Französisch Nordafrika spielender Erzählung ist die Metaphorik eine andere: Hier geht es um das Ausgeliefertsein einer Bevölkerung an die Wirkungen von Ideologie und Propaganda – erst des Faschismus, danach der Vergeltungswut. – In der Form verschieden, vom Inhalt her STIFTER wie GOTTHELF entsprechend, hält CAMUS sich an dieselbe Fabel, welche sagt: Die todbringende Epidemie, wie immer sie heißt, wie immer sie die Massen befällt, kann zurückweichen, oft auf lange Zeit, niemals mehr wird sie ihre mörderischen Keime aus deren Versteck gänzlich zurückziehen: „Während Rieux den Freudenschreien lauschte, die aus der Stadt empordrangen, erinnerte er sich . . . daran, daß diese Fröhlichkeit ständig bedroht war. Denn er wußte, was dieser frohen Menge unbekannt war und was in den Büchern steht: daß der Pestbazillus niemals ausstirbt oder verschwindet, sondern jahrzehntelang in den Möbeln und der Wäsche schlummern kann . . . und daß vielleicht der Tag kommen wird, an dem die Pest zum Unglück und zur Belehrung der Menschen ihre Ratten wecken und erneut aussenden wird, damit sie in einer glücklichen Stadt sterben."

26 Adalbert STIFTER, Bunte Steine. Ein Festgeschenk, 1853.
27 Max WEBER, Die rationalen und die soziologischen Grundlagen der Musik, in: Wirtschaft und Gesellschaft, 1921/22.
28 Vgl. Anmerkung 11.
29 „Enorm langweilig und faszinierend-lächerlich vor Reinheit", so Thomas MANN in seinem Tagebuch von 1941, zit. nach Jean Rodolphe von SALIS, Notizen eines Müßiggängers. Daselbst die signifikante Bemerkung: „Es liegt auf der Hand, daß Thomas Manns literarische Urteile in seinem

Tagebuch aufrichtiger sind als in seinen für die Öffentlichkeit bestimmten Schriften."
30 Ernst KRIS / Otto KURZ, Die Legende vom Künstler. Ein
    geschichtlicher Versuch, 1980 ([1]1934).
31 Adalbert STIFTER, Der Hochwald, 1842.

Adalbert Stifter:
Der Waldgänger

Am Waldwasser

Wenn von unserem wunderschönen Lande ob der
Enns die Rede ist, und man die Herrlichkeiten
preist, in welche es gleichsam wie ein Juwel gefaßt ist,
so hat man gewöhnlich jene Gebirgslandschaften vor
Augen, in denen der Fels luftblau empor strebt, die
grünen Wässer rauschen und der dunkle Blick der
Seen liegt: wer sie einmal gekannt und geliebt hat,
der denkt mit Freuden an sie zurück, und ihr heite-
res Bild mit dem duftigen Dämmern und dem fun-
kelnden Glänzen steht in der Heiterkeit seiner Seele
– aber es gibt auch andere, unbedeutendere, gleichsam schwermütig schöne Teile, die abgelegen sind,
die den Besucher nicht rufen, ihn selten sehen, und
wenn er kömmt, ihm gerne weisen, was im Umkreise
ihrer Besitzungen liegt: wer sie einmal gekannt und
geliebt hat, der denkt mit süßer Trauer an sie zurück, wie an ein bescheidenes liebes Weib, das ihm
gestorben ist, das nie gefordert, nie geheischt, und
ihm alles gegeben hat.

Es sind jetzt viele, viele Jahre, daß der Verfasser
dieser Zeilen, der jetzt ein Mann ist, auf einem jener
Scheidepunkte stand, wo das Auge beide Teile, die
heiteren herrlichen Gebirgslandschaften und jene
einfacheren unbedeutenderen Gegenden unsers Va-
terlandes mit einem Male überschauen kann. Er war

damals ein Jüngling mit stürmendem Herzen und voll fliegender Hoffnungen. Jetzt sind die Wünsche in das Geleise des Möglichen zurückgekehrt und wagen da noch nicht an die äußeren und ferneren Grenzen zu langen: damals gab es gar keine Grenzen, und von dem Fernen und Unerreichbaren wurde nur bedauert, daß es nicht noch ferner und noch unerreichbarer ist. Er hatte sein Herz an ein Mädchen geheftet, das nichts besaß, keine sogenannte Bildung, keine folgerechte Entwicklung, als nur ihre schönen Augen, die an das Fabelhafte reichende Güte und das ahnungslose vertrauende Herz. Er wollte sie an sich heben, an das Herz drükken, und auf den Armen durch alle gefahrvolle Welt der Zukunft tragen. Er stand auf dem Scheidepunkte und sah zurück in jene unbedeutenderen Teile, wo ihre Gestalt wandelte, woher er eben gekommen, wo er so lange neben ihr gewesen, und von wo er auf lange, auf unbestimmt lange, scheiden mußte. Es liegt ein vereinsamter Ort auf der Höhe der Scheidelinie mit einer kleinen vereinsamten Kirche. Der Ort ist kühl, meist windig und seine Fenster schauen zum Teile nach Mitternacht zum Teile nach Mittag auf beide Teile des Landes. Auf den kühlen Wiesen dieses Ortes, auf die sich eine mattwarme Herbstsonne legte, stand er und sah zurück. Es war jetzt lange eine schöne heitere Zeit gewesen mit vergleichweise bedeutender Wärme, die Herbsttage rückten vor, und heute schien es, als ob sich die Art des bisherigen Wetters ändern wollte. Über dem ganzen Mühlkreise, der mit den vielen vereinzelten Streifen seiner Wäldchen und den vielen dazwischen liegenden Feldern, die bereits gepflügt waren, und deren Scholle

durch das lange schöne Wetter fahl geworden, bis in
die tiefere Färbung der böhmischen Höhen zurück
geht, stand schon eine dunkelgraue Wolkendecke,
deren einzelne Teile auf ihrer Überwölbung die
Farbe des Bleies hatten, auf der Unterwölbung aber
ein zarteres Blau zeigten, und auf die mannigfaltigen
zerstreuten Wäldchen bereits ihr Düster herab warfen, daß sie in dem ausgedorrten Grau der Felder
wie dunkelblaue Streifen lagen, bis ganz zurück der
noch dunklere und noch blauere Rand des Böhmer-
waldes sich mit dem Grau der Wolken mischte, daß
seine Schneidelinie ununterscheidbar in sie verging.
Neben dem Beschauer säuselten und rauschten
schon die einzelnen dürren Halmen des Heckengra-
ses von dem Windchen erregt, das sich nach so langer stiller Zeit erhob, und den Umschwung der
Dinge verkündete. Auf dem wärmeren Tieflande,
das gegen Mittag ist, und auf dem ganzen Gürtel des
glänzenden Hochgebirges der Alpen, wodurch es am
Rande beschlossen wird, lag noch der helle, leuchtende Sonnenschein, als würde erst später über jene
gesegneten Länder das traurige Naßkalt des späten
Herbstes hereinbrechen. Unten, gleichsam zu Füßen, in der Tat aber noch ziemlich weit entfernt, lag
das weißbetupfte Scheibchen der Stadt Linz, geschnitten von dem schimmernden Strome der Donau, der im zartgewebten Dufte des Landes gegen
Osten ging. Dort weit zurück gegen Mittag, wo das
Grau und Violett des Flachlandes einen Streifen in
den Äther des Hochgebirges schiebt, müßte der
weiße Punkt der Abtei schimmern, wenn er sichtbar
wäre, wo der Betrachter dieser Dinge so viele Jahre
seiner Kindheit zugebracht, und wo er so viele Freu-

den des Herzens und der aufknospenden Seele genossen hatte. Aber weder hinaus zur Abtei, deren
Türme gewiß jetzt im Sonnenscheine glänzen würden, noch zurück in das vereinsamte Land, das jetzt
von Wolken beschattet ist, durften ihn seine Schritte
tragen, sondern er schaute noch einmal auf das hinter ihm befindliche, unscheinbare in beginnendem
Regenwetter liegende Land zurück, und stieg dann
in das Rinnsal des abwärts führenden Tales hinein,
das die Leute den Haselgraben nennen; der Glanz
und die Hitze der auf seinen Laubwäldern gelinden
Sonne empfing ihn, und wie mit einem Zauber-
schlage kaum nach drei Schritten war das hinter ihm
liegende Land, die Streifchen der Wälder, die vielen
Felder, die böhmischen Höhen, der graue Wolken-
himmel, und die säuselnden Halmen versunken; die
in der Tiefe des Engtales ruhig stehende, warme und
mildere Luft umfloß ihn und geleitete ihn abwärts.
Aber auch das Feenbild gegen vorwärts war verschwunden, und das Auge sah nichts als den Himmel
und die herein gehenden sich schneidenden Laub-
wälder der Nähe, auf denen mannigfaltiger Glanz
und der unsägliche Reiz verschiedener herbstlicher
Färbungen lag. In mancher Tiefe, vor allen Winden
geschützt, war es noch so warm, man könnte sagen,
heiß, daß manch ein Walnußbaum seine Äste und die
noch grünen Blätter ausbreitete, als wäre es ein anderer Frühling, in dem er sich badete. Ganz oben,
wo das Tal mit noch geringerer Tiefe anfängt, begann auch ein winziges Wasserfädlein neben dem
Wanderer abwärts zu gehen. Es ging in dem Rinnsale neben dem Wege unhörbar und nur glitzernd
vorwärts, bis es durch die Menge des durch die Hö-

hen sickernden Wassers gestärkt vor ihm plaudernd
und rauschend einher hüpfte, als wollte es ihm den
Weg durch die Talmündung hinaus zeigen, und bis
es endlich durch die ungeheure Wucht des in die
Tiefe gedrückten Wassers genährt, und von manchem aus dem Bauche des Berges hervor springen-
den Brünnlein begrüßt, und von manchem schwarzen Steine aufgehalten schäumte und tobte, und ihn
ermunterte zu folgen. Sie gingen an manchem Wald-
abhange, an mancher schattigen Stelle vorbei, es be-
gegneten ihnen manche auf dem schmalen Wege
mühsam aufwärts gehende Fuhrwerke, oft mit einem
einzigen Ochsen, oft mit einem starken meist wohl-
genährten Pferde bespannt, – sie kamen an dem
Schlosse vorüber, das aus dem edelsteinfunkelnden
Laubdache mit seinen alten Mauern und mit dem
finstern runden Turme in die Tiefe hernieder
schaut, und wo einst jener böhmische König Wenzes-
laus gefangen war – sie gingen an manchem zerstreuten Häuschen, an mancher Mühle, an mancher
auf einem tiefgelegenen Wiesenfleckchen weidenden
Kuh vorüber, bis endlich nach einigen Stunden
Wanderns da, wo links eine Heiligenkapelle, rechts
eine stattliche Mühle steht, die Berge sich auseinander taten, das abwärts steigende Teil aus war, und
die hingebreitete große Ebene begann. Der Bach
ging breit und wallend links gegen die Felder und
Bäume, wo schon in nicht sehr großer Entfernung
der Silberblick der Donau durch die Zweige herüber
grüßte, und auf ihn harrte: der Wanderer ging
rechts in die Gebüsche und aus ihnen auf der weißen
Straße auf die schönen ebenen Gefilde hinaus, die
mit Herbstfrüchten besetzt und mit Obstbäumen be-

pflanzt waren, und die er von oben als duftiges gewobenes Band erblickt hatte. Der Äther der Alpen stand tief im Süden wieder vor ihm – links auf dem Abhange, der von den zurückweichenden Bergen seitwärts gegen Morgen ging, stand im Schoße von Obstbäumen und Gebüschen das kleine Kirchlein Sankt Magdalena, überall blickten die dichten Strohdächer reicher Bauernhöfe hervor, überall standen Fruchtbäume, und noch grüne nickende Gesträuche; denn der Oberösterreicher liebt den Baum und den Strauch, und pflanzt eher einen, als er ihn umhaut – und gerade aus vorwärts vor den Augen des Wanderers glänzten die blankgehaltenen gelben Turmknöpfe der Stadt Linz in der Nachmittagluft und schimmerten die weißgetünchten Wände der Häuser, die geschnitten waren durch die grünen Fensterläden, und gehoben durch das leuchtende Grün der neben ihnen ansteigenden Berge, die gegen Sonnenuntergang die Donau umstehen und sie verengen. In dem Herzen des Wanderers war eine Wehmut über das Scheiden von dem, was er liebte, welches Scheiden vielleicht kurz – oder auch lange dauern konnte: aber in seinen vertrauenden zuversichtlichen Augen spiegelte sich der klare österreichische Himmel, er dachte, er werde nun arbeiten, sich mühen, seinem Ziele entgegen drängen, und es könne ja gar nicht sein, daß es lange dauern könne, – und er werde wiederkommen und alles im Übermaße erreicht haben, wornach seine Wünsche gingen, – er wanderte in die Stadt ein, besuchte manche Freunde, die er da hatte, und erzählte ihnen, wie es weiter nördlich gewesen ist, wie er da gelebt habe, was er gefunden, was er gestrebt habe, und was er zu erreichen hoffe – oder er erzählte es manchem von ihnen auch nicht, weil er es heilig und geheim in seinem tiefen Inneren behalten wollte. Er blieb diese Nacht in Linz. Am andern Tage morgens war alles weithin grau und regnerisch, der Wolkenbau des nördlichen bergigen Mühlkreises hatte sich bereits über das ganze Land gezogen, die zwei Türme einer Kirche, die auf einem nordwestlichen Berge gelegen, sonst immer so freundlich auf die Stadt hernieder schaun, waren mit einer Nebelhaube bedeckt, längs der ganzen Bergreihe, über die er gestern herunter gekommen ist, strichen, die Höhenspitzen eintrinkend, weiße und grauliche Wolkenbänke, teilweise trübe Regenschleier nieder sendend; die südlichen Alpen waren ganz und gar verschwunden, und wie der Wanderer im Wagen saß, und Strecke um Strecke auf der Straße nach Wien fort rollte, war es, als führe er auf einem kahlen Flachlande dahin, nicht in dem reizenden abwechselnden Lande, dessen Höhen und geschmückte Teile der immer dichter hernieder fallende feine Sprühregen auch immer mehr verhüllte, in dem Lande, das er so liebte, zu dem er immer wieder zurückkehrte, und das er nie, nie in seinem Leben vergessen wird. Am dritten Tage, nachdem sie immer unter grauem Himmel, herabfallendem Regen und auf ruhig starrender Erde fortgefahren waren, trafen sie in Wien ein, wo auch die Türme in das niederhängende Grau getaucht waren, die wimmelnde Menge unter Regendächern ging, die Pflastersteine düster glänzten, und die Dachtropfen auf die Decke des langsam fahrenden Wagens niederfielen, als er unter dem Torwege des Gasthauses hinein schwankte.

Wie war seit jenen Jahren alles anders geworden! Jedes Ungeheure und Außerordentliche, welches sich in der Zukunft des Wanderers vorgespiegelt hatte, war nicht eingetreten, jedes Gewöhnliche, was er von seiner Seele und seinem Leben ferne halten wollte, war gekommen – an jenem Morgen, wo er mit einem Händedrucke und dem frohen Versprechen des baldmöglichsten Wiederkommens geschieden war, und wo er dann von der Scheidelinie in das Land zurückschaute, in dem seine Liebe wohnte, hatte er sie zum letzten Male gesehen – kühle Erde deckte schon seit langem ihr gutes Herz – was er sonst anstrebte, erreichte er nicht oder erreichte es anders, als er gewollt hatte, oder er wollte es nicht mehr erreichen; denn die Dinge kehrten sich um, und was sich als groß gezeigt hatte, stand als Kleines am Wege, und das Unbeachtete schwoll an und entdeckte sich als Schwerpunkt der Dinge, um den sie sich bewegen. Oft hatte er wieder die Wälder, die Berge, die Täler gesehen, wo er einst an ihrer Hand gewandelt war, sie hatten einen Teil des schönen Dufts abgestreift, und standen bekannt und klar und einsam um ihn herum und öfters war es ihm nicht anders als sähe man noch den Glanzhauch aus dem Himmel hinaus ziehen von dem Herzen, das einstens hier gelebt hatte und nun fortgegangen ist.

Dennoch ist ihm die Gegend immer lieb und teuer geblieben. Es sind noch Reihen von Jahren vergangen, und wenn auch das Bild, von dem er einstens geglaubt hatte, daß er es mit höchster Glut ewig im Herzen tragen werde, bis zu milder Ruhe ausgebleicht worden war, so sind doch wieder andere dafür in seiner Erinnerung aufgestanden, die er damals nicht beachtet hatte, und die sich jetzt mit sanftem Reize vor seine Seele stellten – sei es nun ein düsterer Föhrenwald, an dessen schwarzen Wurzeln die dunklen Wässer dahin wuschen – sei es ein lieber Fels, der emporragte und auf dem Haupte gesellschaftliche Pflanzen trug – seien es gegen ein Rinnsal herein gehende Birkenwälder, die den Fluß einsogen, scheinbar verbargen, und unsichtbar zu den weiteren ebeneren Ländern hinaus leiteten: – oder seien es Menschen und einfache Charaktere, die er dort gekannt, geliebt, bedauert, geachtet hatte. Manches würde mit holdem Reize auf der Tafel des Landschaftsmalers stehen, und mit beschwichtigendem Maße zu der Seele des Beschauers reden, manches würde in dem Munde des Menschenmalers Gestalten erzeugen, die mit Gegenständlichkeit und mit ihrer klaren Einfalt unsere Seele füllen würden. Es ist so Mannigfaltiges empor getaucht, wenn er den Blick in die Vergangenheit richtete, und er hat es gerne und mit Liebe zu den Erinnerungen seiner reiferen Mannesjahre gesellt. Er würde vieles zur Festhaltung in seinem eigenen Angedenken, aus dem im Laufe der Zeiten Gestalten und Erscheinungen so unaufhaltsam fliehen, aufzeichnen, wenn er nicht fürchten müßte, daß die Züge, die so unscheinbar sind, und doch den ganzen Menschen machen, in seinen Händen zergingen, und er nur Schattenlinien bewahrte.

Tief zurück im Reiche der Erinnerungen steht ein alter Mann, den der Verfasser einst gekannt hat, der etwas fremdländisch redete, dessen Aussprüchen er oft gelauscht hatte, und dessen Geschicke er, in sein eigenes Gefühl versunken, das ihm wie der Mittelpunkt der Welt erschien, wenig Aufmerksamkeit geschenkt hatte. Nach vielen Jahren sind seine Verhältnisse bekannt geworden, nach denen einst wegen der Unscheinbarkeit des Mannes niemand gefragt hatte, und wir wollen uns dieselben zu unserer eigenen Erinnerung aufzeichnen, wenn sich anders etwas so wenig Gegliedertes darstellen läßt, das eher durch sein einfaches Dasein, als durch seine Erregung wirket.

Es ist die einförmige, harmlose Gestalt des Waldgängers, von welchem ich spreche.

Wenn die Leute in jenen Gegenden etwas anderes lesen würden, als ihr Gebetbuch, und ihnen diese Zeilen zu Gesichte kämen, so würde jeder den Mann kennen, der so lange unter ihnen gelebt hat, fort gegangen ist, und vielleicht noch auf einem Teile der Erde lebt. In der letzten Zeit hatte er immer kurze lederne Beinkleider an, wie sie noch vielfältig in jenen Tälern vorkommen, er hatte sie unter den Knien mit ledernen Riemen gebunden, hatte blaue Strümpfe und niedere bequeme Schnallenschuhe an, deren Sohlen mit starken Nägeln beschlagen waren. Als Oberkleid hatte er keinen Rock, sondern jene Jacke, wie sie noch in der Gegend zu sehen ist, deren Schoße breit aber kurz sind, deren große Taschen von oben nach abwärts gehen und mit einem Tuchlappen, gleichsam wie mit einem Regendächelchen überschlossen sind. Der breite Hut, den er immer trug, war wohl in einer früheren Zeit, jetzt aber nicht mehr in jenen Gegenden im Gebrauche, und hat dem kleineren runden Hute Platz gemacht, um den eine Schnur geschlungen ist, die bei Jünglingen, namentlich bei eitlen, schön, oft sogar von Goldzwirn sein muß. Der Hut des alten Mannes war noch aus der alten Zeit, die breiten Flügel hingen etwas nieder und waren schon sehr gebleicht. In seiner Gesellschaft hat man fast unablässig einen barfüßigen, barhauptigen Knaben mit schlechten Kleidern gesehen, der aber nicht sein Sohn war, überhaupt nicht mit ihm zusammen hing, sondern einem armen Manne in der Gegend gehörte.

Wenn man von dem einsamen Orte mit dem kleinen einsamen Kirchlein, dessen wir oben gedachten, als wir von der Scheidelinie sprachen, von welcher man beide Teile des Landes ob der Enns, den nördlichen und südlichen zugleich überschauen kann, seine Schritte nach Norden wendet, die wunderschönen blauen, leuchtenden Alpen im Rücken läßt, dabei immer ein klein wenig nach West abschlägt, und über die vielen hügligen Felder und durch die vielen Waldstreifen des Mühlkreises gegangen ist, gelangt man zu jenen Höhen, in denen der Böhmerwald mit zerworfenen Waldstücken und kahl geschlagenen Büheln nach Osten ausläuft, und sich in ein Land zersplittert, wie der Mühlkreis, kleinhüglig und kleinwaldig; nachdem er vorher in dichter Schönheit zwischen Böhmen und Bayern nach Süden ging, und da, wo er Österreich berührte, mit breitem, dämmervollem Rücken gegen Morgen beugte. Wenn man der Straße folgend an jener Linie anlangt, wo Österreich und das böhmische Land aneinander stoßen, trifft man auf schlechte, kalte Feldstücke, dem einstigen Walde abgerungen, dazwischen sind nasse Wiesen, und die einzelnen beinahe schwarzdunklen Waldballen, gleichsam stehen gebliebene Tropfen von dem zerworfenen Strome. Dann geht man über einen kahlen Hügel, die höchste Höhe, auf welchem

Heidegras wächst, die Preißelbeeren und einzelne vom Sturme und vom Winter hart verknotete Föhren stehen. Von da steigt man durch ein Dorf, dessen Häuser weit von einander entfernt, und auf einem großen Raume herum gestreut sind, wie es bei Walddörfern gewöhnlich ist, in ein milderes, wärmeres Tal hinab, in welchem das dunkelbraune Wasser der Moldau langsam gegen Morgen fließt. Wir haben schon einmal an einer anderen Stelle gesagt, daß von Friedberg an, welches auf einem Abhange in diesem Tale liegt, das Moldauwasser, nachdem es eine Weile in offenem Lande gegangen ist, wieder schwarze Tannen- und Föhrenwurzeln netzt, und erst in die Schatten des Jesuiterwaldes und des Kienberges fließt, und dann durch die Schlucht der Teufelsmauer verschlungen wird.

Wir müssen an diesem Orte, weil es unser Zweck erheischt, ein wenig länger bei dem Gegenstand verweilen.

Friedberg ist ein kleiner Marktflecken, dessen Kirche auf dem Hange, auf dem der Ort steht, malerisch an der äußersten Spitze gelegen ist, von wo der Boden sachte abfällt. Ringsum stehen größere Höhen. Im Süden und Südwest sehen seine Fenster auf jenen großen Wald, der der letzte dichte Rücken ist, mit dem der Böhmerwald vergeht, und der sich noch in ununterbrochener Reihe an den ganzen Zug anschließt, der zwischen den Ländern fortläuft. Im Norden sind schon die kleineren Hügel teils mit Feld, teils mit Wald bedeckt, einstens ein einziger, undurchdringlicher Waldgrund, bis noch weiter im Norden die hüglige Gestalt des Landes aufhört und mit ihm die deutsche Art und Sitte, die deutsche

Kleidung und Sprache, und die Ebene beginnt und die slawische Sprache und Bekleidung. Es mochten einst in uralten Zeiten, da der See germanischer Völker nach Westen abfloß, und die, die hinter ihnen waren, sachte in die verlassenen Wohnsitze nachrückten, Reste germanischen Stammes in dem Walde sitzen geblieben sein, dergleichen dieses Volk so liebte, um zu jagen und einsam zu sein. Die Nachrückenden mochten ihnen in den Wald nicht folgen, weil sie es auch nicht not hatten. Und da sitzen sie noch heut zu Tage, nur daß sie den Wald rings um sich gelichtet haben, daß sie ihre Hügel und ihre Täler bloßgelegt haben, daß der Wald sich auf die höchsten Höhen und auf die Länderscheide zurückgezogen, daß sie nicht mehr jagen, sondern das Feld bebauen und sich nähren. Die Moldau, welche den schönen, grünen Wiesensaum benetzt, der ansteigend oben das weiße Schulhaus und die Kirche von Friedberg zeigt, geht von da eine kleine Strecke einerseits an Feldern, anderseits an Wiesen fort, bis sie zuerst an ihrem linken Ufer von Föhrenwald empfangen wird, an dem sie hinstreicht, dann auch an dem rechten, gegen welches der dichte von Fichten und Tannen strotzende Jesuiterwald herabgeht – nur daß noch an manchen Stellen ein winzig kleines, graues Waldhäuschen klebt, welches meistens von Holzschlägern bewohnt ist. Von da geht die Moldau bis zu der Zisterzienserabtei Hohenfurt durch einige Wegstunden fast ununterbrochen durch Wald, der an dem rechten Ufer fast unausgesetzt ganz dicht und beinahe schwarz gegen das Wasser hereingeht, und für den ersten Anblick undurchdringlich und unwegsam erscheint; aber die Jäger, die Holzhauer

und die Wildschützen wissen die dunklen und einsamen Waldpfade gar wohl, die in mannigfachen Verschlingungen längs der Hänge hingehen, bis sie zu den verschiedenen offenen Stellen und den Besitzungen der Menschen hinaus führen. Sie besuchen und betreten diese Wege oft und zeigen sie auch demjenigen, der mit ihnen umzugehen weiß. Am linken Ufer ist es ein wenig offener, hie und da zeigt sich sogar ein Stückchen Wiese, ja manchmal auch über steile Höhen hereinstürzend, oder an einem Felsen geschützt hingehend, ein Feld, auf dem Kartoffeln oder sehr grüner Haber stehen, und an manchen Stellen ist auch eines jener kleinen Häuschen, wie sie in diesen Wäldern vorkommen, grau, niedrig, manchmal mit einem steilen Dache versehen, meist aber mit einem flachen, statt der Schindeln Bretter, die mit großen, grauen Steinen niedergedrückt sind. Beinahe aus jedem dieser Häuschen leuchtet ein Stück schneeweiß getünchter Steinmauer hervor, während alles übrige von Holz ist. Diese Mauerwand umschließt nicht etwa die Wohnstube, nein ihre Fenster schauen aus dem schönsten braunen Holze hervor, sondern die Mauer ist meist an der Seite der Küche angebracht, oder jeder andern Stelle, wo man Feuer, und zwar meistenteils ein sehr großes, macht, da hier die Winter strenge sind, und Holz in Überfülle vorgefunden wird. Eine der vorzüglichsten jener Feuerstellen, auf welcher auch zuweilen gekocht wird, ist die Leuchte, das heißt, ein in der Wohnstube befindlicher gemauerter Feuerraum, der an die obbenannte Steinwand angebaut ist, seinen Rauchabzug in die Küche hat, und mit einer getünchten Wölbung, gleichsam wie mit einem Herdmantel, überbaut ist. Der Zweck dieser Leuchte besteht darin, daß man, wenn es dämmert, und namentlich in den langen Winterabenden fettes Kienholz, das fast durchaus von den pecherzeugenden Wurzelstöcken der geschlagenen Föhren genommen wird, anzündet, und damit den ganzen Raum der Wohnstube erleuchtet, die meistens die gemeinschaftliche ist, und den Herrn und das Gesinde, wenn eines vorhanden ist, zugleich beherbergt; denn die Schlafstellen des Gesindes sind dann gewöhnlich der Boden oder der Stall, oder die Scheuer, selten eine Kammer; denn wenn eine solche vorhanden ist, so dient sie zur Aufbewahrung der Kleider, der Geschirre oder sonstiger Dinge, die der Besitzer zu seinen besseren zählt. Oft ist diese Leuchte gleich neben der Zimmertür, und dann hat sie gerne an ihrer Hinterwand ein Glastäfelchen eingeschnitten, durch welches das Licht auch in das Vorhaus hinaus geleitet wird, daß auch dasselbe ein wenig erleuchtet werde, und man sich nicht, wenn man hereingeht, anstoße. In den langen Winterabenden oder auch zu anderer Zeit, zum Beispiele im Spätherbste, wenn es draußen finster, naß und neblicht ist, ist das Beisammensitzen in der Nähe der Leuchte eine der größten Traulichkeiten und Gehäbigkeiten der Bewohner jener Gegenden. Dann sind sie gerne mit unbedeutenden Arbeiten, die auf diese Zeit treffen, beschäftigt, der weibliche Teil meistens mit Spinnen, der männliche mit Ausbesserung des Riemwerkes an einem Dreschflegel, mit Späneschneiden, oder mit gar nichts, als seine Pfeife zurecht zu richten, zu stopfen, und anzuzünden. Nicht selten ist das auch die Zeit, wo Geschichten und vergangene Ereignisse erzählt werden, entweder sind es Dichtungen, die im Munde des Volkes leben, deren Verfasser niemand kennt, und die das Volk als Wahrheiten glaubt, oder es ist geradezu Geschichte, was dem Großvater begegnet ist, oder dem Urgroßvater, oder einem andern, oder einem merkwürdigen Manne, der die ganze Zeit her bekannt war, entweder durch seine Taten, die er getan hat, oder durch die vielen Ereignisse, die er erlebt hat. Dann werfen die Gestalten der Personen, die um das Feuer sitzen, lange Schatten in den übrigen Raum der Stube zurück, und um die Ecke des großen, grünen Ofens hinum ist es gar finster, wenn nicht etwa an einer Fuge die Lehmverklebung herunter gegangen ist, und durch die Spalte von den im Ofen verglimmenden Scheiten der dunkelrote Feuerschein heraus sieht, und eine Lichtlinie auf die Wand wirft. Wenn sodann die Schlafenszeit kommt, so säumt das eine oder das andere noch ein wenig, bis entweder noch etwas erzählt wird, oder der Eindruck des schon früher Erzählten sich etwas mäßigt. Dann gehen sie auseinander. Wenn die Häuser nicht gar zu weit von einander entfernt sind, so kommt man auf solche Abende eigens zu Besuche zusammen, die bald in dem einen Hause, bald in dem andern sind, und weil der weibliche Teil seine Spinngeräte hiezu mitnimmt, den Namen Rockenfahrt führen. Daß sich dann die jungen Bursche auch bei solchen Zusammenkünften einfinden, und zuweilen Scherz und Kurzweil statt haben, begreift sich. In den vereinzelten Häuschen, von denen wir hier sprechen, können solche Rockenfahrten selten eintreten, weil sie zu weit von einander entfernt sind, und die Abende mögen da wohl manchmal recht einsam sein.

An Vormittagen dient die Leuchte oft auch, wie wir schon sagten, zum Kochen.

Weiter abwärts, längs dem Wasser hin, wo die beiderseitigen Waldberge immer höher werden und auch immer steiler gegen das Flußbett herein fallen, erweitert sich gleichwohl das Tal wieder ein wenig, und es steht sogar eine Gruppe solcher Häuschen, wie wir sie oben beschrieben haben, beisammen. Die Berge in der Gegend heißen die Kienberge, und auch bei der Häusergruppe, die da steht, heißt es „im Kienberg". Auf einem der Häuschen, das fast schöner und größer ist, als die andern, heißt es „beim Richter in Kienberg", entweder, weil sein Besitzer seit unvordenklichen Zeiten her, wie es dort gebräuchlich ist, Richter war, oder weil es einmal einer der Besitzer gewesen ist, wo sich dann der Name in alle Zeiten erhält. Das Richterhaus ist sogar auch eine Gattung Wirtshaus, wo manchmal Holzhauer oder Jäger, bei Gelegenheiten auch die weit zerstreuten Bewohner der Gegend, die meistens jenseits der Berge sind, sich einstellen, und kleine Labungen empfangen. Weil durch das ganze Tal auf Seite der Kienberge ein schmaler Fußpfad geht, so mag es jetzt auch manchmal geschehen, daß ein einzelner Wanderer, der gekommen ist, diese Natur anzuschauen, oder der seinem inneren Triebe in diese dunklen Wälder nachgeht, hier einspricht und eine Erfrischung begehrt. Hinter diesen Häusern gehen die Berge ziemlich steil hinan, sind mit allerlei Laubgebüschen, namentlich Birken, untermischt, mit Nadelwaldung bekleidet, und zeigen schon sanft hervorblickend den Felsen, der nach abwärts immer häufiger, ja endlich ganz herrschend wird. Über das

Wasser hinüber schauen die Fenster dieser Häuser
auf dichten, sehr frischen, sehr dunkeln Nadelwald,
der mäßig ansteigend sich in großer Breite über die
Berge hinauslegt. Wie es meistens geschieht, wo das
Land zu beiden Seiten gegen die Enge eines Flußbet-
tes hereingeht, daß Knollen und Steine in dem letz-
teren liegen, die das Wasser aufhalten, und daß der
schmale Raum des Bettes dasselbe auch schneller zu
fließen zwingt, so ist es auch hier: die Moldau, die
sonst so langsam geht, so daß sie bei Oberplan, bei
Untermoldau, bei Friedberg oft wie eine träge schil-
lernde Schlange in den Wiesen liegt, verleugnet hier
ihre Art und Weise, und sie schäumt und rauscht,
fast wie ein lebendiges Wasser in dem jenseitigen
österreichischen Lande der Alpen. Es sind sehr son-
derbare Lichterspiele, wenn man an einem Vormit-
tage hier steht und die Sonne über die Berge herein-
scheint, wie sich der blendende Schaum, dann das
hellbraune Gold bei überstürzenden Stellen, und das
tiefe Schwarz bei augenblicklicher Stille mischen,
und alles das unaufhörlich weiter hastet und treibt.
Aber ganz ernster und schöner wird diese Erscheinung erst weiter unten von Kienberg, wo eine Gesellschaft von Felsen steht, die Bäume immer weniger
und kleiner werden, der Stein sich mehrt, und endlich allein in größter Fülle die Herrschaft führt. Zerschlagene zertrümmerte Steine liegen umher, ein
mächtiger Felsenbau erhebt sich und trägt die graue
Brust aus dem ringsum liegenden Reiche der Zerstö-
rung empor, einzelne gelichtete Stämme stehen, und
zwischen ihnen kömmt das unsägliche Rauschen herüber. Das Rinnsal ist sehr verengert, die Moldau
muß über tausend Steine hinüber, sie führt Baum-

stämme herbei, klemmt sie zwischen die Felsen, stellt sie auf, strickt sie ineinander, und muß durch, sie muß auch dem mächtigen grauen Baue der Felsen ausweichen, sie muß um ihn herum, und braust und ächzt, wie ein lebendiges Wesen, das aus einer ängstlichen gefahrvollen Lage mit aller seiner Arbeit heraus will. Die Leute nennen diese Stelle die Teufelsmauer, und es geht die Sage, daß der Teufel, dem es nicht recht war, daß die Abtei Hohenfurt gebaut wurde, und er in Gefahr geriet, viele Seelen, die sich hier erbauen, zu verlieren, den Plan gefaßt habe, die frommen Väter, die da hausen, mit dem Wasser der Moldau zu ertränken. Er erkor zu diesem Zwecke eine Nacht, in der er alle Steine, die in der Gegend zu finden sind, auf diese eine Stelle zusammen tragen und eine Mauer bauen wollte, daß sich das Wasser in der Bergenge zu einem See schwelle, den er dann plötzlich mit Öffnung seiner Schleuse auf das heilige Gebäude ließe. Er nahm aber zu viele kleine Steine, die auf der Oberfläche der Berge herum lagen, und mußte zu oft gehen, was nicht der Fall gewesen wäre, wenn er die großen, in die Erde verwachsenen genommen hätte. Es geschah daher, als er sehr emsig trug, daß plötzlich der Hahn krähte, ein blasses Morgenlicht in den Lüften erschien, und die Engel im Himmel oben ihre Frühgebete begannen. Er mußte nun davon, und die Sache lassen, wie er sie hatte. Man zeigt noch zum ewigen Angedenken den Platz, und man sieht deutlich, wie er sein Werk nicht hatte vollführen können, und die Trümmer nur ordnungslos auf einander liegen. Darum sind in der ganzen Gegend so wenig Steine auf der Oberfläche der Erde, und an einigen Felsen, die an der Teufelsmauer herunten liegen, erkennt man auch noch trotz Regen und Wind, die darüber hingewaschen haben, das Hufeisen, welches in die harten Steine eingetreten worden und da geblieben ist. Die Väter weiheten die Stelle, und das ganze Gebiet der Moldau, daß er in der andern Nacht nicht weiter fahren und überhaupt sich so etwas nicht mehr beikommen lassen konnte.

Von da geht die Moldau hinter der Enge der Teufelsmauer in allerlei Gehölze und Gebüsch, das aber nicht mehr sehr lange dauert, sondern die Wildnis bricht schier auf einmal ab, das Wasser kömmt in das lichte Land, und rollt beschwichtigend und nur mit kleineren minder lebhaften Wellen am Waldkloster von Hohenfurt vorüber. Dann geht es gegen die alte einst bedeutende Stadt Rosenberg, und nicht weit vor ihr beugt sich das Bett der Moldau, welches bisher gegen Morgen gezielt hatte, ab, und sie strömt gegen Mitternacht in die weiten Länder hinaus, muß endlich, obwohl sie die größere ist, den Namen verlieren, neue Räume kommen, wo sie mit ihrer Schwester im breiten Strome wallt, und vielleicht alle die Ereignisse und Dinge vergessen hat, die sich im fernen Walde, in ihrem ersten Laufe und in ihrer Jugend zugetragen haben.

Wir verweilten darum so lange mit unsern Worten in der Gegend des Kienberges und der Teufelsmauer, weil dies der Ort ist, wo wir den Waldgänger kennen lernten, und wo er so lange unter den Bewohnern gelebt hat.

Man wußte nicht, woher er gekommen war, die Leute, die an seine Art und sein Wesen gewohnt waren, taten sich diese Frage gar nicht mehr, sondern nahmen ihn als einen der da ist. Eine Weile hatte er in dem Marktflecken von Hohenfurt gelebt, und als wir ihn sahen und manchmal in seiner Gesellschaft waren, betrachteten wir ihn nicht anders, als wie Knaben und Jünglinge die um sie lebenden Greise zu betrachten gewohnt sind. Sie finden sich auf einer Welt, die so freudig und schön ist, und die ihnen gleichsam ganz allein gegeben ist, sie haben den Begriff des Altwerdens noch gar nicht erhalten, die Greise sind schon neben ihnen vorhanden, wie es Buchen und Eichen gibt, die auf irgend einem Platze stehen, und wie der Turm da ist, der von der Kirche empor ragt. Er war einer, der einmal in Hohenfurt gewohnt hat, und jetzt auf dem kleinen Häuschen zwischen Goblenz und Lippen lebt, wo die Berge so schön gegen den Wald hinab gehen, und welches Häuschen dem Hanns Simmibauer gehört, der ein gar besonders kleines Weibchen und keine Kinder hat. Wir Knaben würden ihn vielleicht so angeschaut haben, wie wir den Hirten Philipp, den Abdecker Adam, der in dem kleinen Häuschen wohnte, das oberhalb dem Kloster Hohenfurt in dem Graben an der Moldau steht, den Schwämmesucher Konrad, und den Hohlerbauer, der immer in der Sonne saß, angeschaut haben, lauter Männer, die, so weit wir uns erinnerten, immer alt waren: wenn er nicht etwas gehabt hätte, was unsere Aufmerksamkeit in Anspruch nahm, und uns mehr zu ihm zog, als sonst junge Knaben gerne zu alten Männern gezogen werden. Er hatte nämlich allerlei und die verschiedenartigsten Schmetterlinge in seiner Kammer. Er trug sie aus der Gegend nach Hause, oder er zog die geringelten, schönfärbigen, oft glatten, oft behaarten und

242

mit Spießen versehenen Würmer auf, die man zuweilen auf dem Wege oder im Grase kriechen sieht, und daraus wurden ebenfalls Schmetterlinge. Er hatte viele Brettchen, auf diese spießte er sie mit Nadeln an, und breitete ihnen die Flügel auseinander, welche dann so blieben. Einmal trafen wir ihn auch, wie er einen malte. Er hatte ihn vor sich auf einen weißen Bogen Papier gespießt, und auf einem anderen Papiere bildete er ihn mit Farben nach. Aber er hat dies später wieder aufgegeben. In mehreren Schachteln hatte er sie aufbewahrt, wo sie mit Nadeln in dem Boden staken, und die Schachteln hatte er unter dem Tische und in einem Winkel der Kammer stehen. Wir sahen da zuweilen diese Dinge, und erkannten, wie verschieden und seltsam sie sein können. Wenn man ein Kind ist, kennt man zuerst die weißen, weil sie überall herum fliegen, haufenweise vorhanden sind, und nach Regen oder im Taue gerne von einem Blatt schwer herab hängen, und sich mit den Fingern nehmen lassen. Dann lernt man die bunten kennen, die viel seltener sind – in unserer Gegend heißt man sie goldene – und die man alle für dieselben hält, daher wir keine weitere Einteilung kannten, als in weiße und goldene. Die Kinder und viele Landleute geben in jener Gegend den Faltern auch den schönen Namen Lustinen, und wir redeten daher bloß von weißen und goldenen Lustinen. Darunter begriffen sich aber nur die eigentlichen Falter, oder Tagvögel, die Dämmerungs- oder Nachtvögel, die wir eher scheuten, namentlich wenn sie recht dicke Leiber, und breite stark behaarte Nacken hatten, hießen wir Zauberinnen, und zählten sie den Schmetterlingen gar nicht bei, sondern hielten sie

für fliegenartige garstige Tiere. Hier sahen wir nun,
daß es nicht eine, sondern unzählige verschiedene
Arten von goldenen Lustinen gäbe, und daß einige
noch viel goldener seien, als andere, namentlich als
die, die wir sonst für die goldensten gehalten hatten,
die er aber für gemeine erklärte, die überall herum-
fliegen, und die er mit dem Namen Großer und Kleiner Fuchs benannte. Auch sahen wir zu unserem Er-
staunen, daß die Zauberinnen nicht nur zu den
Schmetterlingen gehörten, sondern auch, daß sie die
Flügel, die sie sonst, wenn wir sie sahen, immer nach
hinten hängend über dem dicken Leibe und den
garstigen haarigen Füßen daherschleppten, recht
schön entfalten können, daß da ganz neue zum Vor-
schein kämen, daß sie sehr groß seien, und daß sie,
wenn sie auch nicht gerade golden sind, doch in
schönen Farben glänzen, und oft prächtige Kleider,
wie Königsmäntel haben. Da waren einige, die zu
den traurigen grauen Oberflügeln gar nicht passende schimmernde feurige Unterflügel hatten, und
mitten ein Band durch dieselben, wie eine Zierde in
Kirchengewändern – andere hatten große geringelte
Augen auf den grau durcheinander gezeichneten
Flügeln – und andere hatten schwarze, grüne, pur-
purrote Striche. Von dem dickpelzigen Nacken, der
bei einigen bauschig war, wie eine Eule, bei andern
spitzig, wie ein Vogel, ging die lange, gerollte Saug-
zunge hervor, und die starken, haarigen Füße streck-
ten sie nach abwärts. Wir sahen alles an, er zeigte es
gerne, und ließ die Schachteln offen, daß wir die
Dinge recht betrachten konnten. – Er wohnte, wie
wir sagten, in der Kammer bei dem Simmibauer, das
heißt, der Simmibauer war kein Bauer, wie etwa der

Name sagte, – sein Vater oder Ur-Ur-Vater mochte
einer gewesen sein – sondern er war ein Holzhauer,
trieb auch bei Gelegenheit, wenn Nachfrage darnach
war, Kohlenbrennerei, und wenn die Scheite auf der
Moldau geschwemmt wurden, war er mit einer
Stange bei der Teufelsmauer unten, und half lenken,
die ausgestoßenen hineinwerfen, die säumigen in das
Fahrwasser bringen, und die gespreizten und ver-
strickten lüften. Das kleine Weibchen war immer zu
Hause, wirtschaftete, oder tat auf dem Kraut- oder
Kartoffelfelde, was notwendig war. Die Kammer, in
der der alte Mann wohnte, hatte nur ein Fenster, wo
der Tisch war, hinten stand ein Bett, über das ein
weißes Tuch gedeckt war, dann stand die Truhe und
ein Stuhl, und der Boden wurde zu Zeiten mit Wasser und Sand gerieben. Er hatte sehr viele weiße
Haare, ein rotes, freundliches Gesicht, und immer
den breiten Hut auf, den wir schon nirgend mehr
viel sahen, außer wenn wir den Hirten Philipp ausnehmen, der auch einen solchen hatte. Die ledernen
Beinkleider, die er, wie sie in der Gegend gebräuchlich waren, trug, mußten seine einzigen sein; denn er
hatte nur immer dieselben an, und sie hatten im Regen und Sonnenschein ihre Weiche und Farbe schon
verloren, daß sie stellenweise starr und fast graufar-
big geworden waren. Die Leute hielten ihm für übel,
daß er Schmetterlinge suche und nach Hause trage,
was uns Knaben gerade besonders an ihn zog, und
sie lachten ihn darüber aus, weil sie nicht sahen,
wozu das sei; aber weil er sonst unbedeutend und
friedfertig war, so ließen sie ihn eben, und gewöhnten sich daran. Er saß auch recht oft unten in der Petermühle, die nicht weit von dem Mörixhofe ist, und

wenn er lange auf dem Steine gesessen war, der unter dem Dachüberhub der Mühle liegt, so stand er auf, und ging über den Berg zurück in das Häuschen des Simmibauers. Auch saß er gerne bei der Brettersäge, die nahe an dem von Balken gezimmerten Wehr stand, über welches das Wasser glänzend hinabschoß. Es lagen dort eine Menge von allerlei Dingen, hauptsächlich Balken, Bretter, Blöcke, dann auch Stangen, und endlich Reisig und dürres Gras, das das Wasser einmal dahergeschwemmt hatte. Da saß er gerne auf einem Holzblocke und sah dem Rinnen des Wassers zu und dem Glänzen desselben. Aber nicht nur in der Petermühle war er gerne gesehen, sondern auch in den andern Häusern herum. Es gab kein einziges, in dem er nicht schon einmal gewesen wäre. Vorzüglich aber, wenn man den Mörixhof ausnimmt, in den er auch gerne ging, besuchte er am öftersten jene Holzhäuschen, welche in dem Talgange der Moldau stehen, wie wir sie oben beschrieben haben, oberhalb des Kienberges, oder auch im Kienberge selbst, oder gar jenseits der Moldau in den Neuhäusern, wo der Jesuiterwald eine Blöße läßt. Er durchwandelte manchmal das ganze Tal, und wenn die Nacht über ihn kam, blieb er in einem der Häuschen, wo man ihn gerne behielt. Wenn er mittags gegenwärtig war, aß er mit den Leuten, wie es denn überhaupt in jener Gegend die Sitte ist, daß die Leute, wenn man zufällig zu ihrem Essen kömmt, sagen: „Gehet her, und esset mit uns." Er zahlte für dieses Essen nie etwas; wenn er aber in dem Wirtshause im Kienberge sein geringes Mahl einnahm, so zahlte er es aus seiner Barschaft, so wie er seine Wohnung und das, was ihm das kleine Weib-

chen kochte, wenn er zu Hause war, alle Wochen be-
zahlte.

Außer seinen Gängen in der Gegend herum schien
er auch noch den Wald besonders zu lieben. Er ging
recht oft in denselben hinaus, und da ging er nun
zwischen den Birken und zwischen den Haselnußge-
sträuchen oberhalb des Kienberges herum, oder in
den Föhrenwäldern, die sich dort häufig vorfinden –
ja selbst in den großen, dichten, weit ausgebreiteten
Wald ging er gerne, der jenseits des Wassers liegt,
und von dem wir oben sagten, daß sich vorzugsweise
nur Holzhauer- und Jägerpfade in demselben vorfinden. Die Leute kamen ihm auch darauf, daß er
Moose aus dem Walde nach Hause trage, sie recht
schön ausbreite und betrachte.

Von dieser Eigenschaft, die Wälder gerne zu besuchen, welche sich kurz nach seiner Ankunft, als die
vorzüglichste und auffallendste zeigte; – denn die
Bewohner jener Gegend mit dem ewigen Anblick
ihrer überall herumliegenden Wälder vertraut, und
von der Schönheit derselben nicht mehr ergriffen,
außer wenn sie in Länder kommen wo keine sind, wo
sie dann von einem unsäglichen Heimweh befallen
werden, gehen nie in den Wald, außer wenn das
Holz ausgeteilt und angewiesen wird, wenn sie dasselbe schlagen und nach Hause führen, wenn sie
Schwämme oder Beeren oder Feuerschwamm suchen, und endlich, wenn der eine oder der andere
ein Jagdfreund ist, und von den Jägern im Herbste
eingeladen wird, mit zu gehen – mochte er den Namen Waldgänger erhalten haben, mit welchem sie
ihn sehr bald im Anfange bezeichneten. Von bloßem
Spazierengehen ist überhaupt in jener Gegend nicht

viel die Rede, weil die Leute fast immer im Freien mit vielerlei und vieler Bewegung ihren Geschäften obliegen, abends, wenn der rote oder goldgelbe Himmel über ihren dunklen Wäldern flammt, nach Hause gehen, und daher das Spazierengehen wohl von dem Pfarrer und andern Herrn begreifen, nicht aber von einem, der gekleidet ist, wie sie. Er mochte von dieser Bezeichnung wohl kaum etwas wissen; denn anfangs nannten sie ihn im Gespräche mit ihm, wie es dort Sitte ist, bloß „Ihr", später da sie vertraulicher wurden, wie es ebenfalls Sitte ist, gebrauchten sie seinen Vornamen Georg. Denselben wandten sie endlich auch im Gespräche unter sich an, nur wurde er sonderbarer Weise immer der Simmigeorg genannt, von dem Umstande, daß er bei dem Simmibauer wohnte, und von der Eigenschaft der Landbewohner und Kinder, die Dinge nach dem gegenständlichsten und greifbarsten Merkmale zu bezeichnen. Aber ganz abkommen konnte der Name Waldgänger nie mehr, weil abgeschlossene und einsame Menschen an ihren einmal angenommenen Dingen haften, wie die Wurzeln ihrer großen Tannen im Grunde ihrer Berge, wie die Rinnsale ihrer Wässer, die eingekeilt in den Tälern fort gehen müssen, während der Strom der Ebene oft seine Bette verändert, und wie ihre Nebel, die oft den ganzen Tag um die Bergspitzen weben, und Lichterspiele und Schatten malen, während draußen in der Ebene bloß ein einfacher, dürrer, heißer Tag ist. Vorzüglich nannten ihn noch alle diejenigen den Waldgänger, die weiter von ihm entfernt wohnten, die ihn selten oder gar nicht zu Gesichte bekamen, und zu denen bloß gelegentlich die Rede und der Name von ihm gedrungen

waren. Wie es geschieht, stellten sie sich dann unter
dieser Bezeichnung etwas ganz anderes vor, als den
bedeutungslosen Mann, der sich in gar nichts von
den Männern seines Alters in der ganzen Umgegend
unterschied – so wie auch wir jungen Leute der
Schule ganz anders von ihm dachten, ehe wir ihn, da
wir gelegentlich in die Ferien kamen, kennen lernten, und uns zu ihm drängten, daß er uns seine Sachen zeige. Das einzige, was uns auffiel, war, daß er
nicht ganz so die Sprache rede, wie sie in jenen Gegenden gebräuchlich war, sondern daß ein fremder
Klang durch dieselbe ziehe; aber als wir dann in der
lateinischen Schule waren, wohin so viele Mitschüler
aus allerlei Teilen des Landes zusammen kamen, die
unsere Sprache sehr verschieden redeten, sich gegenseitig aufzogen, und uns über manche unserer
Eigentümlichkeiten höhnten, bekamen wir selber
Mißtrauen in die Sprache, die wir redeten, und ver-
übelten es dem alten Manne nicht mehr, wenn er
manche Worte anders sagte, als es die Leute taten,
die um ihn lebten.

Wir haben oben gesagt, daß er häufig in der Gesellschaft eines Knaben gesehen worden sei, der bar-
füßig und barhäuptig war, und schlechte Kleider
hatte. Wenn jemand viel Gelegenheit hatte, jene
Knaben des alten spanischen Malers Murillo zu sehen, die er so schön gemalt hat, so kann er sich ungefähr eine Vorstellung von dem Buben machen, der
in der Tat fast unzertrennlich bei dem alten Manne
war.

Die Sache ist so gekommen.

In der ganzen Gegend jener Wälder sind an verschiedenen Stellen kleine, meist hölzerne, oft auch

gemauerte, zuweilen verkommene, zuweilen aber
auch recht reinliche Häuschen, je nachdem der Bewohner ist, zerstreut, die man Hegerhäuser nennt,
und deren Bewohner der Heger ist, das heißt ein
Mann, der über irgend ein Gefälle irgend eine Gattung Aufsicht hat. So gibt es zum Beispiele Fischhe-
ger, deren Geschäft darin besteht, daß sie in dem ihnen zugewiesenen Raume sich immer an dem Wasser aufhalten, hin und her gehen und die Flußteile
besuchen, daß niemand unbefugt und zu unrechter
Zeit fische. Die verbreitetsten aber sind die Holzhe-
ger, oder Waldheger. Sie haben die untersten und
letzten Teile des Forstgeschäftes zu besorgen, und
stehen unter den Jägern, die Forst- und Waidmän-
ner sind, und entfernter unter den Forstmeistern,
die schon höher stehen, und nur bei entfernten Stellen herum zerstreut sind. Alles, was sich auf Bege-
hung des Waldes, auf Ansicht der neu empor kommenden Bestände, auf Nachforschung über geris-
sene Stämme, Windbrüche, eingestürzte Stellen, auf
schlagbare Striche, auf mutmaßliche Austeilung und
Anweisung der Stämme an die forstgehörigen Leute,
und dergleichen bezieht, ist das Geschäft des Holzhe-
gers. An das immerwährende Herumgehen in den
Wäldern gewohnt, kömmt diese Art und Weise auch
in die Natur der Kinder, und es fiel niemanden auf,
daß der Sohn eines solchen Hegers, ein ganz kleiner
Bube, immer mit dem alten Mann, den sie den Waldgänger heißen, herum gehe, und den Eltern des
Knaben fiel es auch nicht auf, und sie hatten nichts
dagegen. Weder zu den besten noch zu den schlech-
testen gehörend, steht in einer zurückgehenden
Wiese, auf der Kraut- und Kartoffelfelder und ein

Gärtchen sind, das Hegerhäuschen des oberen Raimund. Weiter hinten liegen noch ein paar große
graue Steine, dann ist ein aus dünnen Stämmchen
geflochtener Zaun, durch den die Hühner aus und
ein kriechen können, und dann beginnt der Wald,
der weit zurück in das Tal und über die Schwellung
der Berge geht. Die zwei Steine zeigt der Heger
gerne als die einzigen in seiner Nähe, die der Teufel nicht im Stande war fort zu tragen, als er die
Mauer baute, weil sie gar zu ungeheuer groß waren, und zu tief, bis mitten in die Erde gingen –
und in der Tat, in der Nähe des Hegerhauses findet man keine Steine, aber weiter draußen über die
Berge hin und in den Talrinnen, gegen die sie herein stürzen, finden sich genug, wiewohl der Aberglauben sich gegen offenbare Tatsachen verblendend behauptet, es gäbe in der ganzen Gegend
keine losen Steine, weil sie alle in dem einzigen,
großen, ungeheuren Haufen in der Moldau lägen.
Der obere Raimund heißt er darum, weil auch weiter unten, zwischen Hohenfurt und Rosenberg, auf
einer ähnlichen Waldwiese ein Hegerhäuschen
steht, dessen Bewohner Raimund heißt, und der
untere Raimund ist, da die Leute hier alles mit dem
Vornamen zu benennen gewohnt sind. Mit dem
oberen Raimund kam der alte Georg öfters zusammen, war es nun Zufall, oder war es, weil sie beide
dieselben Gegenden und dieselben Waldbestände
häufig begingen. Sie lernten sich kennen, sprachen
oft mit einander, und wenn der Waldgänger in der
Nähe des Hegerhäuschens war, so machte er wohl
gerne einen Umweg, oder er ließ sich eine weitere
Wanderung, als anders wohin gefallen, um dort zu

Mittag zu essen, oder über Nacht zu bleiben. Der Hegerin brachte er dann gerne, wenn er zu Zeiten in das weitere Land hinaus ging, ein Tuch, irgend einen Stoff auf einen Rock, oder sonst etwas, das ihr Freude machte, und not tat. Die Hegerin hatte aber auch einen Knaben, der, als der Waldgänger zum ersten Male in dem Häuschen war, sieben Jahre alt sein mochte. Er saß eben, als der Vater mit dem fremden Manne kam, und die Mutter, weil es schon fünf Uhr nachmittags war, in die Küche lief, um ihnen das Mittagessen aufzuwärmen, neben dem Zaune, wo ein ganz winzig dünnes Wasserfädlein herein rann, das von dem Waldberge herab gekommen war, und störte mit einem Holze die schwarze Wiesenerde, über welche das glasklare Wässerlein floß, auf, daß es getrübt wurde, und so über die Wiese, an den großen Steinen vorbei, und durch Gebüsche wieder hinaus, in den Wald ging. Er hatte bei seinem Geschäfte nicht bloß die Hand sondern auch den Ärmel des Hemdes von der so leicht färbenden schwarzen Walderde beschmutzt. Mit den Füßen mußte er schon früher in dem Wasser herum gearbeitet haben; denn sie waren nicht nur naß, sondern auch, wie die nicht gar weit herab reichenden Beinkleider von derselben Erde, wie die Hände beschmutzt. Neben ihm im Grase lagen mehrere aus Tannenholz gespaltene schneeweiße kurze und kleine Scheitchen, wie man sie gerne zu der Feuerung auf der Leuchte verwendet, wenn man auf ihr kocht – denn zum Leuchten hat man das fette, föhrene Kienholz – und waren nach einer gewissen Ordnung in dem kurzen dunklen Grase, das auf der Walderde wuchs, gelegt.

„Was hast du denn wieder mit dem Holze gebaut, Simi?" fragte der Vater.

„Hohenfurt", antwortete der Knabe, der mit den großen blauen Augen zu den zwei Männern hinauf schaute.

„Ihr müßt wissen, daß ich nicht umsonst fragte", sagte der Vater zu seinem alten Begleiter; „denn der Bube baut lauter Hohenfurt. Wenn er Steine in eine Zeile legt, so ist es Hohenfurt; wenn er die Holzstücke in eine viereckige oder fünfeckige Gestalt zusammen bringt, so ist es Hohenfurt, wenn er unten am Zaune sitzt, und der Hirt von den Kienberghäusern in der Nähe ist, sagt er: Vater, da geht eine Ziege nach Hohenfurt, da geht ein Bock nach Hohenfurt, da schwimmt ein Holz nach Hohenfurt."

„Vielleicht hat ihm Hohenfurt so gefallen, daß er es sich immer merkte", sagte der Waldgänger.

„Er ist ja noch gar nicht dort gewesen", antwortete der Heger.

„So laßt ihn einmal, wenn wir näher bekannt geworden sind, mit mir hinab gehen", sagte der Waldgänger, „ich werde ihm die Kirche zeigen, vielleicht gefällt sie ihm."

„O ja, Ihr könnt ihn mitnehmen", antwortete der Heger, „er geht gleich mit – wie oft ist er schon in den Wald hinauf gegangen, und ist immer wieder gekommen."

Mit diesem Gespräche sind die zwei Männer bis zu dem Hause, und von da in die Stube des Hegers hinein gelangt, indes der Gegenstand, von dem sie sprechen, draußen sitzen blieb, und die Augenlider, um auf sein Geschäft zu schauen, wieder über die blauen Augen herab zog, die schier ein Eigentum jener Gegend zu sein scheinen, so oft kommen sie in derselben vor. Sein Spiel aber schien ihn nicht mehr besonders zu freuen. Denn er schlug mit dem Holze, statt bloß in dem Wasser herum zu stören, auf die Oberfläche desselben, daß es auf die Wiese und auf seine Gestalt spritze. Endlich hörte er ganz auf, und saß bloß auf dem Grase und schaute. Er war nicht anders, als gewöhnlich Kinder in jenen Waldgegenden sind, oder vielmehr, er war ärmer, als die meisten dieser Kinder. Über den blauen Augen hatte er eine Menge blonder Haare, wie sie überhaupt, man könnte sagen, ohne Ausnahme, die Kinder jener Gegenden haben. Jedoch diese blonden Haare trug er nicht etwa in Locken, wie die Stadtmaler, wenn sie Kinder der Wildnis, gleichsam Waldengelein malen wollen, sie darstellen würden, sondern dicht um die Stirne, wie sie wuchsen. Als Kleidung hatte er ein ledernes Beinkleid, gerade wie das des Waldgängers, nur daß es nicht unter den Knien mit Riemen zu binden war, sondern etwas weiter hinab ging, offen stand, und die ungeschonten Füßlein hervor gehen ließ, die oft von Gestrippe zerkratzt, aber gesund und tauglich waren, wie die des Rehes. Das Lederbeinkleid wurde von einem Hosenträger gehalten, der breit und rot war, und über das Hemd ging, das die Brust und die Schultern deckte, und das einzige fernere Kleidungsstück war, das er noch an hatte. Der Hals war bloß, und die Händchen schauten auch ziemlich weit aus den Ärmeln heraus, die ein blaues oder rotes Besätzlein hatten. So war er jetzt angezogen, weil es Sommer war; im Winter, wenn er im Schnee herum ging, steckte ihn die Mutter noch in einen Schafpelz und in starke Stiefel und Strümpfe.

Einen Hut oder sonst eine Kopfbedeckung hatte er weder im Sommer noch im Winter.

Es war ein recht schöner blauer Taghimmel über dem kleinen Stückchen Wiese, auf dem er saß, ringsum ging der Wald, unten war ein Zaun, und draußen zwischen den grauen Steinen floß das Wasser der Moldau. Damit das Bildchen noch heimlicher werde, kräuselte sich der blaue Rauch von dem Feuer, das die Hegerin gemacht hatte, über dem grauen Dache zu der ruhigen Luft empor.

Die Männer saßen indessen, während der Bube im Grase war, drinnen in der Stube an dem Tische, auf welchen endlich die Hegerin das Mittagsmahl brachte, das sie ihrem Manne aufgewärmt hatte, der bei seinen vielen Waldwanderungen oft so spät nach Hause kam, daß sein Mittagessen und Abendessen füglich in einander fallen konnten. Sie brachte zwei Teller und zwei Bestecke, und die Männer aßen von den aufgesetzten Speisen, während sie bei ihnen sitzen blieb. Der Heger erzählte dem Weibe, daß er den Mann da in den Humschlägen getroffen habe, daß sie sich schon lange gekannt, oft miteinander gesprochen haben, und zuweilen, wie es sich eben schickte, eine Strecke miteinander gegangen seien. Heute habe er ihn mit herabgenommen, weil er eingewilligt habe, und sein Weg ohnedem an dem Hegerhause vorbei ging. Nach dem Essen blieben sie noch eine Weile sitzen, und erzählten einander. Des Abends ging der Gast, da der gelbe Himmel über den dunklen Waldhöhen stand, wieder von dem Häuschen fort, und wanderte noch zu dem Kluckhäusler an der schwarzen Wand hinüber, wo er über Nacht blieb.

Ein anderes Mal, als der Waldgänger wieder in dem Häuschen war, und beide, er und der Heger, auf das Versprechen vergessen hatten, den Buben einmal nach Hohenfurt zu führen, saß derselbe auf der bemalten Kleidertruhe seiner Mutter, hatte ihr Gebetbuch in den Händen, und las daraus: Burgen, Nagelein, buntes Heidlein – und andere abenteuerliche Worte, die ihm in seiner Einbildungskraft beikamen.

„Kann er noch nicht lesen?" fragte der Waldgänger.

„Nein, er kann es noch nicht", antworteten die Eltern.

Es wurde diesmal nicht weiter gesprochen; aber wenn nun der alte Mann, der jetzt öfter zu den Hegerleuten kam, in der Stube an dem buchenen Tische saß, und redete, fehlte der Knabe niemals, sondern er saß, oder kauerte auf einem Gerätstücke, und hörte zu, wobei er die großen, blauen Augen sehr weit öffnete. Zuweilen, wenn etwas gar Besonders erzählt wurde, stand ihm auch, wie es Kindern manchmal geschieht, der Mund offen, damit ihm ja nichts von den gehörten Sachen verloren gehe. Später richtete der alte Mann auch gelegentlich ein Wort an ihn, und sagte etwas zu ihm und fragte ihn um etwas – und einmal, da er von dem Häuschen in den Wald ging, um Moose zu suchen, ging der Knabe, ohne weiter ein Wort zu sagen, mit ihm. Er ließ es geschehen, und brachte ihn am Abende wieder nach Hause. Dies ereignete sich nun öfter, da der Waldgänger stets häufiger zu dem obern Raimund herüber kam, und zuletzt geschah es, daß, wenn er seine Sachen zusammen suchte, und von dem Häuschen in den Wald ging, der Knabe schon allezeit gerüstet da stand, um ihn zu begleiten. Sie gingen mit einander und wurden mit einander gesehen. Es fiel den Leuten nicht auf; denn, obwohl sie immer zu arbeiten hatten, war es ihnen doch natürlich, daß ein alter Mann, der nichts mehr zu tun hatte, in den Wald gehe und dort nach allerlei Dingen herum suche, und daß ein Knabe, der noch nichts zu tun habe, weil er zu klein ist, ihn begleitete. Die Eltern machten sich nichts daraus, weil sie in den alten Mann Vertrauen hatten, und überhaupt ihr Kind nicht so sehr vor den Wirkungen der Natur und den Menschen bewahrten, wie es etwa die Städter und die reichen Leute täten, vorzugsweise machten sie sich darum nichts daraus, weil sie von der Beschäftigung des Vaters her an das Herumgehen und Steigen in dem Walde und seinen Schluchten gewohnt waren, und es für ein begehrenswertes Ding hielten.

So ging eine Zeit dahin, und der Waldgänger kam immer öfter und lieber in das Häuschen des oberen Raimund hinüber, und wenn er den Knaben nicht zu Hause fand, weil doch die Kindheit und die Jugend keine Folgerichtigkeit hat, und er seinem Triebe folgend allein in den Wald hinaus gegangen war, so eilte der Greis bald an diese, bald an eine andere Stelle, wo sie sonst gerne waren, um ihn zu suchen. Er hatte ihn, seinem Vorsatze getreu, da schon der Sommer beinahe zu Ende ging, einmal nach Hohenfurt hinunter geführt, und hatte ihm die Kirche gezeigt. Er führte ihn vor die Bilder und ließ sie ihn anschauen, er führte ihn vor das verschiedene kunstreiche Schnitzwerk und die Verzierungen der Stühle und Mauern, und endlich zu den Glocken hinauf.

Dann gingen sie wieder auf dem Fußpfade, der über die Teufelsmauer führt, zurück, und durch den Wald über Dornen, spitze Hölzer, knorrige Wurzeln, und über die bemoosten Steine und den feuchten Moorweg zu den Eltern hinauf. Dann kam ein milder Winter, in welchem sie in Juchtenstiefeln in dem wenigen Schnee herum gingen, der oft weich zwischen den Bäumen lag, die ruhig in der gelinden grauen Nachmittagsluft standen, und auf ihn herab tropften. Als endlich schon aller Schnee von den ganzen Bergen weg war, und sie unten in Hohenfurt die Auferstehung des Herrn begingen, führte er ihn zu dieser Nachtfeier in das Kloster hinunter, und ließ ihn von einer kleinen, abgelegenen Stelle des Chores in das große Lichtermeer, das von den vielen Kerzen in der Kirche angezündet war, hinunter schauen und ließ ihn die Fahnen sehen, die von dem Lichte angeleuchtet waren und farbig und schimmernd zu dem Feste in der Kirche herum standen. Dann warteten sie, bis die Stimmen der Priester ertönten, und dann der Gesang des Volkes, und auch die ganze Musik der Kirche und der Schall der feierlichen Trompeten und Pauken. Als das Fest vorüber war, war es draußen auch schon ganz finstere Nacht geworden, und sie gingen bei dem Lichte einer schlechten Laterne, das der Waldgänger angezündet hatte, den langen Weg durch die Wälder und dem angeschwollenen Moldauwasser entgegen zu der kleinen Wiese und dem darauf gelegenen Häuschen zurück. An einem der schönen Tage, die nun folgten, da schon alles trocken war und nur mehr die unzähligen kleinen Frühlingswässerlein in den Furchen der Wälder herab rannen, führte er ihn auf die

Humberge hinauf, die gegen Mittag von dem Häuschen stehen und von deren Schneide man noch weiter gegen Mittag über das Land Österreich bis in die Steiermark hinüber sehen kann, und ließ ihn auf die blaue Kette der Alpen schauen, die in der dünnen, klaren, blassen Frühlingsluft wie ein Porzellanbildchen draußen lagen.

Sonderbar war es, daß der Bube jetzt, seit er wirklich in dem Kloster unten gewesen war, kein Hohenfurt mehr baute, und auch keine Dinge mehr nach Hohenfurt wandern ließ; war es nun, weil er unterdessen doch älter geworden war – denn ein einziges halbes Jahr reicht in jeder Kinderzeit sehr weit vorwärts in der Förderung der Entwicklung – oder war es, daß er sah, daß außerhalb Hohenfurt die Welt noch weit fort liege, und dasselbe nicht das Ende der Dinge sei, oder war es endlich, daß sich jetzt das Urbild in ganz bestimmter Gestalt in seine Vorstellung geprägt hatte, und jenen unbestimmten Duft der Einbildungskraft verscheuchte, der immer ohne Gestalt darinnen schwebte, und das Herz zur Gestaltgebung gereizt hatte.

Von nun an waren sie fast unzertrennlich beisammen. Die Eltern gestatteten sogar auch, daß der Knabe mit dem Greise in seine Wohnung zu dem Simmibauer hinübergehe, und dort über Nacht bleibe, wozu man ihm ein Bettlein auf die Erde gemacht hatte, oder daß er mit dem Waldgänger sonst wo herum wandere, und wenn sie die Nacht überkam, sein Lager mit ihm in irgend einem Häuschen teile, wo sie gerne aufgenommen waren. Man sah sie jetzt oft miteinander in dem Walde emporsteigen, wie der Greis mit dem breiten Hute in der Furche voranging und der Knabe ihm folgte – oder man sah sie an dem Bette der Moldau sitzen, deren Wasser den Sand lieblich säumte, und um die Knollen Steine herumging, die auf demselben lagen, wobei der Knabe gerne die Füße im Wasser hielt und dasselbe daran waschen ließ, während der Greis höher saß und erzählte – oder man sah sie auch in dem Gesteine der Teufelsmauer herumgehen, namentlich in den vielen zerworfenen und zerklüfteten Trümmern, die an dem Fuße des großen Blockes und rings um seine abgewaschene Krümmung herum lagen, und man sah sie hiebei auf die Erde blicken, als suchten sie etwas, oder betrachteten etwas, das zwischen den Steinen liegen müsse, und die Bewegungen des Greises machte der Knabe genau nach.

Im Verlaufe des Sommers, der auf den gelinden Winter folgte, sagte der alte Waldgänger einmal zu dem Heger Raimund, als sie am Tische saßen und die Hegerin auf die Worte der Männer hin hörte: „Ich werde euren Knaben lesen und schreiben lehren."

„Wird es ihm nützen?" fragte der Heger.

„Da er auch daneben etwas anderes tut", antwortete der Waldgänger, „so wird es ihm nicht schaden. Das Rechnen aber, welches ich ihn auch lehren werde, wird ihm gewiß nützen, denn er braucht es sehr oft."

„Meinetwegen, so könnt Ihr es tun", sagte der Heger.

„Es wird sehr gut sein", redete die Hegerin darein, „ich gebe ihm mein Gebetbuch, wenn ich sterbe, und er kann alle Gebete daraus lesen, welche darinnen sind."

Der Bube hatte mit unwissenden und neugierigen Augen auf die Sprechenden hingeschaut und hatte nichts dazu gesagt.

Der Waldgänger ging am andern Tage mit ihm nach Hohenfurt, sie hielten sich an dem Kloster gar nicht auf, sondern gingen die ziemlich große Strecke weiter bis in den Marktflecken hinunter, gingen in das Kaufhaus, wo man alle Dinge bekommt, die erdenklich sind, das heißt, die nach den Bedürfnissen jener Waldgegend als notwendig erscheinen, und der Waldgänger kaufte ein Papptäfelchen, das mit Papier überzogen war, und auf dem große schwarze und rote Buchstaben standen, die ganzen Buchstaben, aus denen unsere Sprache zusammengesetzt ist, mit der wir alle Dinge der Welt sagen können. Dann gingen sie wieder zurück gegen das Kloster, und von ihm in den Wald, der zu dem Heger hinauf führt – und auf dem Rückwege saßen sie in den Steinen am Moldauufer, das den Häusern von Kienberg gegenüber ist, nieder, und der Greis sagte alle Laute, welche die Zeichen, die auf dem Papiere eingeprägt sind, bedeuten, und der Knabe sagte sie nach. Sie saßen lange, die Düfte des Harzes von den vielen Fichten, die in jenen Wäldern stehen, zogen um sie; das ganz schwache und wohlstimmende Sausen, das selbst an den windstillsten Tagen in Nadelwäldern hörbar ist, war über ihrem Haupte oder vielmehr, man wußte bei der Unbestimmtheit des Tones nicht, ob er über dem Haupte ist, oder weiter vorne, oder weiter hinten, oder gar jenseits der Berge, über welche die dunkle Wucht der Wälder, von Wolkenschatten gesprenkelt, blähend hinüber liegt; draußen, wohin ihre Angesichter durch Birkenzweige schauten, raschelte in abwechselnder Stärke die mit Steinen tändelnde Moldau; dunkles Himmelblau war in den Tannenzweigen, und ruhte stille; der Schiller der Waldtaube schwebte vorüber; jenseits hinter den Dächern der Häuser der Kienberge glänzten die Felsen, und manch verlorener Schlag eines feinen Glöckleins, vielleicht von einer kletternden Ziege, kam zu Zeiten über das Wasser herüber.

Auf dem Wege, den sie dann weiter durch die dichten Schatten des Waldes verfolgten, und auf dem schmalen schwarzen Pfade, der dem Wasser entgegen über die sanfte Krümmung des Hügel führt und seine Farbe von den seit hundert Jahren verwesenden Nadeln hat, sagte der Knabe: „Ich weiß es schon, Vetter, der dritte rote heißt ce."

Zum Schreiben brachte der Waldgänger aus seinen Sachen ein Papierschiefertäfelchen hervor und einen Griffel, den er mit einem Schnürchen an die Tafel anhing. Er schrieb dem Knaben zuerst mit dem Griffel die gedruckten Buchstaben auf dem schwarzen Schiefer vor, und zeigte ihm, wie er sie nachbilde; dann die geschriebenen. Beide Täfelchen, das zum Lernen, und das zum Schreiben, wurden in ein Leinensäckchen getan, das an einem Leinwandbande um die Schultern des Knaben hing, und das er auf seinen Wanderungen mit dem Greise mit sich trug.

Wenn sie dann zuweilen nach Hause kamen, das heißt in das Hegerhäuschen des oberen Raimund, und etwa ein schöner Abend über dem Walde war, der die langen Schatten der Tannenwipfel über das hellbeleuchtete kleine Stückchen der Wiese warf, das Wässerchen zuerst silberhell brennend und dann goldgelb machte – wenn die Männer mit einander redeten, weil sie einen bekannten Baum abschätzten, wie viel er wohl Klafter Holz geben möchte, oder weil sie einen Weg entwarfen, der wohl der nächste sein dürfe zwischen hier und einer anderen sehr entlegenen Waldstelle – und wenn die Mutter unterdessen den Knaben in das hintere Stübchen neben der Küche genommen hatte, in das die Abendsonne recht warm hinein schien, ihn dort gewaschen hatte, ihm die Haare gekämmt hatte, daß sie wieder glatt und schön seien, und ihm endlich mit ihrer einzigen Schere, die sie hatte, die von der Sonne gespalteten und verwitterten Spitzen der Locken abgeschnitten hatte, daß sie wieder recht schlank und glänzend fortwüchsen: nahm sie dann einen Schemel, setzte sich auf denselben nieder, stellte den Knaben an ihre Knie, daß er sie berührte, und fragte ihn um seine Buchstaben aus, die sie kannte, während der Vater, der Heger, nie etwas mit solchen Dingen zu tun gehabt hatte.

So verging nach und nach der Sommer, und es folgte kein so gelinder Winter, wie der vorige, sondern ein so harter, daß sich selbst die ältesten Leute nicht erinnerten, einen solchen je erlebt zu haben. Die Schneelasten drückten auf die Tannenäste, daß oft starke Bäume unter dem Drucke krachend zerbrachen, die Schlünde, die Steinmassen, und auch die Wege waren hoch überfüllt, daß der Waldgänger oft viele Tage nicht in das Häuschen des oberen Raimund herüber gehen konnte. Und wenn sie dann doch ausgingen, weil sie die Kälte nicht achteten, nämlich er und der Knabe, und wenn ihr Hauch vor Kälte wie ein weißer verdichteter Rauch unmittelbar von dem Munde wegging, und wenn manche Föhre einen Knall machte, wie eine abgeschossene Büchse, weil sie in ihrem Stamme vor Kälte zersprang, so konnten sie nach jeder Richtung gehen, die ihnen beliebte, ohne erst einen Steg zu suchen, um über das Wasser zu kommen; denn die Moldau lag unkenntlich da, nur große Stücke Eises, die eine vorhergegangene Überflutung aufgestellt und getürmt hatte, standen, wie die anderen Steine und Blöcke, die auf dem Lande sind, da, und waren mit weißen ungestalten Hüllen bedeckt, wie jene; übrigens war keine Bewegung an der Stelle, an welcher sonst' ein unaufhörliches Rieseln und Regnen war. Die in der Gegend herum gestreuten Häuschen waren in den vielen Schnee geduckt, ragten nur als kleine weiße Erhöhungen hervor, und hatten dünne blaue Rauchsäulen, die in dem allgemeinen Reife, der allüberall war, schnurgerade emporstiegen.

Der Winter verging auch, und es kam wieder der Sommer. Der Knabe war noch in dem glückseligen Alter, wo man im Sommer schnell vergißt, daß einmal ein Winter gewesen ist, und daß wieder einer kommen werde. Er freute sich jedesmal, wenn die Bäche des Schnees, die in jenen Gegenden spät, aber dann mit aller Gewalt erscheinen, reichlich dahin flossen, weil er nun wieder barfuß und ohne Rock werde herum laufen können – so wie er sich anderer Seits auch recht freute, wenn die ersten Flocken auf den ruhigen, harrenden, vielleicht schon gefrorenen Forst hernieder fielen.

Wie die Lerchen auf den Feldern sangen, der Finke in den Wäldern, die Schwalben pfeilrecht schossen und an den Häuschen Nester bauten, wie

an den rieselnden Gräben der dichtgelbe Saum der
Butterblume wuchs, und draußen auf den Feldern
der blaugrüne immer höher sprossende Samt der
Getreide wehte: gingen sie freudig nach allen Rich-
tungen herum, und jeder Tag brachte blaueren
Himmel, weißere Wolken, und größere über die
Waldwände herein gehende Hitze.

Wie die Zeit so verging, lernte der Knabe schnell
die Beschäftigungen des Greises. Er trug außer seinem Säckchen noch eine flache Tasche von Leder
über die Schulter, die inwendig mit Blech gefüttert
war, und in welche man Gewächse und Kräuter tun
konnte; auf dem gewirkten Bande, an dem diese Tasche hing, und auf dem anderen Leinenbande, das
sein Schulsäckchen trug, steckten eine große Menge
verschiedenartiger Stecknadeln, um etwa einen
Schmetterling zu befestigen. Auch einen langen Stab
trug der Knabe, an dessen Ende ein Ring befindlich
war, mit einem schlotternden Flore geschlossen, daß
man damit manchen flatternden Falter haschen
konnte. Brot und Käse trug er in einem Säckchen,
wenn sie essen wollten. Er lernte alle Raupen kennen
und nennen und die verschiedenen Gesträuche und
Gewächse, von denen sie sich nährten. Er kletterte
an den Felsenwänden oder Blöcken empor, wenn
dort Puppen waren, und suchte manchmal unter
dem überhängenden Dache eines Steines an der
Wand des Felsens hin, wenn etwa da ein Nachtfalter
säße, und die mattfarbigen Oberflügel auf den
grauen Stein legte, um Tagruhe zu halten. An den
Zäunen und Blöcken, in dürrem Gesträppe und unter den Dächern der Häuschen wurde gespäht. Die
Moose erkannte er zuerst an der rostbraunen, oder

hellgrünen, oder dunkelsamtigen Farbe, an den
Haaren, oder an den glatten Herzchen, an den Spießen und Zacken und Knorren; später nannte er sie
mit lateinischen und griechischen Namen, und sein
scharfes Auge entdeckte sie gleich unter dem anderen Grase und unter den hochaufschießenden Halmen des Waldes, oder in der tiefen Finsternis, wo
Blöcke über einander lagen, und nichts als ein fein-
glitzerndes Wässerlein hervor rann. Die Steine, von
denen die Leute in der Gegend glaubten, daß sie alle
die nämlichen sind, und wo sie höchstens, wenn
einer durch die darauf liegende Erde oder durch das
darüber fließende Wasser gefärbt war, sagten: das ist
ein brauner, das ist ein schwarzer, unterschied er
alle, und erkannte, daß ihrer eine ganze Menge
seien, wenn sie so unter dem Gerölle, oder unter
dem herabgeschlagenen Getrümmer, oder dem an-
geschwemmten Geschiebe herumgingen: da war der
dichtgesprenkelte Granit, der gelagerte Schiefer der
spielende Serpentin, der glatte Kiesel mit dem zuk-
kerweißen Bruche, wenn man ihn zerschlug, und
mehrere andere und wieder andere, besonders der
Marmor, der plötzlich, wenn alles grau war oder an-
geschlemmt, mit einem roten Täfelchen hervor sah,
und wenn Muscheln an dem Strande lagen, war die
eine so, und die andere anders: gewundene und gerade, flach und tief, es waren bunte, perlglänzende,
zerschlagene, verwitterte, die mit den Farben wie ein
Regenbogen schimmerten. Und unter all diesem
Herumgehen saßen sie wieder oft stundenlange in
dem Walde nieder und betrieben das Lernen des
Knaben. Man konnte sie so sitzen sehen, und in dem
Buche oder auf der Schreibtafel grübeln – oder

eigentlich man konnte sie selten sehen; denn meistens saßen sie einsam, wenn nichts um sie war, als etwa der liebliche Ruf der Amsel, oder sonst ein Waldlaut, den man nicht gleich deuten konnte, und kein Ding dastand, als die lichtbeglühten Stämme, zwischen denen ein stummer Falter flatterte.

Der Greis hatte auch ein Büchschen mit Dinte aufgetrieben, zum Schreiben. Es war mit einem Holzstoppel gut zu schließen, daß keine Dinte heraus rinne, und dann war es mit einem darauf passenden Deckel zuzuschrauben. Der Greis hatte gemeint, es sei besser, wenn der Bube auch mit Dinte schreiben lerne, damit er es in die Übung bekäme, wie es bei anderen Leuten gebräuchlich ist. Früher hatten sie bloß mit dem Griffel auf der Schiefertafel geschrieben. Das Papier wurde in dem Schulsäckchen aufbewahrt – und oft, wenn der Knabe in den herabgesprenkelten Schatten vor einem Steine kniete, und darauf auf seinem Papiere mühsam schrieb, saß der sehr alte Mann nicht weit von ihm auf einem anderen Steine, und schnitt ihm mit einem feinen Messerlein Federn, die dann in einem langen schmalen Holztrühelchen aufbewahrt wurden, das ein feines Brettchen als Schieber hatte. Gerechnet wurde meistens im Kopfe, und immer im Gehen, manchmal aber auch doch mit dem Griffel auf der Tafel.

Der Knabe war willig und folgsam, wenn der Greis sagte, daß man jetzt diese Dinge machen werde, er war folgsam, teils aus Liebe zu dem Greise, teils weil ihn die Sache reizte, daß er sie treffe, und er machte bedeutende Fortschritte darinnen.

Er hatte den alten Mann zuerst immer Vetter genannt, wie wir oben gesehen haben, und wie es fast alle Leute in der Gegend zu einander tun, einerseits, weil sie bei der dünnen Bevölkerung wirklich schier alle miteinander verwandt sind, andererseits, weil sie mit diesem Worte gerne ihre Zutraulichkeit und Freundlichkeit zu erkennen geben: aber zuletzt nannte er ihn Vater, weil seine Mutter es immer, seit der Greis zum ersten Male in ihr Häuschen gekommen war, getan und er es sich angewöhnt hatte. Im nächsten Sommer darauf, also im dritten, da sich der Waldgänger und der Knabe kennen gelernt hatten, und der letztere schon alles, was er lernen sollte, recht flink verrichten konnte, fragte er einmal den Greis: „Vater, warum ist denn eigentlich das Lesen und Schreiben, ich kann es jetzt schon sehr gut, und kann gar nichts damit tun?"

„Das ist darum", sagte der Greis, „damit du in der Zukunft noch mehr lernen könnest. Die Sache ist eigentlich seltsam, und ich werde suchen, sie dir begreiflich zu machen. Warum du das andere in der Zukunft auch noch lernen sollst, und durch dieses wieder ein anderes, ist freilich sonderbar und nicht erforschlich – aber es wird so sein, wie ich dir sagen werde. Die Leute haben viele Bücher gemacht, in denen alles steht, was sie bis heute getan und erfahren haben, und auch das, was keiner getan und erfahren, sondern was nur mancher gedacht hat, welches zuweilen richtig, zuweilen unrichtig ist. In dem menschlichen Geschlechte ist nun ein wunderliches Streben – zuerst der Drang, sich zu entwickeln, dann Kinder zu haben, dann zu genießen, dann zu wissen, all die kleinen Dinge zu erforschen, Gott zu erkennen – allein das verstehst du jetzt noch nicht."

„Nein, ich verstehe es nicht."

„Weil du auch den Trieb hast, dich auszubreiten, wirst du viele Bücher lesen, und wenn du zugleich die Welt anschauest, wirst du manches aus ihnen schöpfen, was dir nützlich ist. Der schönste Gebrauch aber, den du vom Schreiben machen kannst, ist der, wenn du einmal weit von hier bist, und in den Ländern draußen herum gehst, daß du deiner Mutter schreibest, wie es dir geht."

„Wie ist das, meiner Mutter schreiben?"

„Du nimmst ein Papier, und schreibst alle die Worte darauf, die du deiner Mutter sagen würdest, wenn du bei ihr wärest, und dieses Papier gibst du dem Boten mit, der immer die Wege hin- und hergeht, daß es nach Hohenfurt gelange, und von da zu der Mutter, welche die Worte lesen wird. – Ein solches Buch aber, aus dem du etwas lernen kannst, werde ich dir nächstens geben."

„Ja, Vater, gebt mir ein solches Buch."

Sie waren eben, als dieses Gespräch vorfiel, auf dem Wege, der in einer großen Krümmung von der Teufelsmauer weg an der Moldau durch den Wald des Hirschberges geht – das heißt: durch den Wald geht kaum ein Weg, sie gingen über die dunkeln, grün bemoosten Steine unter den Fichtenzweigen weg, und ließen sich von dem immer hörbaren Rauschen der Moldau leiten – dann kommt man aber zu dem Steindlhammer, wo ein Fahrweg, der von der Romandlmühle herabführt, vorbeigeht, und durch das Moldautal an dem Abdecker vorüber zu dem Kloster Hohenfurt hinab leitet. Als sie an dem Häuschen des Abdeckers ankamen, saß der uralte Adam auf dem hölzernen Bänkchen, das vor der schneeweißen Wand des Häuschens steht, und ließ sich von

der Sonne anscheinen. Er hatte ein kurzes Lederbeinkleid an, schlotternde Strümpfe an den Füßen,
und Schuhe, die ihm zu groß geworden waren. Der
Oberkörper war mit einem roten Leibe bedeckt,
sonst hatte er keinen Rock an, sondern nur die bloßen Hemdärmel, und auf dem Haupte gar nichts.
Die Haare des geschorenen Bartes, der in langen
Stoppeln aus dem Kinne hervorsproßte, waren
schneeweiß, und die des Hauptes, welche noch reichlich quollen, waren ebenfalls so weiß wie im Frühlinge die Blüten des Kirschbaumes. Das Angesicht
war hager, aber noch schwach rot. An seiner Seite
saß ein anderer alter Mann, um sich gleichfalls zu
sonnen. Er sah dem alten Adam sehr ähnlich, nur
hatte er ein röteres Angesicht und keine so dichten
Haare, sondern dünnere, schlichter herabgehende,
die ebenfalls keine andere Farbe hatten als weiß.
Sonst war er gekleidet wie sein Nachbar, nur daß die
Füße keine Schuhe und Strümpfe anhatten, sondern
nackt auf den warmen Boden der Erde herab gingen, und die dunkle von der Sonne hervorgebrachte
Farbe zeigten. Unter dem Torwege richtete ein rüsti-
ger Mann den Karren zusammen, um fort zu fahren,
und tiefer im Hofe drinnen sah man drei kleine Kinder spielen. Als die zwei Wanderer, der Alte mit dem
breiten Hute und der Knabe mit dem bloßen Kopfe,
die verschiedenen Dinge tragend, die sie gerne mit-
hatten, aus ihrem staubigen Wege auf die sonnige
Gasse hervor kamen, blieben sie stehen, weil es der
Waldgänger so einrichtete, und derselbe sprach zu
dem älteren von den zwei auf der Bank sitzenden
Männern: „Gott grüße Euch, Adam, das ist ein schöner, warmer Tag heute."

270

.

„Ja, es ist ein warmer Tag", antwortete der Angeredete, „aber in meinen Jahren ist die Sonne nicht
mehr leicht zu heiß."

„Wie alt seid Ihr denn, Adam?"

„Ich glaube, es werden siebenundneunzig sein,
wenn ich mich nicht verzählt habe, etwa um eines
oder zwei."

„Habt Ihr nicht auch Kinder und Enkel gehabt?"

„Ja, der hier neben mir sitzt, ist mein Sohn, er ist
dreiundsiebenzig Jahre alt. Er hat auch schon über-
gegeben, und ist im Ausnahmestübchen, wo er mich
bei sich behält. Sein Sohn dort, der jetzt den Braun
herausführt, mein Enkel, hat lange nicht heiraten
wollen, aber endlich hat er es doch getan, und jetzt
sind schon wieder drei kleine Kinder da. Sind sie
denn nicht gleich bei uns gewesen?"

„Sie sitzen im Hofe drinnen, Vater", sagte der jüngere von den zwei auf der Bank sitzenden Männern.

„So, so", antwortete ihm der alte Adam.

„Sind denn nicht Kinder oder Enkel von Euch fort
gegangen, eine Weile nicht nach Hause gekehrt oder
gar draußen in der Welt geblieben?" fragte der
Waldgänger.

„Ich habe nur den einzigen Sohn gehabt", antwortete der alte Adam, „und der ist nie von mir fortgegangen, sondern er ist immer bei dem Häuschen geblieben, und hat die Arbeit getan. Wenn er in die
Kirche hinaus ging, oder weit um ein Tier fahren
mußte, so rechne ich das nicht. Er hat wieder auch
nur einen einzigen Sohn gehabt, der gleichfalls zu
Hause geblieben ist. So haben wir fort gelebt, und
wenn einer alt geworden ist, gingen die Jüngern zu
der Arbeit und taten den Ältern in das Ausnehmen."

271

„So, so, sie sind alle da geblieben", sagte der Waldgänger. – „Lebt wohl, Adam, wenn ich wieder herab-
komme, werden wir wieder etwas miteinander reden."

„So lebt wohl, und seid nicht gar zu fleißig", erwiderte der alte Adam.

„Wenn ich auch recht fleißig wäre, so ist mein Fleiß
nicht mehr so ergiebig."

„Nun, nun – ein kleines Teil der Arbeit nimmt
schon Euer Sohn auf sich, und wenn er größer wird,
wird er noch mehr auf sich nehmen."

„Es ist nicht mein Sohn", sagte der Waldgänger,
„sondern er gehört dem oberen Raimundheger."

„So, so, so, das hab ich nicht gewußt", antwortete
der alte Adam, während die zwei Wanderer ihren
Fuß weiter setzten, und in dem schmalen Fahrwege
hinab gingen, gegen eine Ecke, wo eine Biegung der
Moldau ist, und ein Zaun und Bäume stehen, die ihnen den Rückblick auf das weiße Häuschen entzogen.

Sie gingen hinunter bis zu der Abtei, und wende-
ten sich dann wieder links gegen die Berge und gegen das Häuschen des Simmibauer, wo sie am
Abende ankamen. Am anderen Tage blieben sie zu
Hause, und der Waldgänger wirtschaftete in seinen
Sachen herum, wobei der Bube mitwirkte, als wolle
er helfen.

So verging die Zeit dem Greise, wie es im Alter gewöhnlich ist, sehr geschwinde – dem Knaben, weil er
vorwärts strebte, sehr langsam – und einmal im Spätherbste, als sie an einem gegen die Waldrinne hinein
gehenden Abhange saßen, da die Sonne schon müder schien, da die Blätter abfielen, da die Kohlmeise

sich sammelte, um fort zu ziehen, da keine Schwalben mehr da waren, und der leichte, dunkle Winkel der Wildgänse am blassen Himmel zog, sagte der Knabe: „Vater, ich gehe nicht von Euch, so lange ich lebe."

„Mein Kind", antwortete ihm der Waldgänger, „du wirst um vieles länger leben, als ich, und du wirst auch früher von mir gehen, als ich sterbe, und als du dann allein fortleben müßtest. Es bleiben ja nicht einmal die eigenen Kinder bei den Eltern, geschweige denn fremde; sondern sie gehen alle fort, um sich die Welt zu erobern, und lassen die Eltern allein zurück, wenn ihnen diese auch alles geopfert, wenn sie ihnen ihr ganzes Glück und das Blut ihres Herzens gegeben hätten. Es wird auch schon so das Gesetz der Natur sein. Die Liebe geht nur nach vorwärts, nicht zurück. Das siehst du ja schon an den Gewächsen: der neue Trieb strebt immer von dem alten weg in die Höhe, nie zurück; der alte bleibt hinten, wächst nicht mehr und verdorrt. Und wenn auch die Zweige bei einigen zurück zu gehen scheinen und nach abwärts streben, so ist es nur, daß sie die Erde berühren, um einen neuen Stamm zu gründen, der den Platz verlassend sogleich wie ein Pfeil in die Höhe schießt. Siehst du die Erdbeeren, sie haben lange, feine Schnüre, die an dem Boden fortstreben, und wenn eine solche Schnur einmal nach auswärts geht, kehrt sie niemals mehr zu dem Ursprunge um, von dem sie gekommen, sondern sie erlangt ein Häkchen, mit dem sie in den Boden greift, um von diesem Mittelpunkte neue fortlaufende Geschlechter zu erzeugen, die immer weiter in die Ferne streben. Du liebst ja auch deine Mutter nicht so, wie du von ihr geliebt wirst. Es ist sehr selten, sehr selten, daß ältere Söhne noch bei ihren Vätern bleiben. Ich habe zwei gekannt, die sehr zärtlich waren, und ihre Ämter ließen, um bei dem Vater bleiben zu können. Sie gingen auch nicht zu ihren Freunden, wenn er abends etwa krank war, sondern saßen bei ihm und beachteten sein Leiden. Aber das ist eine Ausnahme und es ist selten. Auch ist es nicht oft so, wie bei dem alten Abdecker Adam, bei dem sie nur blieben, weil sie draußen gleichsam verachtet, und lieber daheim bei den Ihrigen sind, und tun, was die Familie seit Jahren her getan hat."

Nach diesem Gespräche waren sie stille und gingen abwärts gegen das Tal der Moldau, und zwischen den einzeln gelegenen und weit zerstreuten Häuschen hin, wo die Bewohner entweder Laub heimsammelten, daß es zur Winterstreu diene, oder mit Holz oder mit Reisig oder selbst mit Abfällen von Stroh die Seite des Hauses verbauten, wo im Winter die kalten Winde ankommen werden, oder von dem zweirädrigen Karren die Spätkartoffeln abluden, die sie von dem kleinen Felde nach Hause gebracht hatten. Am Abende kamen die zwei Wanderer zu dem Hegerhäuschen des oberen Raimund, auf dessen Wiese gar nichts mehr war, als etwa noch eine Zeitlose, die aber auch schon verblüht und von den Nachtreifen verstört war.

Schon nach einem Jahre ging es in Erfüllung, was der Waldgänger hier so trübselig vorausgesagt hatte. Der Holzflößer Simon, der Taufpate des Knaben, von dem derselbe den Namen Simon oder Simi, wie ihn die Eltern immer aussprachen, erhalten hatte, sagte einmal zu dem Heger, da der Knabe schon so

groß sei und auch so unterrichtet, so sei es doch einmal die Pflicht der Eltern, daß sie ihn irgend wohin
täten, wo er das lerne, was einmal zu seinem Lebensunterhalte dienen könnte – und er wiederholte diesen Ausspruch öfters. Die Eltern fragten den Waldgänger, zu dem sie das größte Vertrauen hatten, und
ohne dessen Rat sie gar nichts mehr taten. Dieser
sagte, der Holzflößer habe recht, und es müsse so geschehen. Als man den halben Sommer beratschlagt
hatte, wie man es machen müsse, und als man endlich damit im reinen war, schnitt der Vater an einem
kalten Novembertage, an welchem der Boden sehr
hart gefroren war, einen Haselnußstab von dem Gehege, und als man den Knaben in dicke, warme, ihm
fremde Kleider gehüllt hatte, die ihnen sehr schön
erschienen waren, führte er ihn fort in die Fremde,
daß er dort etwas lerne. Der Knabe folgte willig und
geduldig, weil alle, die er kannte, gesagt hatten, daß
es so sein müsse.

Das Hegerhaus war nun sehr einsam, da die beiden durch den Wald fort gegangen waren, und der
dünne Rauchfaden stieg gleichsam betrübt zu dem
grauen Novemberhimmel hinauf, als sich die Hegerin zu Mittag eine Suppe kochte, die sie immer, wenn
ihr Mann nicht zu Hause war, statt gesetzmäßig zu
kochen, schnell machte, und auf dem Schemel des
Küchenstübchens sitzend, wo sie sonst die glatten
blonden Haare des Knaben gekämmt hatte, aß. Den
Waldgänger sah man mit seinem grauen Rocke und
großen Hute zwischen den weißen entlaubten und
daher durchsichtigen Birkenstämmen des Kienberghanges hinüber in das Häuschen des Simmibauer gehen.

Acht Wochen nach diesem Ereignisse ist auch der Waldgänger auf immer von dieser Gegend fortgegangen. Der Simmibauer sagte, er scheine sich so sehr um den Knaben des Raimundhegers gehärmt zu haben – „aber ich glaube es nicht", setzte er hinzu, „denn was kann denn ein Mann, der noch dazu in so hohen Jahren ist, mit einem solchen Knaben zu reden haben?"

Der Bauer zeigte uns Buben im nächsten Sommer, da wir einmal bei ihm waren, noch die sehr schwer mit Nägeln beschlagenen Schuhe des Waldgängers, die er da gelassen hatte, weil er sich sehr große Juchtenstiefeln hatte machen lassen, und mit ihnen im hohen Schnee fort gegangen ist. Er hat ein großes Buch mitgenommen, zwischen dessen Blättern viele Moose eingepackt waren. Die Schuhe wurden nach und nach von dem Simmibauer zerrissen, sonst war nichts von dem Alten zu sehen. Wir wuchsen auf, und keiner von uns hätte gewiß mehr in seinem Leben an den Waldgänger gedacht, wenn mir nicht zufällig später einmal sein früher geführtes Leben bekannt geworden wäre, das wir im folgenden Kapitel erzählen wollen.

Am Waldhange

Ein ganzes Menschenalter früher, ehe sich das ereignete, was wir oben beschrieben haben, wurde weit entfernt von dem bisherigen Schauplatze einem Elternpaare ein Knäblein geboren, so wie fünfundsechzig Jahre später den Hegerleuten ihr Knabe geboren wurde. Beide Elternpaare hatten das gemein, daß sie nach lange unfruchtbarer Ehe mit diesem Kindersegen erfreut wurden, bei beiden blieb das geborene Kind das einzige und bei beiden war es von der ganzen andern Welt abgeschieden, und schier nur allein auf die Berührung mit seinen Eltern angewiesen. Zwar um den Geburtsort jenes älteren Knaben lagen nicht so sehr Wälder und Berge herum, wie um den des Hegerbuben, auch waren seine Eltern nicht gar so eingeschränkt, daß sie beinahe nichts anderes kannten, als die Stämme der Bäume, die um sie herum standen, und das vorbei rinnende Wasser: allein es war auch nicht gar viel anders. Der Vater war ein Prediger in einem Dorfe des nördlichen Deutschlands, auf welche Stelle er sehr lange gewartet hatte, die er jetzt bereits zehn Jahre bekleidete, und von der er sich nicht weg verlangte. Um das Dorf lagen nicht, wie wir sagten, Wälder und Berge, sondern es war vielmehr eine Ebene herum, auf welcher gerade gar kein Wald war: aber wenn man so hin sah, so

standen die wenigen Bäume der Zäune und Raine so winzig draußen an dem Himmel: die Felder mit dem Weizen, der Gerste oder dem Heiden, waren nach geringer Breite schon so kleine Streifen und Linien; die ungeheure Himmelsglocke war so voll von weißen und grauen, und blaulich schimmernden Wolken; ein Kirchturm, ein Amthaus oder sonst eine Wohnung, in der sich wieder Menschen befanden, war so sehr, wenn gerade eine günstige Beleuchtung darauf fiel, ein weißer leuchtender Punkt oder Strich in einem blauen Streifen draußen, daß man in dem Pfarrdorfe eben so abgetrennt von der übrigen Welt der Menschen war, als hätte man mitten in einem großen Walde gelebt. Der Vater entfernte sich niemals von dem Dorfe, außer wenn er nachmittags mit seinem spanischen Rohre in den Feldern spazieren ging, und ein einziges Mal während seiner Amtsführung, wo er in einem Wägelchen fort fuhr, weil er in dem Konsistorium draußen etwas zu tun hatte. Von der Welt kam auch niemand in das Dorf herein, außer wenn in zwei drei Jahren einmal ein Amtsbruder mit seiner Ehehälfte, oder mit einer sittsam gekleideten Tochter erschien, und bei den Predigerleuten den Kaffee einnahm. Der Vater erwiderte niemals solche Besuche, teils weil er nicht leicht sehr weit gehen konnte, teils weil er wegen der vielen Studien, die er sich auferlegte, nicht dazu kam, die Welt zu genießen. Die Bauern fuhren in die Stadt, wenn sie nach der Ernte ihr Getreide verkaufen wollten, sonst auch wohl noch der eine oder der andere, wenn Jahrmarkt dort war, und er für die nächste Zeit etwas in seine Wirtschaft brauchte. Der Pfarrhof und die Kirche, an deren Außenmauer und Hintergitter eine Menge Fliederstauden wuchsen, waren eine kleine Strecke von dem Dorfe entfernt, das sich so hinter Weiden und einigen alten Obstbäumen versteckte, daß man es kaum sah. Das Innere des Pfarrhauses und der Hof wurden äußerst reinlich gehalten. Der Hof, welcher nur an drei Seiten von dem Gebäude umgeben war, war mit Sand bestreut, und das Gebäude hatte gegen ihn rings herum einen Gang mit viereckigen gemauerten Säulen und einem niedem Mäuerlein als Brüstung, was dem Pfarrer sehr gefiel, weil er darin gehen konnte, und das Ding etwas Schloßähnliches hatte. Manchmal standen auch langstielige Pflanzen oder andere seltsame Dinge darinnen. Die größte Schönheit der Gegend bestand in dem Pfarrgarten, in welchem alle Jahre derselbe Wechsel der Erscheinungen vor sich ging: Primeln, Tulpen, Levkojen, Monatrosen, dann die große Rose, Nelken, Georginen und Astern. Die Mutter des Knaben, die Pfarrersgattin war eine klare stille blauäugige Frau, die zwischen den Astern und Georginen herum ging, und ihren Knaben sittsam erziehen wollte. Sie kam noch weniger aus, als ihr Mann, ging selten mit ihm spazieren, und konnte oft kaum abkommen, in das Dorf hinab zu gehen; sondern sie war immer in der Umfriedung ihres Hauses, waltete in demselben und schaffte Reinlichkeit. Sie ging sehr fein und langsam im Hause herum, und drang wie ein Sonnenstrahl in alle Klüfte, daß der Staub sich entferne, und jedes rein glatt und scharf sei. Von der Wohnung ging sie in die Kirche, wo sie die am meisten von ihrem Manne Erbaute war, und zu Hause gab sie ihren zwei Mägden das Beispiel des Duldens und der sanftmütigen Mäßigung. In die

Welt ging sie nicht, nicht etwa, weil sie dieselbe haßte, sondern weil sie nicht ging. Wenn von Dingen
draußen geredet, und die Rede an sie gerichtet
wurde, sagte sie bloß: „Das weiß ich nicht." Diese
Antwort bekam am meisten ihr Mann – denn von
außen kam selten etwas herein – wenn er in einer
Erdbeschreibung, die auch nicht mehr wahr war, las,
und ihr dann von Sitten und Gebräuchen der Völker
erzählte, die überall auf der Erde sind.

Weil es ein Teil des Berufes eines Predigers mit ist,
seiner Gemeinde mit einem guten Wandel vor zu
leuchten, so durfte sein Knabe, da er heran wuchs,
nicht zu den übrigen Buben des Dorfes hinaus, um
mit ihnen zu spielen; sonst hatte er auch kein Geschäft in dem Dorfe, wie vielleicht, um etwas zu holen, weil es stets die Mägde verrichteten, – und so
war er immer unter den Astern, mußte dort gehen
und stehen und sich benehmen, wie sie es befahlen,
und mußte lernen und sich auf seinen künftigen Beruf vorbereiten. Er sah nichts, als die Ebene und den
großen Himmel darauf und im Winter das warme
Stübchen und den Ofen. Der Vater unterrichtete ihn
selber in allen Fächern, die ihm in der Zukunft notwendig sein konnten, und da er sich selber in den
Arbeiten, die er unternommen hatte, wenig Muße
gönnte, so teilte er auch dem Knaben den ganzen
Tag ein, daß jede Stunde ihre Beschäftigung hatte,
die einst nützlich sein könnte – was der Knabe alles
pünktlich erfüllte.

Wie es bei Vätern häufig geschieht, daß sie ihren
Kindern alle möglichen Stände gönnen, nur den
eigenen nicht, so wollte der Pfarrer auch, daß sein
Georg nicht Theologie studieren, und den mühseli-

gen Weg zu einer Pfarrei gehe, den er selber gegangen war. Der Knabe aber wäre am liebsten ein Prediger geworden, und er hätte schon jetzt nichts so gerne getan, als ein gesetzmäßiges Gewand angezogen, Reden gehalten, konfirmiert, die Christenlehre ausgebreitet und dergleichen mehreres, aber der Vater gab es nicht zu, sondern das Ziel seiner Wünsche ging dahin, daß sein Sohn ein Syndikus oder Amtmann, oder sonst ein Kanzleiherr würde, der in einem großen Hause säße und seine Kinder gut versorgen könne. Er richtete sich schon jetzt bei seinem Unterrichte nach diesem Zwecke, und trug ihm alles vor, von dem er nur irgend denken konnte, daß es ihm in diesem seinem Berufe Vorteil bringen möchte. Namentlich lehrte er ihn gut Latein, und drang auf eine schöne, leichte, leserliche Handschrift, der Knabe lernte und erfüllte alles, was ihm der Vater zu lernen und zu erfüllen vorlegte.

So kam endlich die Zeit, wo der Prediger sagte, daß der Sohn nun alles könne und wisse, was ihm zu können und zu wissen not täte, und daß er nun in eine Lehranstalt hinaus ziehen müsse, um die eigentlichen Brotfächer zu treiben, und sich darin zu vollenden. Die Mutter hätte ihr Kind am liebsten bei sich behalten, und hätte sich keine größere Seligkeit denken können, als wenn alle Tage einer nach dem andern gekommen wären, und ihr unschuldiger Knabe immer neben ihr gespielt hätte. Aber wie sie eine verständige Frau war, die einsah, daß er seinem Stande gemäß hinaus müsse, um zu lernen, und gleich seinem Vater etwas zu werden, und wie ihr ganzes Leben ein Opfer gewesen war, um der Tugend zu huldigen und den Leuten ein Beispiel zu geben; so op-

ferte sie sich auch hier, und ließ ihren Sohn von sich,
ohne ein Wort der Einrede dagegen zu sagen. Sie
hatte ihn mit allem möglichen an Wäsche, an Kleidern, an nützlichen Werkzeugen, und guten Lehren
versehen, was er nur immer in der Fremde und in
der Abgeschiedenheit von seinen Eltern brauchen
könnte, man gab ihm noch, was alles die herjährigen
Ersparungen des Hauses vermochten, er nahm Abschied, und ging fort. Er ging fort, und trug das sinnende Wesen mit, das er von der Mutter, und die
Einfachheit, die er von dem Vater hatte. Die Eltern
blieben in der großen Stube sitzen, und sandten ihm
ihren tausendjährigen Segen nach.

Als er, den seine Mutter noch immer für einen
Knaben hielt, der aber unterdessen ein ordentlicher
Jüngling geworden war, in der Universitätsstadt an-
kam, die man ihm als den Zielpunkt seiner nächsten
Laufbahn zugewiesen hatte, war sein erstes, die
Briefe abzugeben, die ihm der Vater und der Super-
intendent, ein alter Schulfreund des Vaters mitgegeben hatte – ein Schulfreund, den der Vater jetzt
fünfundzwanzig Jahre nicht gesehen hatte. Dann bezog er die Wohnung, die ihm von einem Freunde
des Vaters im vorhinein bestellt worden war, und
dann ging er daran, sich in seinen nun vorzuneh-
menden Studien einzurichten. Es war ausgemacht
worden, daß er die erste Zeit, wo er noch wenig Be-
kanntschaften und Empfehlungen hätte, von dem
Gelde leben solle, das ihm die Eltern mitgegeben
hatten, und daß er dann, wenn er einmal einge-
wohnt und bekannt geworden wäre, sich durch
Lehrstunden den nötigen Unterhalt verschaffen
sollte, wozu der Pfarrer schon das legen werde, was

das Pfarrhaus alle Jahre in Ersparung bringen könnte. So hielt er es auch, und er kargte mit dem Mitgenommenen, daß er den Schatz nicht gar so schnell verschleudere, und sich in seinem Gewissen den Vorwurf eines Verschwenders machen müsse. Da sah er bald, daß es mit dem von seinem Vater mitbekommenen Wissensvorrate nicht so ganz seine Richtigkeit hatte; denn er sah, daß er vieles von dem Vater nicht gelernt hatte, was er hier brauche, und daß er vieles gelernt habe, was ihm hier zu nichts nütze sei. Er mußte sich daher, da er einmal Einsicht in die Sache bekommen hatte, einen ganz andern Plan machen, als der zu Hause entworfen worden war, und vieles nachholen, an dessen Notwendigkeit man nicht gedacht hatte. Aber es machte auch nichts. Er ging bis zu dem Punkte zurück, von dem er glaubte, daß er da mit Sicherheit ausgehen könnte, und begann seine Lerngegenstände einzuteilen, und sie planmäßig nach vorwärts zu verfolgen. Er ging mit dem größten Eifer darüber und arbeitete mit innigstem Fleiße fort. So wie er zu Hause vom Lernen nur aussetzte, wenn er mit dem Vater spazieren ging, wobei ihn dieser bei der Hand nahm und neben den Saaten hinführte, so saß er auch hier den ganzen Tag bei den Büchern, und nur gegen Abend ging er aus, und ging ein wenig in den Feldern, die um die Stadt lagen, herum, weil ihm aufgetragen worden war, durch Leibesbewegungen auf seine Gesundheit zu schauen. Sein schönes Angesicht, welches rot und weiß war, und die sanften schwärmenden Augen darinnen fielen schon damals manchem auf, aber er wußte es nicht, daß er sie hatte, und lebte fort. Nach und nach wurde er bekannter unter den

Leuten, bekam Anträge für Lehrstunden, nahm sie an, und besorgte sie mit größter Pünktlichkeit. Er füllte von nun an seine Zeit aus, zwischen den eigenen Arbeiten, die ihn in seiner Bahn fördern sollten, und zwischen dem Unterrichte, der andern beibringen sollte, was sie noch nicht wußten.

Es war zu Hause ausgemacht worden, daß er zur Ersparung des vielen Reisegeldes drei Jahre nicht nach Hause kommen sollte. Ehe das dritte noch ganz um war, konnte er aus eigenen Mitteln die Reise bestreiten, und wollte seine Eltern überraschen. – Und eines Tages im späten Herbste, da schon die meisten Felder der Ebene braun waren, weil man sie geackert hatte, und einige dazwischen schon das blaulich grüne betaute Dunkel der Wintersaaten trugen, ging ein schlanker Mann mit einem schwarzsammetnen Rocke, einem schwarzsammetnen Barette, langen auf die Schulter fallenden Haaren, und einem großen Knotenstocke bei dem hinteren Gitter des Gartens herein, das so wie das vordere niemals zugesperrt war, und ging neben den allerletzten Resten der von den Nachtfrösten schon ganz schlapp gewordenen Astern vorüber gegen das Predigerhaus hin. Der Pfarrer war eben im gewöhnlichen schwarzen Gewande und mit einer langen Pfeife im Gange der viereckigen Säulen, und putzte die Stämmchen der Rosenbäume, die in Töpfen standen, daß sie rein seien, ehe sie in das winzige Glashaus kämen, das er sich in diesen drei Jahren her erspart hatte – und die Mutter sah bei dem Fenster der Speisekammer heraus, da der junge Mann durch den Garten ging – beide erkannten in ihm sogleich ihren Sohn Georg, und es war eitel Freude in dem ganzen Hause. Wenn

sich auch seit der Zeit gar nichts geändert zu haben
schien, so war doch manches anders geworden: die
sehr vielen unendlich kleinen Fältchen und Linien
im Angesichte der Mutter, die sie gehabt hatte, als
der Sohn fort gegangen war, waren nun größere und
tiefere geworden, und neue feine und nach allen
Richtungen laufende waren zwischen ihnen zum
Vorscheine gekommen, auch das Angesicht, das
sonst immer mit einem Hauche von Rot überzogen
gewesen war, war schier ganz weiß und fast noch fei-
ner geworden als früher – nur die Augen waren so
blau und gut geblieben, wie sonst: der Pfarrer hatte
spitzere Ellbogen bekommen, sein Gang war nicht
mehr so sicher und er selber schien etwas kleiner geworden zu sein: der Knabe, die späte Frucht zweier
alternder Eheleute, die sie sich so sehnlichst er-
wünscht hatten, war ein Jüngling geworden, sein Angesicht war dunkler und blühend, und um sein Kinn
und um seine Lippen war der reiche Anflug des ersten Bartes zu erblicken.

„Gott grüße dich, mein Sohn Georg", sagte die
Mutter, „Gott grüße dich. Hast du dir alle die schönen Sachen, die du da an hast, erst in der letzten Zeit
machen lassen?"

„Ja, Mutter", antwortete der Sohn, „nicht nur dieses habe ich mir machen lassen, sondern ich habe
noch manches andere, das aber zu Hause in der
Truhe ist, weil ich es auf der Reise nicht brauchte,
und weil es nur für die Stadt paßt."

Der Vater wollte wissen, wie sich der Rektor be-
finde, was dieser und jener Pedell mache, wie diese
und jene Kneipe emporgekommen, wie sich die Burschenschaften anlassen, und wie dieser und jener

Gebrauch geübt werde: aber der Rektor war ein griechischer Mann, der alles auf Hellenentum bezog, die Pedelle waren gestorben, die Kneipenwirtschaft war in neue Hände gekommen, und die Sitten und Gebräuche und Benehmungsweisen der Burschenschaften waren ganz anders geworden.

Der Sohn blieb so lange zu Hause, als es seine Geschäfte gönnten, und als es die Liebe seiner Eltern heischte, daß er bleibe, ohne deswegen demjenigen was für seine Zukunft nötig wäre, Abbruch tun zu wollen. Endlich war die Zeit wieder um, und er mußte fort. Er war erst jetzt daran, in die eigentliche Universität einzurücken, und die Brotfächer, wie sich der Vater ausdrückte, zu beginnen. Er nahm zum zweiten Male Abschied, sie entließen ihn mit Tränen und Segenswünschen, aber nicht mehr mit so vielen guten Lehren, wie das erste Mal, weil er bereits so groß und verständig geworden war, und die alternden Eltern sich nicht getrauten. Er ging wieder über die Ebene zu Fuße fort, wie er gekommen war, und die durch ihn belebte Pfarrwohnung war wieder so einsam, wie vorher. Die Einsamkeit war alle Tage die nämliche, so wie die Sonne alle Tage die nämliche und einsame war, welche auf das Dach der Wohnung nieder schien, und abends stets dieselbe Stelle des Kirchturmknopfes vergoldete. Jahre um Jahre gingen dahin: der Pfarrer predigte, die Gattin hielt die Habe zusammen, die Bauern führten ihr Getreide in die Stadt, und die Felder der Ebene mit den geringen Wechseln, welche die Verlegung der Getreidearten hervorbrachte, hatten das Ansehen, welches sie hundert Jahre her gehabt hatten.

Der Sohn des Predigers war in der Stadt, und hatte indessen alle Studien, die zu dem Stande, der seinem Vater der liebste war, paßten, mit größtem Eifer aufgenommen und fortgesetzt. Er wendete denselben Fleiß darauf an, den er bisher immer angewendet hatte, er ließ kein Fach daneben liegen, von dem er glaubte, daß es ihm einmal in seinem künftigen Stande nützlich sein könnte, er hatte inzwischen noch so viele Zeit gefunden, seinem Hange, der ihn zur Mathematik und zu den Naturwissenschaften trieb, ein wenig nachzugehen und diese Dinge daneben zu treiben, und er ging endlich seinem Ziele, einmal in die amtliche Wirksamkeit einzutreten, entgegen. Allein seine Eltern erlebten dieses nicht mehr. Wie ein Prediger gewöhnlich schon alt ist, wenn er sein Amt antritt, wie seine Gattin gewöhnlich schon ältlich ist, wenn sie seine Braut ist, weil er sie meistens schon in den Studienjahren kennen lernt, und die Leute in Liebe, Treue und Ergebenheit ausharren, bis sich irgend ein Pfarrplätzchen findet, in das sie einrücken können, wo dann häufig Amtsantritt und Trauung zusammen fällt – da endlich hier auch noch zehn Jahre nach der Vermählung vergehen mußten, bis die Predigerin ihrem Manne den Sohn Georg gebar: so starben beide Eltern, ehe der Sohn das erreichen konnte, wohin sie ihn gehen sahen. Der letzte Brief des Vaters war noch recht heiter gewesen, und da der Sohn nur die Schriftzüge sah, die die nämlichen geblieben waren, nicht aber die des Antlitzes, die sich in den wenigen Jahren, seit er wieder abwesend war, schnell verändert hatten, so kam ihm die Todesbotschaft zu früh, als ein Ding, dessen Möglichkeit er sich wohl ge-

dacht, dessen Eintritt er aber noch weit in die Jahre
hinaus geschoben hatte. Als er die Nachricht bekommen hatte, daß seine Eltern, obwohl sie schon alt waren, doch für ihre Jahre noch zu früh, eines nach
dem andern gestorben seien – tat er anfänglich gar
nichts, er setzte alle seine Studien aus, und lebte eine
Weile wie im Müßiggange fort. Dann gab er alle
seine bisherigen Bestrebungen auf, und fing an, Mathematik, Naturwissenschaft, mechanische Wissenschaften und Baukunst zu betreiben – und so wie er
früher, durch seine Erziehung daran gewöhnt, Aus-
dauer und unsägliche Geduld hatte, wenn er einmal
etwas für recht erkannte, und alle Opfer brachte, um
das Angefangene durchzuführen: so machte er es
auch jetzt so, und bot alle Kräfte auf, seinem neuen
Zwecke näher zu rücken, um so mehr, da ihn dazu
seine Neigung zog, und er das Frühere nur aus
Liebe zu seinen Eltern getan hatte. Er ging noch einmal nach Eiserode, so hieß das Dorf, wo seine beiden
Eltern begraben waren. Auf ihren Gräbern waren
einfache Kreuze, in dem Pfarrhofe waren fremde
Menschen, in dem Garten wurden die Dinge umge-
ändert – und die Ebene, auf welcher die Felder waren, und die grauen Strohdächer des Dorfes, die aus
den Weiden und Obstbäumen hervorsahen, und die
Sonne, die auf alles das hernieder schien, waren gerade so, wie, da er noch als Knabe unter diesen Dingen herumgegangen war. Er ging wieder zu Fuße
über die Ebene fort, er ging in die Stadt, in welcher
er bisher seine wissenschaftlichen Arbeiten betrieben
hatte, er blieb jetzt auch nicht in derselben, sondern
ging wieder von ihr fort, und kam nach und nach in
südlichere Gegenden, die bisher in dem Glanze der

dorthin stehenden Sonne recht freundlich zu ihm herüber geschienen hatten. Da er von Kindheit an nur um seine Eltern gewesen war, da sich erst weit von dem Rande der Ebene, in der er aufgewachsen war, wieder eine dichtere Bevölkerung von Menschen befand, da er auch während seiner Studien mit wenigen, man könnte sagen, mit niemanden Umgang gehabt hatte, sondern immer bei den Büchern gesessen war, und mit den Menschen gleichsam nur wie mit zufälligen Naturgewalten in Berührung gekommen war, die nach ihren inwohnenden fremden Gesetzen wirken, nicht wie mit lebendigen Wesen, die innerlich sind, wie er, und in Liebe und Haß zugetan und abgeneigt sein können: so hatte er etwas Scheues, Abgezogenes, man könnte sagen, Wildes, bekommen – und da seine Eltern nun tot waren, so erschien es ihm, als sei er der einzige Mensch auf der Welt, und sonst gäbe es keinen. Darum mochte es auch gekommen sein, daß er sich von der Rechtswissenschaft und den Staatslehren abgewandt hatte, welche überall eine Geselligkeit und einen Zusammenstoß von Menschen voraussetzen, die in lebendiger Leidenschaft, in Gunst und Abgunst auf einander wirken, die es für ihn nicht gab. Darum zog sich sein Herz zur Natur, gleichsam zu Dingen, die schon an und für sich da sind, die ihm nichts wollen, und deren Ähnlichkeiten schon gesellig mit seinen Eltern lebten, da er bei ihnen heran wuchs. Darum zog es ihn zur Baukunst, deren Denkmale von Toten aufgeführt, gleichsam in ihren Eigenschaften ebenfalls selbständig da stehen, schöne Merkmale zeigen, die als ein Bleibendes auf die Gefühle der Seele des Menschen wirken, und in ihrer düsteren Pracht auf diejenigen weisen, die hinüber gegangen sind und da weilen, wo seine Eltern sich jetzt befinden. Er kam bei seinen Wanderungen nach dem Süden auch in Wälder, deren er keine bei seinem Heranwachsen in der Heimat gesehen hatte, und dergleichen ihm nur, da er sich ferne von der Heimat in der Stadt aufgehalten hatte, wo er seinen ersten wissenschaftlichen Bestrebungen oblag, in sehr unbedeutender und kümmerlicher Gestalt vorgekommen waren. Er liebte diese Wälder sehr, ging gerne in ihnen herum, und suchte nach allerlei Gegenständen in denselben, die er sich aufhob, und zu Sammlungen vorbereitete. Auch große Gebirge erblickte er, verweilte in ihnen, und sah ihre Zacken und Mauern und Kronen wie gewaltige Bauwerke an, die in uralter Zeit einst jemand aufgeführt hatte. Da ging er gerne allein neben den strömenden Wässern, die am Fuße dieser Bauwerke in den Tälern dahin rollten. Weil er bei seinen Erlernungen jetzt nicht mehr an gewisse Vorschriften gebunden war, als nur an solche, die er sich selbst gab, weil er keine Prüfungen abzulegen hatte, wo er sich über seine Tüchtigkeit in einem Fache ausweisen mußte, sondern weil ihm nur die Sache als solche oblag, daß er sie in Besitz bekomme und einstens anwende, wie es ihn freue: so richtete er sich seine Studien so ein, wie sie ihm am zweckmäßigsten schienen, und wie er glaubte, daß er am leichtesten zum Ziele gelangen könnte. Er kaufte sich Bücher, wo er sie nur immer für sein Fach bekommen konnte, und untersuchte sie und lernte in ihnen. Er hatte kein anderes Vermögen, als das wenige, was er sich während seiner ersten wissenschaftlichen Laufbahn, die er wieder verlassen hatte, durch Unter-

richtgeben erwarb, und zum Teile in Ersparung zurück legte. Es war nicht viel, aber bei seiner Art, sehr
mäßig zu leben, mochte es schon noch eine Weile reichen. – So wanderte und lebte er fort – und wenn er
zu irgend einem im Baue begriffenen Werke kam, an
dem sehr viele Menschen gleichsam wie Maschinen
arbeiteten, ging er hinzu, verdingte sich bei dem
Werke, und arbeitete mit. So war er endlich dreißig
Jahre alt geworden – und in dieser Zeit lernte er ein
Mädchen kennen, zu dem er eine mächtige Leidenschaft faßte.

Sie war die einzige Tochter einst wohlhabender, ja
reicher Eltern. Beide Eltern stammten ebenfalls aus
dem nördlicheren Deutschland her, und die Mutter
war sogar die Nachbarin des Ländchens, in dem die
einsame Ebene und das Pfarrhaus lag, in welchem
Georg aufgewachsen war. Diese Mutter hatte das
zweifelhafte Geschenk empfangen, das schönste
Mädchen der Stadt zu sein, in welcher sie geboren
worden war. Es bewarben sich alle heiratfähigen
Männer um sie, namentlich aus ihrer eigenen weit
verbreiteten wohlhabenden Verwandtschaft. Sie
würde auch einen derselben genommen haben. Aber
da erschien der Vater unseres Mädchens – er war auf
der Durchreise begriffen, lernte zufällig die allgemein begehrte Schönheit kennen, und trat in die
Reihe der Bewerber. Da seine Reise bloß eine zur
Lust war, so schlug er sofort seinen Aufenthalt in
dem Städtchen auf, und teils seine Wohlhabenheit,
teils sein vornehmes Benehmen machte ihn zu dem
gefährlichsten Nebenbuhler der anderen. Aber doch
waren die Eltern des Mädchens der Bewerbung entgegen, weil sie dasselbe nicht gerne von sich und aus

der Stadt mit einem fremden Menschen fortgelassen hätten, auch das Mädchen selber war ihm nicht mehr geneigt oder abgeneigt, als den andern, ja vielleicht war sie gegen ihn, als den Fremden, scheuer, als gegen die Einheimischen: aber das alles steigerte noch den Wunsch und die Leidenschaft des Bewerbers, daß sie wie mit düsterem Schmerze aus seinen Augen heraussahen, und der einmal zufällig hingeworfenen Äußerung, daß ihm ohne sie das Leben keinen Wert habe, und daß er es mit Leichtigkeit hinwerfen würde, ein gefährliches Siegel der Wahrheit aufdrückten. Sonderbar, – wie jedes Tiefe und Gefühlte entzündet, so war gerade das, was die Eltern noch mehr zurück schreckte, in die Verbindung zu willigen, geeignet, das Mädchen zu entflammen, daß sie nun erklärte, diesen einzigen wolle sie, und keinen andern. So ward sie seine Gattin, und unter dem Murren aller Verwandten und Bekannten, daß man eine so reiche schöne Erbin einem Fremden hingebe, von ihm fort geführt. Unter der Reise, da sie noch zärtliche Zweifel an die Beständigkeit seiner Liebe ausdrückte, versicherte er sie und schwur ihr, daß er die Worte des Predigers, die er bei der Trauung an sie gerichtet hatte, ewig vor Augen haben, und sie ewig freundlich, sanft, liebevoll und nachsichtig behandeln werde, wie jetzt. Die Augen der jungen Gattin strahlten vor Freude, und sie dankte Gott in ihrem innerlichsten Herzen, daß sie einen so edlen herrlichen Mann zum Gatten erhalten habe. Er führte sie weit von ihrem Geburtsorte weg auf seine Besitzung, die nahe an einer großen Stadt war, ja man könnte sagen, noch in derselben lag, da der Garten in seinen hintern Teilen die Stadtmauer und die Gärten der Vorstadthäuser berührte. Hier richtete er sich ein und schaffte erst nach seiner Ankunft alles an, was ein eheliches Leben heischte, da er bei seiner Fortreise nur gedacht hatte, daß er eine Reise durch ganz Deutschland machen und keine Ahnung gehabt hatte, daß er eine Gattin mitbringen würde. Er hatte keinen Vater und keine Mutter mehr, auch keine Verwandten waren da, weil er eigentlich vom Rheine herüber stammte und sich erst da angekauft hatte. Er häufte alles an Schmuck und Kleidern nur immer erdenkliche Schöne auf seine Gattin, und wenn er sie zu Freunden und Bekannten in der Stadt herum führte, um sie ihnen zu zeigen und sie mit ihr bekannt zu machen, und wenn sich die unzweideutigsten Zeichen der Bewunderung in den Mienen und Augen kund gaben, war er unsäglich stolz und triumphierte über die Schönheit des Weibes seiner Wahl. Am Ende des ersten Jahres ihrer Ehe gebar sie ihm ein Töchterlein, das die sehr großen schwarzen Augen der Mutter auf die Welt brachte, und nach wenigen Monaten zeigte, daß es auch die sehr langen Wimpern derselben erhalten werde, und das feine Weiß und Rot des Angesichtes, und den unbeschreiblich lieblichen Mund, auf dem gleichsam alle Holdseligkeit des schönsten Herzens lag. Es wurde mit wahrhaftiger Pracht behandelt, und lag in seinem Bettlein in einem Schneeschimmer von Linnen und in allerlei andern Bestandstücken des Geschmackes und der Verschwendung. Das Kind hatte in der Taufe, die nach dem Gebrauche der protestantischen Kirche vollzogen wurde, den Namen Eleonore Elisabeth Corona empfangen, nach dem Namen der Großmutter – nämlich der Mutter

des Vaters – nach dem der Mutter, und endlich nach
dem der Pate. Die Mutter brachte nach zwei Jahren
ihrem Gatten auch einen Sohn, aber derselbe starb
schon im ersten Monate, und von da an hatte sie kein
Kind mehr, so daß das Mädchen das einzige blieb.
Auf die Erziehung dieses Kindes verwendete der Vater nun alle seine Sorgfalt und alle seine Mittel. Es
war so schön geworden, wie er es sich erwartet hatte,
das Antlitz hatte um die ungewöhnlich großen
Augen eine solche Reinheit der Farbe, und es ging
ein so zartes Weiß und Rosenrot der Kindheit gegen
die Wangen und das sanfte Kinn hernieder, daß es
mehrmal geschah, daß Freundinnen der Mutter dieselbe auf die Gefahr aufmerksam machten, die es für
die Gesundheit des Kindes haben könnte, wenn sie
dasselbe schon so sehr schminkte – worauf die gewöhnliche Antwort war, daß die Mutter das Kind
emporhob, ein Tuch nahm, und mit demselben die
Wangen und die Stirne des Mädchens rieb, um zu
zeigen, daß auf diesen Stellen keine künstliche und
gefährliche Farbe angebracht sei, wie man vermutet
hatte, worauf es immer geschah, daß das Rot der ge-
riebenen Wangen in einen noch tieferen kindlichen
Purpur überging, und die unbewußten großen
Augen noch mehr daneben erglänzten. Der Vater
kleidete das Mädchen in die schönsten Gewänder,
die man für Kinder ersinnen konnte, und wenn es,
da es größer geworden war, in ein Samtröckchen getan wurde, daraus die Füßlein in kostbaren Stoffen
und schönen Stiefelchen hervorsahen, und wenn das
zarte Haupt von den dunkelsten Locken, die es bekommen hatte, umwallt war, setzte es der Vater
gerne in den Wagen, setzte eine reich gekleidete

Wärterin, die es halten mußte, dazu, und ließ es von den schönsten Pferden, die es in der Gegend gab, im Triumphe herumfahren. Es kam mit frischeren Äuglein und gesunderen Wangen von einer jeden solchen sausenden Fahrt zurück. Zur Bedienung und Wartung hatte es eine Amme, die nur zur Oberaufsicht da war; denn gesäugt war das Kind von der eigenen Mutter worden, dann hatte es eine Wärterin und zwei Mägde. Sein Zimmer war mit allem versehen, was nur immer in jedem Falle der Krankheit oder Gesundheit eines Kindes notwendig sein könnte. Daneben wurden bereits, da das Kind noch ganz klein war, zwei andere Zimmer des Gebäudes eingerichtet, die ihm dienen sollten, wenn es herangewachsen wäre. Alle Fächer, Kästen und Tischchen standen in den Zimmern, welche Mädchen brauchen können, um ihre tausend Sachen unter zu bringen und darauf zu legen, eine ausgewählte Büchersammlung war da, auf einem Gestelle lagen bereits die Notenbücher von bis jetzt vorhandenen von Mädchen am meisten geliebten Musikstücken, in der Ecke stand ein Pianoforte, in der damaligen Zeit ein sehr neues und sehr kostbares Werkzeug, auch eine Harfe mit großem schweren Resonanzboden und mit übermäßigen goldenen Verzierungen, von dem schneeweißen Vorhange des Fensters halb überdeckt und von dem rotseidenen Faltenwurfe desselben an ihrem Fuße umbauscht, stand unter dem Fensterbogen da, und sah in das Zimmer heraus. Auf dem Ankleidetischchen lagen alle und jede Dinge, die ein weibliches Wesen, wenn es sich schmückt, als Werkzeuge gebrauchen, oder wenn sie auch unnütz sind, doch wenigstens als daliegend wünschen könnte –

der große Spiegel, um die ganze Gestalt sehen zu können, stand daneben, kleinere, um Teile des Körpers zu untersuchen, lagen und hingen zum Handgebrauche herum – die wirklichen Schmuckstücke waren zum Teile schon vorhanden; denn in einem aus Ebenholz und Elfenbein verfertigtem Kästchen lagen viele Samtfächer, in deren jedem ein Juwelenstück war, Edelsteine nach zusammengehöriger Art gefaßt, daß sich die Besitzerin mehrere Male ganz neu schmücken konnte – dann war an feinen Linnen und Spitzen und dergleichen den Moden nicht so sehr unterworfenen Dingen schon alles in unverarbeitetem Zustande da, um, wenn die Besitzerin einst eintritt, nur die Schere anlegen zu können: für die anderen Dinge und Stoffe, welche in kleinen Zeiträumen schnell ändern können, sind schon die Kästen und Fächer in Bereitschaft, um am Tage vorher, ehe die Herrin eingeführt wird, hinein gelegt zu werden, und an allen Sachen in Seide, Wolle, Gold- und Silberstickerei, welche die Zeit eben hat, die Räume zu füllen, und die Gebieterin mit keinem Mangel und keiner unwirtlichen Leere zu empfangen.

Als das kleine Mädchen nach und nach heranwuchs, bekam es immer mehr an Bedienung und an Aufmerksamkeiten, und mit allen Sachen, die einem aufblühenden Mädchen von Wichtigkeit sein können, wurde es reichlich umringt. Es bekam die besten Lehrer, die in allen Fächern zu haben waren, und es wurden die besten Mittel zum Unterrichte angeschafft. Als es vierzehn Jahre alt war, wurde es in die oben beschriebenen Zimmer eingeführt, und es wurde seiner Einbildungskraft alles übergeben, was die zwei vorgerichteten Zimmer enthielten.

Die Mutter des Mädchens war eine ernste, einfache, ruhige Frau, die lieber eine ungekünstelt gute Wirtschaft geführt hätte. Sie schien sehr unglücklich zu sein. Sie wurde krank und ging in dieser Krankheit in den Zimmern herum, und die großen, schwarzen Augen standen jetzt recht gespensterhaft in der Blässe des Angesichts. Endlich starb sie, die Hand auf das Lockenhaupt ihres Kindes gelegt, und die Augen immer blödsinniger schauend, erbarmend und fest auf sie gerichtet. Der Vater ließ die Verstorbene mit Pracht begraben. Er ließ ihr das schwere, seidene Gewand, das reich mit Gold gestickt war, das er ihr vor mehreren Monaten als eine Überraschung gebracht, und das sie kaum einmal auf dem Leibe gehabt hatte, anziehen, damit sie schön da liege, feine Blondspitzen mußten das weiße Angesicht, das jetzt scharf gezeichnet war, und keine Spur der ehemaligen Schönheit mehr zeigte, umgeben, und die Krause um den Hals wurde vorne von einem Edelsteine, einem unlängst gekauften Rubin, zusammengehalten. So ward sie in das Grab gelegt.

Wenige Tage nach dem Begräbnisse ließ der Vater seine Tochter zu sich in sein Schreibzimmer entbieten, stellte ihr dort die bisherige Haushälterin, mit der er schon bei Lebzeiten seiner Gattin in einem unerlaubten Verhältnisse gestanden war, vor, und sagte, diese solle sie nun wie eine Mutter ehren und ihr die Hand küssen, wie sie es der Verstorbenen getan. Die Tochter antwortete in diesem Augenblicke nichts, als sie möchte mit dem Vater allein sein, und da die Haushälterin sich entfernt hatte, sagte das Mädchen, sie sei nun sechzehn Jahre alt, sie selber wolle die Wirtschaft führen, er solle nur einige Monate zusehen, sie werde es so gut machen, wie die Mutter – aber diese Frau müsse er auf immer aus dem Hause geben.

„Das willst du, Corona?" sagte der Vater, indem er aufstand, zu ihr trat, und ihr in das Angesicht sah, „du wirst gewiß tun, was ich dir befehle."

„Nein, Vater, ich werde es nicht tun."

„Ich sage dir, du wirst es tun."

„Nein, ganz gewiß nicht."

„Nicht!?" sagte der Vater. Er nahm sie, ihr in die Augen sehend, mit seiner Hand bei der Schulter und stieß sie zurück, daß sie in das Sofa niedertaumelte. Sie weinte nicht, und sagte kein einziges Wort.

Am anderen Morgen, als der Tag kaum angebrochen war, trat sie gekleidet wie eine Reisende zu dem Bette des Vaters, und sagte, daß sie in der Nacht gepackt habe, und daß sie jetzt fortreisen werde.

„Wohin wirst du denn reisen?"

„Zu der Großmutter."

Der Vater versagte es; allein da mehrere Tage vergingen, und das Kind hartnäckig immer dasselbe verlangte – nach mehreren heftigen Auftritten, wo sie immer, wenn sie gefragt wurde: „warum denn?" unausgesetzt schwieg – nachdem er sie noch einmal bei beiden Schultern gefaßt, heftig geschüttelt, und sie ihm nichts als das unveränderliche, ausdruckslose Angesicht entgegen gehalten hatte – und nach unleidlicher Verwirrung im Hause gab er auf einmal nach, und halb ihre Absicht fördernd, halb sich die Miene gebend, als ahne er nicht, was sie vor habe, ließ er sie ihre Sachen weiter packen – im entscheidenden Augenblicke ritt er gar in den Wald hinaus, und in einem Wägelchen, das sie selber gemietet hatte, fuhr das Mädchen von dem elterlichen Hause fort. Der Fuhrmann lenkte von der Stadt ab, zielte gegen den Wald hin, und auf der Straße zwischen den grünen Bäumen rollte das Fuhrwerk fort, niemanden auf seinem Sitze enthaltend, als das einsame Mädchen. Sie hatte von den Edelsteinen, die in ihren Zimmern lagen, nur das mitgenommen, was sie bisher getragen hatte: das andere, und alles von der Mutter ließ sie zurück. Der Vater hatte ihr noch Reisegeld und Briefe zugestellt.

Nachdem sie mehrere Tage gereiset war, und sich in Städten, wohin sie Briefe hatte, ein paar Tage aufgehalten, und von den Leuten, denen sie empfohlen war, eine recht freundliche Aufnahme gefunden hatte, kam sie endlich bei der Großmutter an. Sie wurde von dem Wagen, in dem sie in der letzten Nacht, nachdem sie früher auf allerlei Postwägen gewesen war, wieder ganz allein mit dem Fuhrmanne während Regen und Gewitter im Walde gefahren war, herab gehoben, und in ihr Stübchen geführt, da von dem Vater schon vorher ein Brief gekommen war, der ihre Ankunft gemeldet hatte.

Die Großmutter war eine einfache ehrliche Kaufmannsfrau aus der alten Zeit. Sie hatte ihre Tochter während der ganzen Ehe derselben nicht besucht, und nur einmal einen Besuch von den jungen Eheleuten bekommen, den sie mit großer Pracht abgestattet hatten. Ihr Mann, der früher für die Verhältnisse des Städtchens reich gewesen war, hatte sich dem Spiele ergeben, und war so herabgesunken, daß er kaum mehr wohlhabend genannt werden konnte. Endlich starb er, und Handelsverweser, die ungetreu waren, brachten das Herabgekommene noch weiter herunter, daß zuletzt kaum mit Not etwas anderes übrig war, als die nackten Mauern des Hauses, und eine dürftige Summe, von deren Erträgnis die bereits sehr alte Frau lebte. Der Handel war ganz aufgegeben. Die andern Verwandten, die Brüder des Mädchens, das einst die größte Schönheit der Stadt gewesen war, und die Geschwisterkinder desselben waren inzwischen reiche Leute geworden, sie trieben sämtlich bürgerliche Gewerbe und Handel, manche zwei derselben, breiteten sich aus, hatten Häuser und hatten Söhne und Töchter, die sich auch mitunter den Geschäften schon unterzogen und sich selbständig zu machen suchten. Unter diesen Verwandten ging das wunderschöne Mädchen ein paar Jahre herum, war von ihnen gelitten, und wurde öfter bei diesem und bei jenem eingeladen. Sie war anfangs durch ihre ausgezeichnete Kleidung ein seltsamer und fremder Gegenstand unter ihnen gewesen, aber sie gewöhnten sich bald daran. Von einigen wurde sie leise gehöhnt, von andern zum Heiraten begehrt, und als sie es ausschlug, wurde sie von allen gehaßt. Die Großmutter hielt sie in ihrem Hause, wie es nach den Verhältnissen, die in demselben walteten, möglich war. Der Vater schickte von Zeit zu Zeit Geld – forderte sie aber nicht mehr zurück, und alle die Pracht, mit der er sie zu erziehen angefangen hatte, schien dahin, und vergessen zu sein.

Nach einiger Zeit – es war eben im dritten Jahre, seit Corona bei der Großmutter war – blieben die Geldsendungen aus, und da man sich eben darüber zu beunruhigen anfing, kam die Nachricht, daß alle Habseligkeiten und Besitzungen des Vaters von sei-

nen Gläubigern in Beschlag genommen worden
seien. Da nun über das, was die Mutter Coronas bei-
gebracht hatte, nirgends eine Urkunde vorhanden
war, so leuchtete ein, daß auch dieses verloren sei
und sie nie würde Ansprüche darauf geltend machen
können. Sofort fingen die Verwandten nun an zu sagen: „Warum hat denn dein Vater das Vermögen
deiner Mutter aus unserer Handlung genommen, da
wäre es ihm und dir sicherer gewesen, er hat größere
Prozente gewollt, nun hat er gar nichts, uns hat er
damals genötigt, und hat uns wehe getan, jetzt zeigt
sich's wie es geworden – warum hat er denn so ge-
wirtschaftet – warum ist denn deine Mutter mit ihm
fortgegangen, warum mußte sie denn diesen heiraten, den ihr alle abgeraten haben, nun liegt sie im
Grabe, er ist ein Bettler, und du bist zu uns gesendet
worden, daß wir dich jetzt erhalten. Aber sie war immer hochmütig und eigensinnig und du wirst es
auch sein."
  Die Großmutter sagte dieses und ähnliches nicht,
sie war eine gegen die Welt immer gleichgültiger
werdende alte Frau, und fuhr fort, dem Mädchen alles zu geben, was sie in ihrer beschränkten Lage
konnte. Diese aber schenkte noch ihre wenigen Habseligkeiten ihren Verwandten, die sie annahmen,
vorzüglich waren die Edelsteine darunter, die sie als
Eigentum von dem väterlichen Hause hatte mitnehmen können, und anderes, was als Schmuck gelten
konnte – dann nahm sie von dem von dem Vater ge-
sendeten Gelde, das die Großmutter, weil sie mit
ihrer Enkelin sehr eingeschränkt lebte, zum größten
Teile erspart hatte, die Hälfte, und ging fort in die
Welt.

Sie war fest entschlossen, alles, was ihr die Fremde bringen würde, unweigerlich zu tragen.

Durch den Tod ihrer Mutter, durch die unerhörte Veränderung, daß sie ihr Vater mit solcher Pracht und Üppigkeit zu erziehen angefangen, und dann so leichtsinnig unter fremde Menschen gelassen hatte, und durch die Härte ihrer Verwandten war sie jetzt ganz allein auf der Erde. – Aber noch mehr allein war sie, als sie nach mehreren Monaten den nunmehr auch erfolgten Tod ihres Vaters vernahm. Es war dies der einzige Brief gewesen, den ihr ihre Verwandten je geschrieben haben. Vorher hatte sie keinen empfangen, und sie empfing auch nachher keinen mehr. Sie hat aber auch nie einen geschrieben. Von all denen, die ihr, da sie noch kaum ein den Windeln entwachsenes Kind war, gehuldiget hatten, die sie mit Schmeicheleien und Liebkosungen umringt, und Berge von Ergebenheit auf sie gebaut hätten, war jetzt keiner mehr vorhanden – man beachtete sie entweder gar nicht, oder man wollte sie verführen.

Durch die Kenntnisse, die sie sich in den wenigen Jahren ihrer sorgfältigeren Erziehung durch ihre guten Anlagen erworben hatte, und durch das, was sie während des Aufenthaltes bei der Großmutter und in der Gesellschaft ihrer Verwandten an häuslichen Beschäftigungen und Verrichtungen gelernt hatte, und endlich durch das, was sie sich bei jeder Gelegenheit in der Zukunft ihres Lebens zuzueignen vor hatte, glaubte sie befähigt und berechtigt zu sein, in Dienste treten zu können. Sie kam, nachdem sie an zwei Orten wegen unzureichender Kenntnis der untergeordneten Dienstverrichtungen entlassen worden war, zu einer alten Gräfin als Gesellschafterin, die sie behielt. Und wenn nun die Gräfin rief: „Aber mein Kind, wie sind Sie doch ungeschickt – wie haben Sie doch gar keinen Verstand – wie ist Ihre Erziehung vernachlässigt worden – wie albern man doch sein kann – wie erbärmlich das ist –" so hielt sie ihre großen schönen Augen ruhig und tat die Dinge, wie sie die alte Frau wollte. Und wenn sie den großen Arbeitskorb dorthin stellen mußte, weil die Gebieterin es wollte, und gleich wieder weg, weil sie es auch wollte, wenn sie den Schemel wegrücken mußte, dann herzu, dann weg, wenn die Fenstervorhänge zu viel Licht herein ließen, dann zu wenig, wenn es zu heiß war, dann zu kalt, wenn sie die Arbeit auf die befohlene Art machte und dann zertrennen mußte, wenn sie gescholten wurde, weil die Gräfin etwas vergaß, wenn sie verachtet wurde, weil sie etwas recht machte: so sagte sie auch nicht ein einziges Wort – und wenn ihre Gestalt, deren Wuchs so schön geworden war, wie man es sich nur immer hienieden denken konnte, unten in dem Garten stehen mußte, bis es den Möpsen gefällig war, hinauf zu gehen, so sah sie auf das Gras und die darin wachsenden Blumen, bis die Hunde Miene machten, über die sommerliche Treppe hinauf zu laufen – dann wendete sie sich um, ging auch hinein, und das nachwallende Kleid, das die schönsten und reinsten Glieder deckte, verschwand hinter der Schwelle.

Hier war es auch, wo sie der Pfarrerssohn Georg, von dem wir oben erzählt haben, kennen lernte. Er hatte an sehr verschiedenen Orten bei Bauten gearbeitet, hatte teilweise selber hie und da Arbeiten geleitet, und nach und nach eine Gattung Ruf in Hinsicht seiner Kenntnisse und Geschicklichkeit erlangt. Einen größeren Bau hatte er in der Nähe der alten Gräfin, die immer auf ihrem Landsitze lebte, ausgeführt. Dies veranlaßte die alte Frau, welche längst schon einen Umbau der sommerlichen Gebäude, die von dem Schlosse einige Flintenschüsse entfernt in dem Garten lagen, eigentlich ein Gartenhaus vorstellten, aber durch die verschiedenen Zubauten der vielen vorhergehenden Geschlechter eine Sammlung von Gartenhäusern geworden waren, und daher unzusammengehörig und ungestaltet dastanden, im Plane gehabt hatte, die Sache nun wirklich ins Werk zu stellen, und den jungen Mann dazu zu gewinnen. Sie schrieb ihm einen Brief in die Nachbarschaft, wo er noch immer beschäftigt war, daß er kommen und das Vorhandene ansehen möchte. Da er es getan hatte, wurde verabredet, daß er zuweilen herüber kommen, und wie es seine Zeit zuließ, die Pläne nach und nach fertigen möchte. Er hatte mit der Gräfin einen Vertrag gemacht, der vorläufig auf Anfertigung der Pläne ging, die so eingerichtet sein sollten, daß sie das zu erbauende an das bereits Vorhandene so anschlössen, oder dasselbe so abänderten, daß das Ganze wie eine einzige ursprüngliche Baute aussehen sollte. Unter den Bedingungen, welche der Baumeister immer an die Spitze seiner Verträge stellte, und ohne deren Genehmigung er auf die Beredung der folgenden Punkte gar nicht einging, war auch die, daß er von seinem angefangenen Werke in jedem Augenblicke fortgehen dürfe, ohne daß man irgend einen Ersatz, Rechtfertigung oder dergleichen verlangen könne, wenn ihm nämlich die Nebenarbeiter, die ihm an die Hand gehen sollen, oder die

Persönlichkeiten derer, die ihm zugewiesen worden sind, und auf den Bau Einfluß haben, oder selbst die des Bauherrn nicht recht sind, und seine Gedanken in Hinsicht des Werkes beirren, was er dann immer, ehe er ginge, auseinander setzen würde. Die Gräfin wollte anfänglich auf diesen Punkt nicht eingehen, da er aber Miene machte, die Sache sofort abzubrechen, tat sie es doch. Er kam nun öfter, wenn er von seiner Beschäftigung abkommen konnte, auf die Besitzung der Gräfin herüber, und war oft stundenlange, wenn er Zeichnungen gebracht hatte, und dieselben beredet wurden, bei ihr in dem Zimmer. Endlich war man mit den Entwürfen fertig und einverstanden. Die Abtragsarbeiten begannen, wobei Georg die Menschen größtenteils selbst bestimmte, welche an der Arbeit beschäftigt sein sollten. Als er dann in der Nachbarschaft mit seinem Werke ziemlich zu Ende war, und nur mehr die kleineren Aufputzgeschäfte erübrigten, wobei man ihm auch in eine mäßige Entfernung die Modelle und Zeichnungen nachbringen konnte, zog er ganz zu der Gräfin herüber, und schlug seinen Wohnsitz in dem Schlosse auf, oder eigentlich nicht in dem Schlosse, sondern in einem Nebenbaue, wo, als noch großes Leben in dem Schlosse war, und die Grafen viele Leute und Gesellschaft sahen, der Stallmeister mit den ihm zugegebenen Personen gewohnt hatte. Es waren da mehrere wüste Zimmer, in die er schnellgezimmerte weiche Tische stellen ließ, um seine Papiere auszubreiten, und Kisten, um sie in dieselben einschließen zu können. Es begann nun der Umbau der Gartenhäuser.

Hier war es, wo, wie wir sagten, er eine mächtige Leidenschaft faßte. Diese Leidenschaft war um so mächtiger, als er bisher immer einsam gewesen war. Er hatte das seltsame Mädchen öfter gesehen und bemitleidet. Wenn er zur Gräfin mit seinen Plänen gekommen war, war sie gewöhnlich in dem Zimmer gesessen, und hatte getan, was ihr von der alten Frau befohlen worden war. Jetzt, da er in ihrer Nähe wohnte, hatte er besser Gelegenheit, sie zu beobachten, und ihr ewiges Schweigen und ihre Ruhe zu sehen. – Die verödete Größe, die in ihrem Wesen lag, lockte ihn an. Er erkundigte sich um ihre Schicksale, und erfuhr, wenn auch nicht genau die Lage der Sache, doch etwas, das der Wahrheit nicht gar zu ferne lag. Da er nun sah, daß sie so allein sei, wuchs sie immer mehr in sein Wesen, daß er sie durch die dunklen Bäume des Gartens mit sich zu seinem Baue trug, wo er stand, alle Dinge, die da werden mußten, besichtigte, vom Staube umringt war, und aus dem rührigen Getümmel der hundert Hände, die da beschäftigt waren, und aus dem Klopfen der Hämmer, dem Quieken der Schubkarren und dem Ächzen der Aufzüge hervorsah. Er hatte schon viele Wochen auf dem Schlosse gelebt. Da er auch noch anderwärts beschäftigt war, reiste er zuweilen ab, tat dort, wohin er ging, seine Geschäfte, und kam dann wieder zurück. – Auch er ist von dem Mädchen nicht unbeachtet geblieben. Der kühne vereinzelte Mann, der jede Gesellschaft und das ihnen so notwendig gewordene Geplauder verachtete, sondern wenn er mit seinen Geschäften fertig war, auf sein Zimmer ging, und dort zwischen Büchern, Zeichnungen und Plänen niedersaß, gewann ihr ihre Ehrfurcht ab; selbst das, was man an ihm tadelte, daß er nämlich von seinem ohnehin nicht vielen Gelde, welches er für seine Arbeiten einnehme, wieder den größten Teil für sehr teure Bücher, Zeichnungen Kupferwerke ausgebe, steigerte seinen Wert. Ihr gefiel sein Tun, daß er nämlich für seine Beschäftigung so eingenommen sei, und daß er dann, wenn ihm eine freie Zeit übrig blieb, die Blechbüchse nahm, in den Wald ging, und Moose und Pflanzen in dieselbe sammelte. Da sie einmal mit der Gräfin in sein Zimmer gekommen war, hatte sie seine Steine gesehen: sie glänzten einfach und heiter von der Wand herüber, und auf jedem war ein kleines Zettelchen geklebt, welches den Namen des Minerales angab. Sie waren nur diejenigen, die in der Gegend vorkamen, und die er in jüngster Zeit zusammen gestellt. Andere hatte er noch in der früheren Wohnung, wo er gewesen war, ehe er zum Baue der Gräfin herüber gekommen war.

Weil die beiden Menschen gleich scheu und gleich einsam waren, zog es sie zusammen – und wenn im Schlosse Gesellschaft war, um mit Karten zu spielen, oder über die Angelegenheiten ihrer Kreise zu reden, oder sich sonst zu vergnügen, das Mädchen aber draußen auf dem Rasen saß und er allein auf seinem Zimmer: so fühlten sie, daß sie für einander gehörten. Sie behandelten sich achtungsvoll, sie näherten sich – taten es aber nicht versteckt, sondern offen vor der ganzen Welt – die Blume der Neigung brach hervor, und da beide zum ersten Male empfanden, was gründliche Zuneigung und Liebe sei, so waren zwei Menschen, die bisher allein gewesen waren, es nicht mehr: sie ergänzten sich, und um so fester hielten die Herzen zusammen, als sie ein ver-

schlossener Gegensatz zu der ganzen übrigen Welt
waren.

Sie kamen öfter zusammen, sagten sich ihre Neigung – und da war es, wo er ihr einmal eröffnete,
daß er eigentlich sonst nichts habe, als das, was er
sich durch seine Arbeiten verdiene.

„Ich besitze auch nichts", antwortete sie, „aber lieber Freund, wir wollen dieser Sache keinen großen
Wert einräumen. Wir haben nichts, aber mit dem festen Willen, nichts zu brauchen, wollen wir zu erwerben beginnen. Was Dinge wert sind und nicht wert
sind, habe ich schon einmal Gelegenheit gehabt zu
erfahren."

Sie erzählte ihm ihre Geschichte, wie sie sich in
den kleinsten Zügen zugetragen hatte, er erfuhr die
Sache in manchen Stücken anders, als er sie früher
gewußt hatte, und das Bild des Mädchens stand jetzt
nur noch fester und noch schmerzlicher in seiner
Seele.

So verging eine Zeit, und jeder Tag vermehrte die
große, die äußerste Hochachtung, welche diese zwei
Menschen für einander empfanden.

Einmal, da er bei der Bauherrin war, und ihr verschiedene Dinge vorlegte, namentlich Einzelheiten,
die früher nicht in den Vertrag aufgenommen worden waren, weil man sie auf eine eigene Beratung
verschoben hatte, und da er ihr mehrere Blätter auseinander legte, ob sie ihre Billigung haben, sagte sie
zu Corona: „Mein Kind, man schaut nicht so dreist
hinein, wenn jemand etwas zeigt."

Er warf einen Blick auf die Gräfin.

„Gehen Sie auf Ihr Zimmer", sagte diese zu dem
Mädchen.

Die Angeredete erhob sich und ging.

Der Baumeister zeigte noch auf einige Dinge, die eben vorlagen, ohne sonderlich in die Sache einzugehen. Er behandelte sie oberflächlich, sagte, das werde man schon noch bereden, packte seine Blätter zusammen, und ging ebenfalls fort. Er ging nun zu Corona. Er fand sie mitten in ihrem Zimmer an dem Tische stehen, die Hand auf ein aufgeschlagenes Buch gelegt, in welchem Kinderbilderchen gemalt waren.

„Corona", sagte er, „ich werde auf der Stelle alle Anstalten machen."

Sie sagte nichts, aber mit der Hand, die auf dem Buche lag, drückte sie heftig die Blätter desselben nieder.

Er faßte sie an beiden Händen, drückte sie und ging gleich wieder fort. Er ging nun zu seinem Baue, ordnete an, was zu geschehen habe, weil er einige Tage abwesend sein würde, gab dem Werkführer seine Aufträge, bestellte sich ein Fuhrwerk, saß auf und fuhr davon. Eine kleine Wegestunde von dem Schlosse der Gräfin war am Ende eines Gartens ein Häuschen, welches einer kinderlosen Witwe gehörte. Ein Landmann, der etwas Handel trieb und daher in der Fremde bessere Dinge gesehen hatte, auch etwas mehr Geld erwarb, als seine Standesgenossen gewöhnlich haben, hatte es sich erbaut, um mit seinen Kindern freundlich zu wohnen. Allein er bekam keine Kinder, starb, als der Bau noch kaum beendigt war, und die Witwe mit einer einzigen Magd lebte bloß in der Stube des Erdgeschosses, während die zwei Zimmer des Stockwerkes noch ganz leer standen und vergeblich auf ihre Einrichtungsstücke warteten. Zu dieser Frau fuhr der Baumeister, sagte, er wolle die zwei Zimmer des Stockwerkes mieten, und sie samt der Küche einrichten, wenn er auch das Recht habe, in dem Garten etwas herum zu gehen, und die Luft und die Schönheit desselben zu genießen. Die Witwe ging freudig alles ein, und der Vertrag war mündlich abgeschlossen. Dann fuhr er in den nächsten kleinen Ort, wo ein Schreiner war, bestellte bei ihm Einrichtungsstücke der einfachsten Art, und gab an, in welcher Ordnung sie fertig werden sollen, und bestimmte, sie in das Häuschen der Witwe zu liefern. Von dem Schreiner fuhr er dann in die drei Meilen weit entfernte Stadt, kaufte dort von seinem wenigen Geldvorrate dasjenige, was ihm das Allernötigste schien, packte es in einen Koffer, und fuhr am zweiten Tage wieder mit demselben zur Witwe, und ließ ihn in seinen Zimmern, die mittlerweile gescheuert und gefegt worden waren, als erstes Einrichtungsstück stehen. Dann blieb er da, sandte sein Fuhrwerk heim, und leitete die Arbeiten zur Wohnlichmachung der Stuben, und betrieb die Dinge beim Schreiner. Als das Notwendigste fertig war, ging er zu Fuße auf das Schloß der Gräfin hinüber, stellte sich ihr vor, und sagte, daß er Corona zum Weibe nehmen werde. Die Gräfin machte anfangs Einwendungen, ließ aber dann alles geschehen. Da Corona zu ihr Abschied nehmen kam, saß sie beim Spiele und reichte ihr die Hand. Das junge Brautpaar setzte sich in den bereit gehaltenen Wagen, fuhr in die Stadt und wurde dort nach der Sitte seiner Kirche getraut. Es war schon sehr spät am Abende, und der Vollmond legte bereits seine Strahlen durch alle Fenster des Häuschens hinein, als sie an demselben ankamen, und zu ihren Zimmern hinauf stiegen. Die Witwe brachte Lichter – und als Corona, da sie allein waren, vor dem Tische vom weichen Holze niedersank, um Gott ein kurzes Dankgebet zu sagen, schien sie ihm so unendlich schön neben dem rauhen Holze, daß es ihm unbegreiflich war, daß sie nicht Tausende begehrt haben. Das wußte er nicht, daß man sie für roh gehalten hatte, und daß mancher, der zur Gesellschaft, zum Vergnügen, oder sonst wie in das Schloß gekommen war und Verführungsgedanken gefaßt hatte, sie an dieser Härte und Kälte wieder aufgab. An dem Mauerstückchen zwischen den Fenstern stand ein Tisch, ein kleinerer stand noch im Hintergrunde an der Wand, dann waren zwei Stühle da, und im Nebenzimmer standen die Betten. Das andere war noch nicht fertig geworden. Das Vorhandene war alles von weichem unangestrichenen Holze. Durch die Fenster, an denen noch keine Vorhänge waren, kam das Mondlicht herein, und mischte sich wunderlich mit dem Lichte der Kerzen, die Dinge, die da standen im Doppelscheine beleuchtend. Coronas Koffer war indessen unten vom Wagen abgeschnallt, herauf getragen und im Zimmer nieder gestellt worden. Man wünschte eine gute Nacht. Draußen war, da der Frühling kaum vorüber war, eine sehr schöne Sommernacht aufgegangen, in dem weichen, wolkenlosen Himmel stand ein floriger Mond, hin und hin waren Bäume, an denen manchmal ein Laublein glänzte, den Fluß hörte man schwach rauschen, eine Amsel tat noch zuweilen einen Schlag darein: alles war, als wenn gar nichts geschehen wäre – und den

zwei Menschen, die in ein neues Verhältnis getreten
waren, war es, als hätte die ganze Welt sich geändert.

Am andern Morgen, als noch kaum die ersten
Strahlen dämmerten, kauerte Corona an dem Koffer, welchen Georg aus der Stadt hieher gebracht
hatte, und suchte die weißen Vorhänge, die wohl im
Koffer, aber noch nicht an den Fenstern waren, aus
demselben heraus, um sie auf zu machen. Dann beseitigte sie den wenigen Staub, der seit gestern gekommen, dann legte sie die Dinge aus ihrem und
Georgs Koffer auf den Tisch und die zwei einzigen
Stühle. Dann ging sie in die Küche hinaus, das reinliche Geschirr, welches die Witwe besorgt hatte,
glänzte ihr von den Gestellen entgegen, die Wände
waren neu geweißt worden, daß die ganze Küche
schimmerte, und auf der Bank standen die flachen,
aus weichem Holz gebundenen, schneeweiß gescheuerten Gefäße, die bereits das reine, frische, blinkende
Wasser enthielten, das zur Wirtlichkeit lud und von
den Quellen der Gegend kam, die wegen ihrer Güte
berühmt waren. Die neu aufgenommene Magd erschien, die auf den Morgen bestellt war, sie begann-
nen zu wirtschaften und Corona kochte selber.

Georg ging an seine Arbeiten, deren er mehrere
zerstreut hatte, und besorgte ihren Fortgang, indem
er sie besuchte, um das Nötige zu ordnen.

Indessen kamen nach und nach die anderen Sachen, sie wurden herum gestellt, ein Tischchen mit
Blumen kam an das Fenster, auf die weichen Bettge-
stelle wurden schneeweiße Linnen gelegt, und ein
Tempel der Reinlichkeit empfing Georg immer, so
oft er nach Hause kehrte. Die einsame Witwe hatte
eine unbegrenzte Freude über die gar so schöne

junge Frau. Diese arbeitete aber den ganzen Tag mit aufgeschürzten Armen fort, und wenn er das mit so vieler Üppigkeit erzogene Kind unten am Brunnen stehen sah, mit dem einen Arme an der Stange ziehend, und mit dem andern das Gefäß hin haltend, um das Wasser aufzufangen, so dauerte sie ihn fast. Allein das beinahe holdselig schöne Angesicht glänzte, die Lippen waren frisch und weiße Zähne blickten heraus. Sie lebten so fort, er hatte sie nirgends aufgeführt, sie bekamen daher auch keine Gesellschaft und wirtschafteten fort. Gleich nach seiner Vermählung hatte Georg an die Gräfin eine Schrift gesandt, in der er ihr die Weiterführung des von ihm unternommenen Baues aufkündete, weil er nach ihrer Stellung zu ihm die Sache nicht mehr mit heiteren Gedanken fort zu führen vermöge. Die Gräfin fing einen Prozeß an, verlor ihn aber in Kürze gegen den zu klaren Buchstaben des Vertrages. Die Arbeiten mehrten sich unerwarteter Weise für Georg. Anfangs hatte der Prozeß Aufsehen gemacht, man suchte den Baumeister aus Neugierde auf, allein nach und nach sprachen die Arbeiten für sich, seine Wesenheit erschien, die Schönheit seiner Gedanken wurde weit und breit bekannt, und er bekam bald von dieser, bald von jener Seite Zuschriften, die ihn um Übernahme oder Begutachtung oder Änderung eines Werkes angingen. Der Wohlstand und die Behaglichkeit stiegen in dem kleinen Häuschen. Man hatte eine Kammer neben den zwei Zimmern, in der nur immer altes Gerumpel gelegen war, ausgeräumt und zu einem Zimmer hergerichtet, Georg ließ daran noch, wo früher bloß öder Dachboden gewesen war, ein viertes bauen, und die Wohnlichkeit lichtete und erheiterte sich immer mehr. Im Erdgeschosse erlaubte die Witwe, daß er sich zwei Stuben für seine Zeichner einrichte, die gegen den Garten hinaus lagen, und sonst nicht gebraucht worden waren, nebst einer Kammer für sich, wo nun Tische gestellt wurden, die großen Papiere ausgebreitet, und all die Linien und zarten Farben gezogen, die zu großer Verwunderung der Witwe allemal notwendig waren, ehe ein Bau beginnen konnte. Die Witwe liebte die Leute so sehr, daß sie gleichsam zu ihnen gehörte, und sich in den kleinsten Raum zurüchzog, damit sie nur Platz haben, und nicht etwa aus Mangel an Bequemlichkeit weg ziehen möchten. Für Corona hatte er noch eine Magd gedungen. Anstatt der früheren Gerätstücke, die sämtlich aus weichem Holze bestanden und nicht einmal mit einer Farbe bedeckt gewesen waren, waren schon längst nach und nach polierte und in schönster Arbeit gefertigte aus der Stadt gekommen, wo er sie bestellt, und größten Teils nach eigenen Zeichnungen hatte machen lassen. Mit einer Zartheit, die oft einsamen Menschen eigen wird, suchte er ihr bei den Geschenken, die er ihr machte, und auch bei notwendigen Dingen, die in das Haus mußten, solche Gegenstände der Vornehmheit und Wohlhabenheit in die Nähe zu bringen, mit welchen sie in ihrer Kindheit umringt gewesen sein mag, damit sie ihr wohl täten, und sie dieselben nicht zu schmerzlich vermißte; aber weil er einen feinen Sinn für Schönheit hatte, so waren die Gegenstände nicht bloß Zeugen der Wohlhabenheit und Vornehmheit, sondern sie waren auch schön, und so füllte er seine Wohnung nach und nach mit Dingen, die in ruhiger und edler Würde auf die Seele des Beschauenden wirkten. Corona war schier immer allein, sie suchte nie Gesellschaft, ging fast nicht aus, sondern wirtschaftete für ihn, und mehrte seine Habe, die sie beinahe für anvertrautes Gut ansah. Sie hatte die Gabe empfangen, das Schöne, womit die Wohnung sich allgemach füllte, zu empfinden, und sie empfand es immer mehr, so wie ihr Geist sich übte. Sie ordnete die Dinge nach dem Gefühle, das ihr eigen geworden war, und hörte nicht auf, bis sie am schicklichsten standen.

So lebten die zwei Menschen fort, Georg freute sich immer, wenn er mehrere Tage nacheinander zu Hause bleiben konnte, um das Wohltuende des eigenen Herdes zu empfinden. Er hatte sich da angewöhnt, seine Gattin bei ihrem zweiten Namen Elisabeth zu nennen: er tat dies immer, wenn er besonders traulich und freundlich war, weil ihm dieser Name häuslicher und wirtlicher vorkam. Er wollte nicht immer, sagte er scherzhaft, auf die Krone erinnert werden, die ihm eher wie seine Beherrscherin, als wie seine Gattin erschiene.

Nur eins fehlte dem Ehepaare zu seinem völligen Glücke: sie hatten keine Kinder. Sie waren bereits im vierten Jahre verbunden, und wenn sie auch nur in völliger Einsamkeit und unter sich dem schmerzlichen Gefühle über diesen Umstand Worte zu geben wagten, so ahnete die Witwe mit der den Frauen eigentümlichen Feinfühligkeit die Sache doch, und war häufig unerschöpflich in Erzählungen und Geschichten, wie Leute so und so lange vermählt gewesen waren, ohne mit Kindern gesegnet zu werden, und wie dieselben dann plötzlich und in vielen Fällen reichlich gekommen seien. Diese Geschichten waren meistens aus ihrer eigenen Erfahrung genommen. Die Leute lebten größten Teils noch, und konnten jeden Augenblick um die Wahrheit der Tatsache befragt werden. Freilich hatte die arme Frau bei ihrer eigenen Kinderlosigkeit Ursache genug gehabt, nach solchen Geschichten zu forschen, um ihre eigene innere Hoffnungslosigkeit zu täuschen, und die schönen blondlockigen Engelein in der Zukunft zu sehen, die noch dereinst um sie in dem kleinen Hause spielen würden. Allein sie erschienen nicht. Endlich starb ihr Mann, sie heiratete trotz den Anträgen, die sich fanden, nicht mehr, verzichtete, und alle die blondlockigen Engelein, die hätten kommen sollen, sind auf ewig mit ihm in das Himmelreich gezogen. Nach und nach vergaß sie auf dieselben und die Jahre flossen sanft hin. Aber jetzt in ihrem Alter mußte sie wegen ihrer großen Liebe zu Corona, die sie trug, dasselbe Spiel ihrer Einbildungskraft wieder spielen, weil sie nicht leiden konnte, daß diese schöne junge Frau keine Kinder bekommen sollte, und in ihrer Hoffnung, daß sie noch würde gesegnet werden, hatte sie dieselbe Festigkeit der Zuversicht für die Engelein Coronas, wie sie dieselbe für ihre eigenen gehabt hatte.

Es waren wieder ein paar Jahre vergangen, ohne daß die Hoffnung sich erfüllt hätte. Die Geschäfte hielten Georg oft mehrere Wochen von seinem Hause entfernt, sie mehrten sich noch immer, so daß er zuweilen einen Monat auf Herumreisen zubringen, einen andern in einem entfernten Orte verweilen mußte und erst im dritten ein wenig nach Hause kommen konnte. Er geriet hierbei immer südlicher in unser schönes Vaterland, und da er die Wälder, das traurige Entbehrnis seines Geburtsortes, so sehr lieben gelernt hatte, so kam es ihm in den Sinn, sich auf Zeitlebens in der Nähe eines solchen anzusiedeln. Es war ein schöner sanfter Abhang von Wiesen und Feldern – zwei klare Bäche schossen in dichtem Gebüsche über glatte Kiesel an zwei verschiedenen Stellen ab – hinter dem Hange begann ein sachter Wald mit Eichen, Eschen, Ahornen und Haselgebüschen an zu steigen fast schöne Gartenwege liefen in ihm, und grüne fette Rasenstellen waren nicht selten. Dann strebte er rascher empor, die Fichte erschien, und andere wilde Bergbewohner, die nun weniger Rasen, aber das duftende blühende Heidekraut zwischen ihren Stämmen hatten. Mehrere Wegestunden ging der Wald fort, dann wurde der Nadelbaum dünner und verkommener, Gerölle lag herum, und zerschund die Rinde der einzelnen darin stehenden Bäume, und endlich ragten bloß Felsen empor. Wenn man von dem Rande des Eichenwaldes auf den Felder- und Wiesenabhang zurück sah, und dann das weiter fortlaufende Tal überblickte, so sah man schier wieder einen Wald, einen dichten Wald, aber von lauter Obstbäumen – scheinbar dicht; denn die Entfernung schob die einzeln stehenden Bäume, die auf den Wiesen und zwischen den Feldern zerstreut waren, zusammen, und zwischen all dem liefen Zäune mit blühenden Gebüschen, und meist mit kleinen daneben rieselnden Wässerlein, wie es in jenem schönen Lande gebräuchlich ist, dahin, sehr viele Strohdächer sahen in großen Entfernungen von einander aus den Bäumen heraus, und wenn der Abend kam, und die blauen Schatten sich zwischen das Grün legten, stiegen auch viele blaue Rauchsäulen

318

von den das Abendessen kochenden Herden empor, oder es stand eine dünne zarte blaue Schicht über dem feuchten gesättigten Grün. Eine Strecke des Waldhanges nebst einem kleinen Anteile des Eichenwaldes war zu verkaufen. Georg dachte, auf der Anhöhe würde ein Haus recht gut stehen, so würde auch die Feuchtigkeit des Tales, wie in fruchtbaren Gegenden oft der Fall ist, vermieden, und er wünschte die Stelle zu erwerben. Daher verabredete er mit dem Verkäufer, daß er zwei Wochen warten solle, dann würde er eine Erklärung bekommen, und wenn Georg den Platz nicht nähme, so hätte der Besitzer eine festgestellte Summe als Reugeld zu bekommen. Dies wurde angenommen. Nun reisete Georg sogleich nach Hause, nahm Corona zu sich in den Wagen, und fuhr wieder mit ihr zu dem Waldhange hin, um ihr die Stelle zu zeigen und zu fragen, ob sie ihr gefiele. Nach dem Wohnlichkeitssinn, der beiden eigen war, hatten sie es schon seit längerer Zeit, als ihre Wohlhabenheit sich zu mehren anfing, zu ihren Lieblingsplänen gezählt, sich einmal an einer Stelle, die ihnen gefiele, anzubauen, sich da, wie es nur immer ihrem Herzen zusage, einzurichten, und das ganze Leben hindurch zu verschönern und zu ordnen, bis es Gott gefiele, zuerst das Eine von der Seite des Andern, dann das Andere von dem Platze überhaupt abzuberufen. Diesem Plane schrieben sie unzerstörliche Gewißheit und Wahrhaftigkeit zu, wenn sie nur lebten, da es ja bloß von ihnen abhing, ihn heute oder morgen zu verwirklichen, wie es ihnen beliebte. – Nun stand Corona auf der Stelle, die Georg ausgesucht hatte, die ihm gefiel, und die, wenn sie es wünschte, ihr Eigentum werden konnte.

Wie wenig hatte sie einst verstanden, da sie Felder, Wälder, Berge, Güter zu erben hatte, was Eigentum sei – und wie war sie jetzt, da sie auf dem Platze stand, ergriffen, fast erschüttert, da sie wußte, wie schwer der Erwerb sei, wie der ihrige nur das zufällige Ergebnis des glücklichen Talentes ihres Mannes sei, und wie langsam es gedeihe, bis man zu einer Stelle dieser Erde sagen könne: diese ist mein Freund, und diese ist meine Heimat. Ihr gefiel der Platz fast noch mehr, als ihrem Gatten, und da die Wünsche zusammen stimmten, wurde die Sache ins reine gebracht, und der Preis erlegt. Dann fuhren sie wieder nach Hause, und es begannen sofort die Pläne. Er hatte bei seinen Arbeiten nie die Gewohnheit gehabt, ihr Papiere zu zeigen, sie hatte es auch nie verlangt, obwohl sie die Schönheit des endlich ausgeführten Gedankens stets zu empfinden und zu würdigen verstand. Jetzt aber, da er mit den Zeichnungen der Baupläne fertig war, ging er zu ihr in ihr Zimmer, legte alles auseinander, und fragte, ob es ihr gefiele. Sie verstand nicht jedes sogleich, ließ es sich erklären, und als sie über das Ganze einen Blick erlangen konnte, gab sie nach unbedeutenden Einwendungen, deren Gültigkeit er wieder einsehen mußte, ihre große Freude und ihr großes Wohlgefallen zu erkennen. Er nahm seine Papiere zusammen, machte die kleinen Abänderungen, und ging nun daran, sogleich zu beginnen, und mit den einzelnen betreffenden Werkleuten Verträge zu schließen. Die Vorarbeiten auf dem Platze hatten gleich nach dem Ankaufe angefangen, und über die Gewinnung und Beischaffung der Stoffe war schon damals verfügt worden.

Sogleich begannen nun die Ausmessungen der Linien, die Erdarbeiten warfen ihre Wälle aus, Gerüste stiegen, und in kurzem hämmerte und werkte es aus dem Innern heraus, und die Mauern stiegen über die Erde empor. Georg hatte zu den vielen Arbeiten, die er überschauen mußte nun auch den Bau des eigenen Hauses zu führen. Ehe es noch fertig war, nahm er oft Corona mit sich hin, daß sie das Gedeihen besehe, und sie ging zwischen den rohen nassen Mauern, auf schwanken Brettern und neben Kübeln mit schwimmendem Mörtel dahin.

Zwei Jahre verflossen, ehe das Werk fertig war, weil er nicht nur gut bauen, sondern auch zur Schonung der Gesundheit die Mauern gut austrocknen lassen wollte. Die Gerüste wurden schon früher abgenommen, und die Landleute sahen mit Wohlbehagen auf das weiße Haus mit dem lieblichen roten Ziegeldache hinauf, das da entstanden war, und von dem dunklen Waldhange auf das Grün der Wiesen und Obstbäume herab grüßte. Endlich war die Zeit gekommen, wo alles doch so weit fertig geworden war, daß man übersiedeln konnte. Er hatte die Sache zwar nicht großartig gemacht, aber auf Freundlichkeit und Bequemlichkeit gesehen. Es war ein Säulengang im Hofe, wie er bei seinem Vater gewesen war, und wie ihn Corona sehr liebte, es waren die Zimmer; selbst für Freunde, wenn einmal solche kämen, oder aus sonst einer Ursache die Bewohnerschaft sich vermehrte, war gesorgt; dann war die Küche, gleichsam ein Tempel, wo sie gerne wirtschaftete; dann Gänge, Nebengebäude und alles, was sich gebührte. Sonst war das Ganze klein und heiter beisammen. Der Garten sollte bis zu dem Walde zurückgehen, in den er sich unkenntlich verliere. Zu einem kleinen Gewächshause wurden die Anlagen gemacht. So war es, da die Übersiedlung begann. Corona hatte schon lange vorher zu packen begonnen. Georg hatte eine große Anzahl fester Kisten machen lassen, in welche die Dinge einzeln und zusammen gepackt werden sollten, daß man die Kisten dann werfen und legen dürfte, wie man wollte, ohne daß die Sachen Schaden leiden könnten. Corona arbeitete den ganzen Tag, wickelte ein, packte, veränderte, und packte wieder – und wie das Häuschen der Witwe nach und nach leerer wurde, häuften sich die Kisten auf dem Gange und in den Räumen des Vorhauses. Nun erschienen die Wägen, auf die sie geladen wurden, und mit denen eins nach dem andern abfuhr. Endlich, gleichsam als das letzte Gut, setzten sie sich auch in ihren Wagen, und fuhren den andern Gütern nach. Die einsame Witwe, in deren Häuschen sie bisher gewohnt hatten, und die so sehr an die zwei Leute angewachsen war, daß sie sich nicht trennen konnte, fuhr mit ihnen, gleichsam als Gesellschafterin und freundliche Dienerin Coronas, wie sie es bisher gewesen war. Sie hatte auf Georgs Rat ihr Häuschen, das sie anfangs verkaufen wollte, bloß verpachtet, und kehrte ihm voll Freuden den Rücken.

Als sie ankamen, und Georg gleich wieder auf eine entfernte Baustelle fort mußte, begann ein Auspacken und Ordnen, wobei Corona die Oberaufsicht übte, und die ihr beigegebenen Arbeiter leitete. Da Georg wieder kam, und mehrere neu angeschaffte Sachen mit ihm, ging es erst an das ordentliche Einrichten und Stellen. Vom frühesten Morgen bis spätesten Abend war Corona beschäftigt. Sie wählte, ver-

warf, wählte wieder, und nach und nach ging ein
Raum nach dem andern aus ihren Händen vollendet
hervor, bis alles wohnlich geworden war, und den ersten rohen und ungastlichen Anblick verloren hatte,
mit dem es die Ankömmlinge empfangen hatte, aber
viele Wochen hindurch mußte noch bald dort ein
Türchen angebracht, bald hier eine Lücke verbaut,
bald dort ein Balken weggenommen, bald da eine
Grube ausgefüllt werden, bis sich die Roheit und
Neuheit verwischte und das Besitztum und Bewoh-
nertum sich verwuchs, als wäre es immer so gewesen.
Der Garten, in welchem die ohnedem auf dem Platze
stehenden Obstbäume und andere gelassen worden
waren, begann ebenfalls aus seinem Urzustande her-
auszutreten, hie und da Blumen und Anlagen zu zeigen, wie sie Corona liebte, und wie sie gut standen.
Die Gemüse zogen schöne und bunte Tafeln hinaus,
und nach dem ersten Jahre funkelte das vollendete
Glashaus in die Lüfte. Es wurde alles fast so gemacht,
wie es in dem kleinen Häuschen der Witwe gewesen
war, nur großartiger, weil hier mehr Raum war, und
kostbarere und reichere Sachen angekommen waren. Er stellte seine Sammlungen auf, und sie ordnete die anderen Dinge, daß ein luftiger heiterer
Tempel des Geschmackes und der Ordnung erschien. – Es ist ein lieblicher Gedanke, wenn man das
irdische Gut dazu hat, seine Sachen auf einen Platz
nieder zu legen, und zu sagen: „Hier wirst du leben
und sterben – das gehört dein!"

Anfangs, da so vieles zu tun war, war ihnen die Zeit
schneller vergangen als sonst, und zwei Jahre verflossen ohne daß sie wußten, wohin ; aber dann, da einmal Ordnung eingekehrt war, ging alles sanfter und

gemäßigter hin. Sie walteten, wie sie es früher getan hatten. Georg mußte ab und zu reisen, er war oft lange in seinen Geschäften abwesend, oft konnte er wieder auf einige Zeit zu Hause sein. Sie lebten auch hier sehr einsam, nicht einmal seine Zeichnungsstuben hatte er in seinem Hause, um dessen ländliche Ruhe nicht zu stören, sondern er hatte sie in dem Lande herum zerstreut – sie hatten nie Gesellschaft, und was die Leute sagten, war ihm gleichgültig – er ging nie mit ihnen um, sie gehörten eigentlich nur einander an. Immer mehr ordnete sich das Haus, immer mehr saßen sie in ihrem Besitztum in Fülle, und sahen auf die wunderschöne Welt hinaus. Aber ein Wunsch ging nicht in Erfüllung, der allem anderen die Krone aufgesetzt hätte, oder der sie alle entbehrlich gemacht hätte: sie hatten noch immer keine Kinder.

Die Habe mehrte sich, selbst allerlei Kunstwerke kamen ins Haus, eine Bildsäule von weißem Marmor stand unter den sanften Hallen, Gemälde von großem Werte zierten manche Zimmer, und was zwischen kinderlosen Eheleuten so oft der Fall ist, wenn er nach Hause kam, da er länger abwesend gewesen war, oder bei andern Gelegenheiten, die er ergreifen konnte, brachte er ihr Geschenke nach Hause, sei es ein kostbares Tuch, ein Schmuckgegenstand, ein Silbergefäß, sei es ein künstlich gefertigtes Einrichtungsstück, bis sie von einer Menge Gegenständen und Spielereien umringt war, daß sie oft nicht wußte, wie sie dieselben nur unterbringen oder aufstellen sollte. Dafür empfing sie ihn immer, wenn er von seinen Reisen zurückkam, mit einer Reinlichkeit seines Hauses, mit einem Schimmer und Glanz desselben, daß er sich sagen mußte, wenn manche Menschen prachtvoller wohnen, so sei doch kein Haus so unbedingt rein und klar und alles ordnungsgemäß umfangend, wie das seine. Kein Stäubchen, kein Flekken, kein Hauch einer Unordnung war durch alle Zimmer zu sehen. Sie ordnete immer, und die schönen Geräte oder Kunstsachen wie etwa Geschirre, Gemälde, und dergleichen reinigte sie stets selbst; denn sie hegte zum Beispiele ihre Tische so, daß die Schönheit der Platte auch nicht einmal durch die kleinste Ritzung geschändet werden durfte. Georg war jetzt viel öfter und länger zu Hause; da er nur mehr die vorzüglicheren und größeren Arbeiten übernahm, weil er sich Ruhe gönnen wollte, und die anderen durch einen jüngeren eben so aufstrebenden Menschen besorgen ließ, wie er selber einstens aufgestrebt war.

So lebten die zwei Menschen fort, und entbehrten, was ihnen versagt war. Aber desto schmerzlicher wurde die Entbehrung, als sich auf dem dunkeln Haupte Georgs manch ein einzelnes weißes Haar zeigte, und in dem schönen Angesichte Coronas manch eine feine Linie, die den allmählichen Beginn des Alterns verkündete.

Einmal waren sie in einem Hause eingeladen, wo man sie zwar nicht mehr liebte oder haßte, als in einem andern, wo man aber vielleicht aufrichtiger gegen sie gesinnt war, als sonst wo der Fall gewesen sein mochte. Georg, der viel mit Menschen in Geschäften verkehrte, sonst aber sich von ihnen zurück hielt, ging doch zuweilen irgend wohin, wo er geladen wurde, weil er mußte. Corona schier nie, und dieses Haus war das einzige, wohin sie ihn schon ein paar Mal begleitet hatte, wenn er in Jahren einmal einer Einladung Folge leistete, weil er eben zu Hause war, und die Arbeiten sich ein wenig minder dicht drängten. Sie fuhren gegen Abend hin. Auf Coronas noch so schönem Halse prangte ein Smaragd, der einen zweiten und eine Perle trug, das Ganze mit einem feinen Goldkettchen um den Nacken geschlungen, von dem es sich in mattem Scheine schnitt, so wie die dunkle Glut des Steines sich von dem Halse in würdigem Spiele weghob. Sonst hatte sie ein schwarzes Seidenkleid an. Sie traten schier die letzten in den Saal, man erhob sich und empfing die einsame schöne Frau. Es saßen noch mehrere andere da, von Gruppen schwarzgekleideter Herren umgeben, Schmuckstücke, schier so kostbar wie Coronas oder kostbarer, glänzten auf ihren schönen Kleidern, oder funkelten von bloßen Armen und Nacken – aber ein anderer kostbarer Schmuck, den Corona nicht haben konnte, stand gegen die Tür des zweiten Saales an kleinen Tischchen: eine Gruppe vielzähliger aufwachsender Mädchen, untermischt mit eben so vielen noch ganz kleinen, die sich an sie drängten. Man betrachtete sie noch nicht als Jungfrauen, das Haar war noch knabenhaft geschoren, keine hatte einen Schmuck, als die lebhaften Augen, und eine ein falsches Kettchen um den Hals; unter den unscheinbar geschnittenen und leichtweg verzierten Linnen des Halses schlug ein junger Busen, und unter den schlichten Kleidchen blühten junge Glieder. Sie redeten alle durcheinander, und fragten sich um allerlei und freuten sich, daß sie so bei einander seien. Man gab verschiedene Erfrischungen herum, und das kleine Volk, wie man sich ausdrückte, be-

kam seine Sachen auf die kleinen Tischchen, bei denen es stand, und um die es sich dann lärmend nie-
derließ. Besonders waren zwei Mädchen dabei, die
sich auszeichneten. Sie waren schon etwas sorgfälti-
ger gekleidet, als die andern, aber doch noch in den
Jahren, wo ihnen Kleider noch nichts sind; sie waren
größer, und unter die unbedeutende Freude des
Kindes mischte sich schon die sanftere Gewalt der
Jungfrau. Eine war blond und zart, sie war schon
jungfräulicher, die andere stärker gebaut und dunkel, aber in Ausdruck, Kleidung und Haarschnitt
noch knabenhafter, als die Schwester. Sie waren zwei
mutterlose Waisen, die ihr Vater, ein sehr ernster
Geschäftsmann, jetzt gleichsam Mutterstelle vertretend, gerne zu solchen Gelegenheiten führte, wie sie
heute waren. Es sollten sich die Kinder mit einander
freuen, und nebenher war es bestimmt, daß sie Musik machen würden. Zu den herumsitzenden Frauen
kam bald das eine, bald das andere der Kinder, bald
eine ganze Schar gelaufen, und rief: „Mutter, wie ist
denn das? – Mutter, wo ist denn jenes?" – Die betreffenden Mütter, sich die Dinge vom Halse schaffend,
gaben Auskunft, gaben Rede, und ordneten nebstbei
etwas an dem verschobenen Gewändchen. Der Vater
der zwei Mädchen gab ihnen auch, wenn sie gelegentlich zu ihm kamen, Anweisung, wie sie sich zu
benehmen hätten. Corona saß vereinsamt und vereinzelt da, und schaute zu. Nachdem die Geschirre
und die anderen Vorrichtungen, die zur Einnahme
der Erfrischungen da standen, weggeräumt worden
waren, nachdem von den Männern ein Gespräch
über Staatsangelegenheiten eingeleitet worden war,
welches ziemlich lebhaft werden wollte, standen die

Kinder schon zu einem Chore gerüstet, und warteten nur, bis die Herren aufhörten, daß sie anfangen könnten. Durch die Frauen bedeutet und aufmerksam gemacht, brachen die Männer ihr Gespräch ab, und setzten sich in die Stellung, den Kindern zuzuhören. Diese führten ein holländisches Volkslied aus, das von Störchen handelt, und immer im Chore die Worte Klapp, Klapp, Klapp – Klapp, Klapp, Klapp enthält, was die Sänger sehr freute. Dann kam verschiedenes, was teils im Chore, teils zu zweien, teils von einem gesungen wurde. Jetzt setzte sich das dunklere von den zwei oben benannten Mädchen an das Klavier, welches Instrument damals noch viel seltener und weitaus nicht in der Vollkommenheit gespielt wurde, wie heut zu Tage. Das Kind zeigte keine Verlegenheit, sondern, wie Kinder tun, die ihre Aufgabe aufsagen können, schaute es mit den fröhlichen, pechschwarzen, etwas großen Augen freudig umher, gleichsam Aufmerksamkeit und Stille heischend. Die schwarzen kurz geschorenen Haare ließen den schöner werdenden Nacken sehen, und hoben das weiter unten auf den Schultern liegende Linnen hervor. Der Lehrer des Kindes setzte sich zu ihm, und das Spiel begann. Es war sonderbar: über all das Frühere, was die Kinder vorgetragen hatten, hatte man sich gefreut, weil sie es konnten, wie man es gewöhnlich verlangt; taktrichtig und schier mit keinem einzigen falschen Tone. Auch über das, was dieses Kind jetzt vortrug, freute man sich anfangs; denn es spielte so vorzüglich gut, es rollte die Töne so bestimmt, und wie die Kenner sagen, so perlartig aus seinen Händen hervor, es schlug fast so klar an, wie ein Mann, daß sich das Bauwerk der Musikdichtung gesetzmäßig entfaltete: – aber wie die Leute von solcher Fertigkeit überrascht, wirklich mit innerlicher Aufmerksamkeit zuhörten, und das Kind von dieser Aufmerksamkeit und von der Stille, die herrschte, erfreut, immer mehr Sorgfalt auf das Spiel verwendete und auch immer besser spielte; so fing sich in ihm ein Geist, den es vielleicht noch wenig kannte, zu regen an: es verstand auf einmal die Musik; denn in dem Spiele war Seele, und das Angesicht, das früher nur rot und weiß gewesen war, war jetzt anders: es war gleichsam freudig, und doch auch leidend – denn die Musik war traurig – und man glaubte, jetzt und jetzt sollten Tränen ausbrechen. Als es gleich nach Vollendung dieses Spiels noch eine sehr schöne Arie sang, war das nämliche vorhanden, und es zitterte ihm seine unschuldige Stimme. Als es dann gänzlich fertig war, trat es zurück und mischte sich beschämt unter die andern Kinder. Welche Gewalt des Gefühls für eine einstige Zukunft ahnete man durch diesen Zufall in dem noch unentweihten, unentwickelten, gegen sich selber noch hülflosen Körper! Alle waren erfreut und alle riefen Beifall zu; denn selbst solche, welche sich um ähnliche Dinge wenig bekümmern, waren fast ergriffen; denn es lag hier ein Stück Reinheit und Schönheit menschlicher Seele gleichsam nackt und unwillkürlich da. Der Vater saß in der Nähe der Eingangstür auf einem zurückgeschobenen Stuhle, war selig, und dachte vielleicht an die verstorbene Gattin. Es wurde noch manches vorgetragen, und gut ausgeführt, wie es fleißige und geschickte Kinder ausführen. Als nach Beendigung der Musik die Tische wieder gedeckt an einander geschoben und geordnet wurden, um ein Abendmahl aufzusetzen – als auch die kleineren Tischchen geordnet, und ebenfalls wie die großen gedeckt und beschickt waren nur mit der einzigen Ausnahme, daß keine Weinflaschen auf denselben standen – als man sich um die Tische gesetzt hatte, und auch um die kleineren wieder das kleine Volk saß: war das Mädchen, welches durch seinen Vortrag so erfreut hatte, darunter, und war wieder ein Kind: es redete allerlei mit den Umgebenden, es lachte und aß – das Angesichtchen war wieder rot und weiß, und die kurz geschorenen Haare standen wieder zu dem Gesichtchen. Als spät nachts alles aus war, und die betreffenden Mütter ihre Kinder um sich sammelten, die von denselben hierhin und dorthin gelegten Kleiderstücke zusammen suchten, ihnen anpaßten, und hie und da etwas an den Körperchen verwahrten, daß sie sich nicht verkühlten – als dann ein allgemeines Abschiednehmen war, und ein Fortfahren von dem Hause der Unterhaltung: so saßen Georg und Corona auch in ihrem Wagen, und fuhren allein in demselben nach Hause. In ihren finstern, sehr schön eingerichteten Zimmern wurde, da sie ankamen, Licht gebracht, sie legten die Kleider und den Schmuck auf die gehörigen Stellen, und begaben sich zur Ruhe.

Am andern Tage war wieder ein Tag, wie viele gewesen sind, und wie sie immer sein werden, bis sie sterben.

Sie waren jetzt im dreizehnten Jahre vermählt.

Als einige Zeit, ungefähr mehrere Wochen, nach jenem Abendfeste, dem sie beigewohnt hatten, vergangen waren, kam einmal Corona an einem Nachmittage zu Georg in eins seiner Zimmer, wo er die Steine hatte, und wo er eben vor dem Tische, auf welchem mehrere zu ordnen lagen, saß, und sie betrachtete. Es war dies eine ungewöhnliche Stunde, daß sie zu ihm kam; denn meistens war er um diese Zeit in seinem Arbeitszimmer und zeichnete – nur heute hatte er sich – man weiß keinen Grund – von der Arbeit weg begeben, und war zu seinen Steinen gegangen. Er hob daher sein Haupt empor, und sah auf Corona hin, da sie eintrat, gleichsam fragend, ob ihr etwas fehle, daß sie zu so ungewöhnlicher Stunde komme.

„Georg, störe ich dich?" sagte sie, „ich möchte gerne etwas mit dir reden."

„So rede Corona, du störst mich nicht", antwortete er, „wenn ich auch beim Zeichnen wäre, so würde ich aufhören, wenn du mit mir reden wolltest."

„Aber es ist lange, Georg."

„Wie es auch sei, Corona, ängstige mich nicht, und rede. Wann hätte ich dir denn je eine Zeit verweigert, die du in Anspruch genommen hast. So ist es nicht, daß ich nicht ein Stückchen Arbeit verschieben könnte, wenn sich etwas anderes ergibt, das meine Aufmerksamkeit erheischt. Zudem siehst du ja, daß ich mir ohnehin einen Feiertag gemacht habe, und da sitze, und gleichsam mit diesem Steine da rede. So sprich also."

„Du mußt mich aber bis zu Ende anhören, Georg, du mußt nicht antworten, mir nichts darein reden, bis ich selber sage: jetzt antworte."

„So rede nur, du machst mich sehr unruhig – ich verspreche dir, bis zum Ende ohne Antwort zuzuhören."

„Nun also Georg, ich bin heute zu dir herein gekommen, dir die Scheidung unserer Ehe anzubieten."

„Corona!!"

„Siehst du, du redest darein. Ich habe es ja gewußt, daß es so kommen werde. Höre mich nur zu
Ende, und dann rede, was du immer willst."

„Aber Corona, was ist dir denn widerfahren?! Wie
kannst du denn meinen, daß ich einem solchen
Dinge mit Ruhe werde zuhören können? Sage, welch
ein Unglück ist dir zugestoßen?"

„Höre mich doch an, Georg, ich habe es dieser
Tage her, und wohl manchmal auch früher, sehr
reiflich überlegt, und bin mit dem Gedanken nicht
eher zu dir gekommen, als bis ich glaubte, daß ich
ihn so ausgebildet habe, daß er mir als recht erscheint und daß ich ihn dir werde auseinander setzen können. Der Mensch lebt nur ein einziges Menschenleben. In demselben soll er vor seinem Gotte
den ganzen Kreis menschlicher Pflichten und
menschlicher Freuden erfüllen. Das erste ist ja doch
immer, daß der Mensch in der vollsten Bedeutung
Mensch sei. Was ihr oft so hoch setzt: Amt, Würde,
Geschäft, ist in vielen Fällen nur ein Mittel – bei dir,
Georg, ist es nicht so – sich Geld und Gut zu erwerben, um mit diesem Gelde und Gute dann seinen
Trieben und Neigungen zu dienen: in wenigen Fällen ist das Geschäft Sache des Berufes, wo nämlich
Kräfte nach einer Richtung hin stärker gegeben sind,
in dieser Richtung hin stärker auf Erfüllung dringen,
und in dieser Richtung hin den ganzen andern Menschen mitnehmen. Besser wäre es, wenn der Mensch
unbeschadet seines Berufes auch in andern Kräften

stark genug wäre, ihnen Erfüllung zu geben, und im Einklange aller ganz ein Mensch zu sein. Du bist es fast, Georg, du hast deinem schönen Drange gefolgt, hast dich aber nie den Menschen verkauft, und bist neben deiner Kunst ein starker, freier, guter Mensch geworden, ein Mensch, der seine Augen auch irgend wo anders hat, als in seinem Berufe: darum habe ich dich gleich so lieb gewonnen – du bist fast ein ganzer Mensch, Georg, außer, wo die Verhältnisse es dir versagen – – aber vielleicht nur so lange als wir selber wollen. Zu einem der ersten, vielleicht zu dem allerersten Rechte und zu der holdesten Pflicht der Menschen gehört es, Kinder zu haben; darum hat Gott die beiden Geschlechter mit solcher Freude an einander gebunden, außer der es nichts Freudenreicheres gibt, wenn nicht das Gefühl der Eltern noch süßer sein mag, und die Pflicht derselben noch mehr in das Herz gewachsen; denn wir sehen ja die rohesten Menschen, wenn sie Kinder bekommen haben, alles andere in dieser Welt bei Seite setzen, und den Kindern dienen – ja in der Gefahr das eigene Leben dahin werfen, um das der Kinder zu retten, so herrlich und allmächtig ist der Trieb, daß das junge Leben fortlebe und das alte vergehe, das junge hervor gerufen und seinen Zweck erfüllt habe. Darum ist die Welt so schön, daß sie jeder Neue neu geputzt finde, und wenn er lebt, nicht anders meine, als das ganze Leben beginne überhaupt erst jetzt. Und wenn er alt wird, will er Kinder, in deren Aufblühen und Anfangen er auch aufblüht und anfängt – das Leben beginnt er wieder neu, wenn es ihm unbewußt aufhört und er stirbt. Siehst du, Georg, ich habe gesagt, daß du ein ganzer Mensch seist, außer wo die Verhältnisse es versagten, und daß dies vielleicht nur so lange währe, als wir es selber wollen. Wir sind jetzt über zwölf Jahre verbunden und haben keine Kinder bekommen. Es ist sehr oft der Fall, daß zwei Menschen keine Kinder haben, und wenn sie beide andere Verbindungen eingehen, werden sie beide mit Nachkommenschaft gesegnet. Es ist eine hohe, eine gewichtige, eine heilige Pflicht, daß der Mensch, der nur das eine Leben hat, es voll anwende, und darin auch die menschlich und göttlich gesetzlichen Mittel ergreife, die Welt in einem kleinen Teilchen durch seine Kinder fort blühen zu machen. Darum glaube ich, hat ja unsere Kirche fest gesetzt, daß in ihr die Ehe löslich wird, damit ein mißgeschlungenes Band zu nichte gemacht, und wieder ersetzt werden könne, was gefehlt wurde. Und ich glaube, daß der höchste Zweck dieser Einrichtung nicht darin bestehe, daß Menschen, welche leichtsinnig ein Band geschlungen haben, wenn sie ihre Herzen nicht kannten, wenn die Mittel des Lebens nicht da sind, und hundert andere Fälle, es wieder auflösen können, wenn sie sich nicht vertragen, wenn das Band eine Bürde wird – sie hätten ja das vorher wissen und vermeiden können. Ihretwillen kann das Gesetz nicht allein da sein. Ein viel höherer Zweck desselben muß sein: wenn zwei Menschen alles Edle und Gute, was der Verstand und das Herz eingeben, vor der Verbindung anwendeten, damit sie eine heilige und echt menschliche werde, wenn sie das wird, und doch durch einen Umstand, den keines voraus berechnen konnte, die Ehe eine Scheinehe wird: daß sie dann gelöset werden kann, daß freiwillig und in Güte und Liebe die Verbindung getrennt werde, die vor Gott eine unmögliche gewesen ist. Wir sind beide in dem Falle. Es ist nicht mehr denkbar, daß wir noch den Segen eines Kindes erleben werden. Was wir auch durch unsere Verbindung erreichten, was wir uns auch gegenseitig gegeben haben, ein Zweck, ein hauptsächlicher ist nicht erreicht worden: darum, Georg, ist mein Vorschlag, daß wir uns aus freien Stücken trennen, daß jedes wieder ungebunden sei, und wenn es ihm dünke, ein neues Bündnis eingehen könne, was ihn vielleicht noch mit dem bisher entbehrten Gute belohne. Ist es auch dann nicht der Fall, dann sind beide von der Verantwortlichkeit frei. Denn wir haben getan, was uns menschliche Voraussicht zu tun eingegeben hat, jeder Erfolg liegt in der Hand eines mächtigeren Richters. Mir scheint die Handlung nicht bloß erlaubt, sie scheint mir recht. – – Und nun Georg, bin ich fertig – jetzt antworte mir."

„Ich weiß nicht, Corona, was ich dir antworten soll – ich bin nicht gefaßt – ich habe auf diese Handlung noch gar nie gedacht – was werden die Leute sagen?"

„Sie werden sagen, es sei nicht recht – weil sie schwach sind. Sie werden den wahren Grund nicht wissen, ja wenn er ihnen gesagt würde, werden sie ihn nicht glauben, und in einem von uns eine geheime Schuld suchen, die das andere fort getrieben hat. Auch wenn ihnen der eigentliche Beweggrund bewiesen wird, werden sie noch sagen, es sei nicht recht, weil sie nur allein an einem einzigen Dinge hängen, an ihrer Sinnlichkeit, die sie nicht verlassen können. Wer mit seinem Weibe Jahre lang gelebt hat, gewöhnt sich an sie und ihre Gesellschaft, wie an ein Stück seines eigenen Lebens, er findet sie als Bestandteil in allen seinen Vorstellungen, ihre Tätigkeit greift in sein Leben ein: das heißt er Liebe, das ist es, was er nicht entbehren kann, darum kann er sich von seinem Weibe nicht trennen, es ist ein Sinnliches, ein Selbstsüchtiges – und das ist keines stark genug zu opfern, darum begreifen sie es an anderen auch nicht. Sie müßten ein neues Leben beginnen, einen neuen Kreis von Vorstellungen anfangen, und das ist sehr schwer, weil sich die ganze verzweigte Verwandtschaft der vorhandenen Vorstellungen dagegen sträubt. Daraus erklärt sich auch die Tatsache, warum ein Mann, der den Tod seiner Gattin aufrichtig mit tiefstem Schmerze betrauert, der meint, er könne nun gar nicht mehr leben, doch sehr bald darauf wieder eine neue Verbindung schließt, weil er seine eigene bisherige Gewohnheitsweise nicht aufgeben kann, und eine neue Ehe das leichteste Mittel ist, das Alte wenigstens annähernd wieder her zu stellen; denn er braucht nur die Person zu verwechseln, und dann bleibt alles beim alten. Darum hört man in solchen Fällen das so oft, was ich von einem sehr alten Manne, der fünfunddreißig Jahre in einer sehr glücklichen Ehe gelebt hatte, und nach dem Tode seiner Gattin alsobald wieder eine neue Ehe einging, bei meiner Gräfin sagen gehört habe: er kann seine Häuslichkeit nicht entbehren. Wir wollen sie entbehren, Georg, wir wollen sie des höheren Zweckes willen entbehren, wir wollen die Freuden, die wir einander in täglichem Umgange gewährt haben, opfern, – diese Freuden waren bei uns größer, als bei andern, weil wir beide einsam waren, weil wir beide niemand andern hatten, als uns – aber wir wollen sie doch entbehren, wir wollen wieder sein, wie früher, wollen anfangen, wo wir angefangen, als ich von meinen Verwandten, und du nach dem Tode deiner Eltern von Eiserode fort in die Welt gingest. Es ist dies nicht das Höchste und das Einzige des Lebens, was wir dahin geben, es kann sich neu wieder finden; was wir aber jetzt entbehren, ist ein Höheres, Uneigennützigeres, und ist eine heilige Pflicht – – ja eine Ehe, die eines ihrer Hauptzwecke entbehrt, fortsetzen, deucht mir eher Sünde – – darum wollen wir sie lösen; was wir ohne unsern Willen nicht erreichten, wollen wir betrauern, und was nicht sein konnte, obwohl wir es beide wünschten, wollen wir nicht erzwingen wollen, sondern den Dingen gemäß handeln, die das Erstrebte auf dem Wege, der uns der süßeste wäre, versagt haben. Ich glaube, es ist überall das Rechte, wo ein Ding, das wir anstreben, verweigert wird, es rasch ändern, und den Weg einschlagen, den die Gesetzmäßigkeit der Dinge vorschreibt. – – Und nun, mein Georg, was sagst du?"

„Corona – mein Weib" – antwortete der Baumeister – „ich weiß nicht, was ich sagen soll – das ist seltsam, was du sprichst. – – Es ist nicht so, es ist doch nicht so."

Bei diesen Worten schob er langsam seine Steine, die er vorher bei sich gehabt und betrachtet hatte, zurück, und sah lange, gleichsam mitleidig auf dieselben hin.

„Corona", sagte er dann wieder, „nein, es ist doch nicht so, wie du sagst. Wir sind beide beteiligt, ich muß bei meiner Antwort auch deiner gedenken, ich muß erraten, was dir frommt. – – Aber es ist gewiß nicht so, wie du sagst. Ich empfinde das tief. Lassen wir heute die Sache. Corona, ich werde mit dir reden, wenn eine Zeit vergangen ist – hörst du – lasse die Wohltat einer Zeit dahin gehen – denn über dieses Gespräch muß Zeit vergehen. – – Lassen wir es, hörst du?"

„Ja, Georg, denke daran. Fange an, darüber nach zu denken, wie ich schon seit langem her darüber nachgedacht habe. Und wenn du, wie du einmal gesagt hast, den Knaben des verstorbenen Zimmergesellen an Kindesstatt annimmst, so bedenke, daß angenommene Kinder keine eigenen sind. Wer eine Pflicht übernimmt, ohne die Grundlagen der Pflicht erzeugen zu können, der macht ebenfalls ein Mißverhältnis der Dinge, das sich in den Folgen rächt. Tue ihm Gutes, versorge ihn, aber verlange nicht, daß er dein Sohn sei. Ich habe diese Gedanken schon lange gefaßt, wenn ich dich öfter sah, wie dein Auge auf dem schönen Knaben ruhte, der gerne in unserem Hofe spielte, wie du manchmal fort gingest, und noch unter der Haustür auf ihn zurücksahest. Er kann nicht dein Sohn werden, dachte ich. Ein Kind, Georg, kannst du nur auf dem Wege erhalten, den ich dir angegeben habe."

„Nur eins noch, Corona, dann schweigen wir aber über die Sache: da du von dem Elternhause fort gingest, warst du ein Kind, da ich einsam in die Wälder ging, und in abwechselnden Zeiten wieder in großartigen verödeten Bauwerken studierte, war ich nicht viel mehr als ein Kind – die aufstrebenden Kräfte sind feurig, allmächtig, sie werfen den Widerstand um – – jetzt sind wir älter; der Bogen steigt nicht mehr so rasch hinan, wer weiß, ob er sich nicht schon sanft gegen die andere Seite hinüber zu krümmen beginnt: sage, werden wir auch

können, was wir ausführen möchten? – wirst du es
können, Corona?"

„Ich glaube", sagte die Gattin.

„Nun, so brechen wir ab", sagte der Baumeister,
„lassen wir es. Wenn die Labung der Zeit dahin ge-
flossen ist – wollen wir unsere Gedanken wieder fragen."

Sie schwiegen jetzt über diesen Gegenstand. Er
nahm einen seiner Steine her, und legte ihn wieder
hin. Er schob mehrere vor, und schob sie wieder zurück. Er führte Corona dann in den Garten. Sie gingen an den Blumen dahin, sie gingen neben dem
sanften Glanze des Glashauses dahin, neben dem
Springbrunnen, den Georg durch den Wasserdruck,
der hoch oben in dem zurückgehenden Walde in
den inneren Lockerheiten des Berges nieder lastete,
zu Stande hatte bringen lassen, sie gingen an dem
Kohle vorüber, der da stand, und dessen blauliche,
kräftige, strotzende Blätter an Coronas Kleid streiften, sie gingen an den Pflaumenbäumen, an dem
neuen Geländer, das er erst hatte machen lassen, an
dem Zwergobste, an den Apfelbäumen, die im Frühlinge aus Frankreich gekommen waren, vorüber –
und zuletzt an dem Neubruche, auf welchem gerade
die Taglöhner arbeiteten, daß er gereinigt, von Steinen befreit, und hergerichtet werde, um im künftigen Jahre dem Garten einverleibt zu werden, damit
derselbe sich wieder ein wenig größer und reicher
entfalte. Dann ist der Abend gekommen, – endlich
die Nacht – und sie legten ihr Haupt auf die Kissen
der Ruhe.

Wie viele Zeit nach diesem seltsamen Gespräche
vergangen ist, wie viel noch in der Sache gesprochen

wurde, was der Inhalt dieser Gespräche war, vermögen wir nicht anzugeben – nur das Ergebnis der
Zeit, die noch nach dem Vorschlage Coronas verflossen ist, können wir erzählen: Georg willigte ein,
er erhob sich zu Coronas Gedanken. Es wurde beschlossen, daß sie sich ohne einen Auftritt des Weinens oder der Klage trennen wollen, daß jedes in
der Zukunft streben wolle, den Segen der Kinder in
einer neuen Verbindung zu erringen, daß sie sich
nie sehen, einander nie schreiben wollen, daß sie
für einander nicht mehr da sind. Als dieses beschlossen war, ging Georg daran, das vorhandene
Vermögen zu teilen. Er gab Corona die Hälfte, welche hinreichte, ihr ein sehr schönes, mehr als wohl-
habendes Leben für alle Fälle der Zukunft zu si-
chern, und die andere Hälfte, wozu das Haus gehörte, behielt er für sich. Dann, um alle Unan-
nehmlichkeiten zu Hause zu vermeiden, wurde ausgemacht, daß man seine Sachen zusammen richten,
mit einander fortfahren, die Angelegenheit bei der
Behörde in Ordnung bringen, und sich dann in der
Entfernung trennen wolle. Corona packte ihre Sachen in der Stille zusammen. Es wurden ein paar
Koffer und einige Kisten fort geschickt, was nicht
auffiel, da der Baumeister mancherlei Dinge für
entfernte Häuser oder Schlösser zu besorgen hatte,
und dieselben gewöhnlich zuerst zu ihm kamen,
von wo er sie dann wohlverpackt an den Ort ihrer
Bestimmung abgehen ließ. Endlich, an einem trüben mit Regen kämpfenden Sommermorgen fuhren
sie selber ab, da man eben den nun fertig gewordenen Neubruch einplankte, und zu dem Garten
schlug. Mit der geistlichen Obrigkeit, weil beide

Teile einig waren, wurde das Anliegen bald erledigt, unddie Trennung folgte dann schnell. Corona fuhr in einem Wagen, dessen Pferde sie sich schon selber bestellt hatte, durch den Torweg des Gasthauses hinaus. Der Wagen fuhr die Gasse entlang, beugte dann um eine Ecke und konnte dann nicht mehr gesehen werden. – Sie war jetzt wieder mit ihrem Herzen allein. – Georg stand in dem Zimmer des Gasthofes, das sie bisher, da die Angelegenheit im Gange war, mit einander bewohnt hatten, und schaute vor sich hin. Es war nun in seinen Augen kein eheliches Gemach mehr, sondern eines jener unzähligen Gasthauszimmer, wie er sie während seiner jugendlichen Herumwanderungen so oft in ihrer Öde über Nacht oder auf kurze Tage bewohnt hatte. Kein einziger Mensch hatte in dem Gasthause geahnet, was zwischen diesen zwei Leuten vorgehe, und auch nicht gewußt, da die Frau fortfuhr, welch ein Fortfahren das sei.

Die seltsame Tat war nun getan – und beide konnten jetzt dem Plane gemäß frisch und frei an den Bau des noch übrigen künftigen Lebens gehen, als wäre es ein anfangsfähiges ursprüngliches gerade aus der ersten Hand des Schicksals gegebenes.

Georg reiste nicht nach Hause, sondern er ging zu einem sehr entfernten Baue, und leitete dort die Arbeiten fort. Er schrieb an die Witwe, welche auch sonst gerne in der Abwesenheit der Gatten das Hauswesen besorgt hatte, sie möchte nur alles sorgsam verwalten wie früher, er habe sich von seiner Gattin geschieden, wisse nicht genau, wann er nach Hause komme, und werde dann schon beschließen, was mit der Besitzung zu geschehen habe.

Die Witwe war ganz überrascht, und traute ihren Augen kaum. Sie wollte sich dann, als sie die Sache begriff, fast zu Tode weinen, und dachte, was muß denn geschehen sein – wie können sich denn zwei so liebe gute treuherzige Menschen scheiden! Sie ging wie eine Verlassene und Verlorene in dem Hause herum, wischte die schönen Sachen ab, und schaute trübselig auf dieselben hin.

Die Leute wunderten sich, als das Gerücht die Erzählung daher trug, daß der Baumeister an einem entfernten Baue sehr fleißig arbeite, und daß er sich während er vom Hause weg sei, von seinem Weibe geschieden habe. Sie teilten es einer dem andern mit, und erschöpften sich in Ergrüblung des Dinges, das da vorgefallen sein müsse.

Am Waldrande

Wir haben nur noch sehr wenig zu berichten. Es ist genau dasjenige geschehen, was nach der Schönheit und dem Eigensinne des menschlichen Herzens geschehen mußte.

Wir sind genötigt, einen großen Raum von Jahren zu übergehen, weil von dem, was sich in demselben begeben hat, keine Einzelheiten vorliegen. Wir können nur das Allgemeine angeben, was schier alle Menschen wußten, bis wir dann am Schlusse wieder ein Einzelnes zu erzählen vermögen, was nicht alle wußten.

Georg hatte sein Haus, das er mit so vieler Freude gebaut hatte, verkauft. Es wirtschafteten jetzt fremde Menschen darinnen, welche ebenfalls eine große Freude an dem Besitztume hatten, wie sie Georg und Corona gehabt hatten. Die Witwe wohnt wieder in ihrem kleinen weißen Häuschen, worin Georg und Corona ihr eheliches Leben begonnen hatten. Der Baumeister baute fort, sein Wohlstand mehrte sich neuerdings, er kam durch Aufträge in fremde Gegenden, lernte verschiedene Menschen kennen – und bekam, wie es in dem Plane der Trennung gelegen war, auch wieder eine Gattin. Aber nicht nur eine Gattin bekam er, sondern sie gebar ihm auch Kinder, zwei Knaben, welche fast so schön waren,

wie er in seiner Kindheit gewesen ist. Die Gattin hieß
Emilie, sie liebte ihn und behandelte ihn freundlich.
Die zwei Knaben blieben die einzigen Kinder. Da
mehrere Jahre vergangen waren, da die Kinder heranwuchsen, dachte er neuerdings darauf, wie einst in
schönen Tagen, sich wieder ein Haus zu bauen, und
sich fest nieder zu lassen. Er war jetzt bereits alternd,
sein Vermögen war genüglich hinreichend, er beschloß daher, sich von den Aufträgen, die noch immer kamen, zurück zu ziehen, und seine Kräfte, die
schon öfter zu ermatten begannen, zu schonen. Er
liebte noch immer die Wälder, hing an Naturgegen-
ständen, und zog seine Sehnsucht halb heimlich,
halb bewußt nach diesen Dingen hin. Er wollte daher, wie einst, einen Platz zu seinem Besitztume auswählen, und sich ihn so suchen, daß er den Gegenständen seiner Liebe, die nicht alterte, nahe wäre,
und in Gemächlichkeit seinen Sammlungen, seinen
Betrachtungen und seinen Empfindungen nach gehen könnte. Er näherte sich auf seiner Reise, auf welcher ihn sein Weib und seine Kinder begleiteten,
dem waldigen Gebirge, weil es von ferne so aussah,
wie der sanfte blaue Hang, auf dem er sein erstes
Haus gehabt hatte, obwohl dieser Hang viele, viele
Meilen weit von dieser jetzigen Gegend war. Es war
jetzt gerade wieder dreizehn Jahre, seit er sich von
Corona getrennt hatte. Als er dem Waldgebirge näher gekommen war, überraschte ihn immer mehr
und mehr die Ähnlichkeit desselben mit seinem einstigen schönen Walde, der mit Eichen und Haselgebüschen von seinem Garten angefangen hatte, dann
durch Eschen, Ahornen und Birken zu der Fichte
und von der zu Felsen emporgestiegen war. Gerade

344

so war es hier. Er reiste, da er endlich nahe genug
war, den weiter gehenden und größer werdenden
Ähnlichkeiten nach, bis er eines Abends in ein Tal
kam, das dicht mit Obstbäumen besetzt war, das ein
frisches feuchtes Grün hatte, von dem einzelne weit
von einander entfernte Strohdächer herausblickten,
in dem blaue von den das Abendmahl kochenden
Herden aufsteigende Rauchsäulen waren, und weiter draußen eine dünne zarte blaue Schicht auf dem
feuchten Grün stand – von dem Tale zog sich eine
Anhöhe mit Wiesen und Feldern hinauf, und am
Rande desselben begann ein Laubwald fort zu steigen, der von ferne wie Eichenbildung aussah. Mitten
im Tale war ein kleiner Flecken mit einem roten
Kirchturmdache. Georg kehrte nicht in dem Flekken, sondern in einem etwa eine Viertelstunde davon entfernten an der großen Straße liegenden Gasthause ein. Er gedachte hier mehrere Tage zu verweilen, und durch ein gutes Angebot etwa einen der
Eigentümer der am Waldrande liegenden Höhe zur
Abtretung eines Stückes zu vermögen, wie er es
brauchte. Er zog daher schon am ersten Tage alle Er-
kundigungen bei dem Wirte ein, und nahm sich vor,
noch weiter zu forschen.

Am zweiten Abende seines Aufenthaltes ging er mit
seinen zwei Knaben allein spazieren. Er schlug einen
Pfad durch das Tal ein, welcher mit Obstbäumen gesäumt war, und einen Zaun neben sich hatte, der mit
frischem Wassergebüsche umwachsen war, und richtig auch zu seinen Füßen das klare, schießende, über
Kiesel rollende Wasser hatte – gerade so wie ein Pfad
gewesen war, an dem er sehr gerne mit Corona gegangen war, da sie noch mit einander das Haus am

345

Waldhange bewohnt hatten. Als er um eine Gruppe hoher kleinblättriger Birnbäume bog, wo ein hölzernes Gitter war, und der Pfad in zwei Teile auseinander ging, wandelte eine dunkel gekleidete Frau ihm entgegen – er erkannte sie – es war Corona. In dunkle Kleider gekleidet, wie sie wohl auch früher geliebt hatte, ein Häubchen, wie früher, nur viel bescheidener, auf dem Haupte, und eine Tasche, wie früher, nur etwas größer an ihrem Arme tragend. Das Antlitz war so schön wie sonst – aber es war alt geworden. In den geliebten Zügen, die einst so seine Freude gewesen waren, waren sehr viele, kleine, klare und deutlich geprägte Fältchen, auch war sie blasser als gewöhnlich, wie es ja das heranrückende Alter mit sich bringt. Sie blieben beide stehen, und blickten einander an.

„Corona", sagte er.

„Georg", antwortete sie.

Sie reichte ihm die Hand – er faßte sie, und meinte, er könne gar nicht mehr loslassen.

„Geht es dir wohl, Georg?"

„Wohl, Corona – dir auch?"

„Ja, Georg. – – Das ist eine schöne Gegend, nicht wahr?"

„Ja, sie ist schön – – sehr schön – – bist du lange hier, oder reisest du bloß durch?"

„Ich lebe schon mehrere Jahre in dem kleinen Städtchen dort – du reisest wohl eben hier durch?"

„Ich bin in dem einzelnen Gasthause über Nacht."

„Reisest du dann wieder weiter?"

„Ja."

„Georg – – sage – ich möchte fragen: sind diese deine Kinder?"

„Ja, Corona."

„Wie alt sind sie denn?"

„Der eine ist neun, der andere zehn Jahre alt."

„Es sind freundliche Kinder. – Weil du nur Kinder erhalten hast."

„Bist du auch vermählt, Corona?"

„Es haben sich Anträge gefunden."

„Also bist du vermählt."

Sie wurde sehr rot und sagte: „Ich habe es nicht vermocht."

Er antwortete kein Wort – nicht ein einziges Wort sagte er auf diese Rede. – Nach einem Weilchen reichte er ihr die Hand hin, und sagte: „Gute Nacht, Elisabeth."

„Warte noch ein wenig", antwortete sie, dann suchte sie in ihrem Täschchen, das sie am Arme trug, herum, brachte zwei Äpfel heraus, und gab jedem der Knaben einen.

Dann gab er die Hand hin, sie reichte ihm die Rechte, an der sie, wie es auch früher gewöhnlich der Fall war, keinen Handschuh hatte, er drückte die Hand, in welcher die seinige so oft geruht hatte, beide wandten sich ab, und gingen ohne ein Wort die verschiedenen Wege fort. Die Knaben bissen in die roten Äpfel und aßen sie auf dem Heimwege.

Georg entkleidete sich bald, ging auf sein Zimmer – – und der achtundfünfzigjährige Mann weinte die ganze Nacht.

Jetzt erst stand die Größe der Sünde vor ihm, die er begangen hatte – jetzt bereute er, daß er nicht mit ihr getragen und geduldet hatte, die größer war, als er. Das arme Weib hatte diese Gegend aufgesucht, die Ähnlichkeit mit dem Waldhange hatte, wo sie

sonst gelebt, und sie war durch die Ähnlichkeiten gelockt immer weiter bis an diesen Punkt gekommen.
Hier lebte sie nun, weil sie die Erinnerung der Vergangenheit nicht wegtun konnte in einem Teile dieser Vergangenheit, wie ja auch er von weitem zu diesem Walde hergezogen worden war, um an ihm, wie
an seinem früheren Waldhange ein Haus zu bauen.
Dies alles, weil er Corona so gut kannte, empfand er
jetzt auf seinem schlaflosen Lager. – Am anderen
Morgen ließ er seiner Gattin keinen Schmerz merken, war gut, wie immer, und sagte, daß er doch
nicht da bleiben, sondern wieder weiter reisen
werde. Sie hatte gestern mit dem Diener und der
Magd alles zu längerem Aufenthalt eingerichtet gehabt, deshalb sie nicht hatte mitspazieren gehen können – heute packte sie wieder zusammen sie zog ihre
Knaben, die bei ihr im Zimmer schliefen, während,
wie es in dieser Ehe Gewohnheit war, er in seinem
Studierzimmer schlief, reisefertig an, und gegen Mittag schwankte der Reisewagen auf der entgegenge-
setzten Straße aus dem Tale, als wo er herein gekommen war.

Was weiter geschah? – Georg konnte zu keiner Stetigkeit kommen. Die Kinder wurden groß und gingen fort. Der unbändige Hang zielte nach keiner
Vergangenheit, ja er fragte nicht einmal nach einer,
als wäre sie nicht gewesen, wie Georg es als Waldgänger in dem Gleichnisse der strebenden Pflanzenäste
zu dem Hegerbuben sagt. Einer dient zu Schiffe, ist
auf allen Meeren, und schreibt alle zwei, drei Jahre
einen Brief: der andere durch Lust an Naturgegen-
ständen überwältigt, warf sich auf Zeichnen und Malen, und ging, da sich eine Gelegenheit bot, voll

Freude nach Südamerika, von wo er fast gar nicht schreibt. Die Mutter der Knaben ist gestorben – und Georg ist wieder allein, wie er es ja, wenigstens von den erstrebten Kindern aus, sein mußte – der rückgelassene, verdorrte Ast, wenn die neuen voll Kraft und Jugend zu neuen Lüften emporwachsen, in ihr Blau, in ihre Wolken, in ihre Sonne emporschauen, und nie zurück auf den, woraus sie entsprossen. Diese Söhne werden gerade so einst Briefe bekommen, daß ihr Vater gestorben sei, wie dieser Vater, als er in seinen Studien begriffen war, erfahren hatte, daß er keine Eltern mehr habe, und beide in der Erde begraben liegen. – Und so wird es fort gehen, wie es von seinen Eltern her fort gegangen ist, wie es bei seinen Söhnen fort geht, und wie es bei dem Hegerbuben fort gehen wird, er mag sich nun zu einer Handarbeit, zu einem Gewerbe gewendet haben, oder zu dem Meere der Wissenschaft, auf dem er fortsegelt, bis er auch wieder von seinem Sohne verlassen ist, und allein auf dem Schiffe steht, da es sinkt.

Im hohen Alter, da sein Weib gestorben war, seine Söhne ihn verlassen hatten, hätte er gerne Corona aufgesucht, allein er schämte sich, auch wußte er nicht, ob sie nicht auch wie er aus dem Tale geflohen ist, da sie sich begegnet hatten. – Er hing sich an den Hegerbuben, bis auch dieser fort ging – und er selbst wieder die Gegend um die Kienberge und um Hohenfurt verließ.

Wir wissen nicht, wo der alte Waldgänger jetzt ist. Er mag noch irgend wo leben, er mag gestorben sein – wir wissen es nicht. Von seiner Gattin Corona wissen wir auch nichts. Lebt sie noch, dann ist sie uralt, und gewiß so allein, wie dazumal, da sie von ihrem Vater gegangen ist, nur mit dem Unterschiede daß sie jetzt bei keinen Verwandten ist, und daß damals ein Anfang vor ihren Augen lag, jetzt ein nahes Ende. – – Wie sie auch sind, und wenn sie noch sind: Gott wird sie gewiß bald rufen.

Die zwei Menschen, die sich einmal geirrt hatten, hätten die Kinderfreude opfernd, sich an der Wärme ihrer Herzen haltend, Glück geben und Glück nehmen sollen bis an das Grab, und wenn sie zu Gott gekommen wären, hätten sie sagen sollen:

„Wir können keine Kinder als Opfer mitbringen, aber Herzen, die du uns gegeben, die sich nicht zu trennen vermochten, und die ihr weniges, was ihnen geblieben, mit hieher bringen, ihre Liebe und ihre Treue bis zu dem Tode."

Adalbert Stifter, Biedermeierschriftsteller, Schilderer des Schönen und Guten aus frühbürgerlichen Tagen, beschaulich lebend, versehentlich im Suizid geendet; Pensionsmädchenlektüre, bisweilen von Germanisten zu retten versucht und zur elitären Lektüre empfohlen, jedoch ob seiner Langweiligkeit für kaum lesbar erklärt. So vegetiert er bis heute, und wer ihn loben will, erwähnt seine exakten Naturbeschreibungen.

Bodenheimer gibt nun in seinem Essay über eine Erzählung aus Stifters reifsten Jahren – *Der Waldgänger* von 1846 – einen Bericht von seinem Erleben bei der Lektüre. Er weist auf die rücksichtslose Genauigkeit und Abgründigkeit des Textes und trachtet zu zeigen, wie just an der langen Weile, welche Stifter sich läßt, Dimensionen wahrnehmbar werden, die sonst geläufigen, spannenden Darstellungen verschlossen bleiben. Stifters Erzählung ist dem Band beigegeben.

Professor Aron Ronald Bodenheimer, geboren 1923, ist Arzt und war in verschiedenen Positionen vorwiegend klinisch-psychiatrisch und -psychotherapeutisch tätig. Seit 1971 lehrt er an der Universität Tel-Aviv.